비교외교정책론

Why Nations Act: Theoretical Perspectives for Comparative Foreign Policy Studies

모리스 A. 이스트 외 지음

최성권 옮김

한울
아카데미

국립중앙도서관 출판시도서목록(CIP)

비교외교정책론 / 모리스 A. 이스트 외 지음 ; 최성권 옮김. --
파주 : 한울, 2008
p. ; cm. -- (한울아카데미 ; 1000)

원서명: Why nations act : theoretical perspectives for comparative foreign policy studies
원저자명: East, Maurice A.
참고문헌 수록
ISBN 978-89-460-5000-6 93340
ISBN 978-89-460-3856-1(학생판) 93340

349-KDC4
327-DDC21 CIP2007004128

Why Nations Act

Theoretical Perspectives for Comparative Foreign Policy Studies

Edited by

Maurice A. East

Stephen A. Salmore

Charles F. Hermann

:: 역자 서문

지금은 많이 달라졌지만 대학에서 정치학, 특히 국제정치학을 강의하면서 언제나 생각 한구석이 허전했던 것을 기억한다. 그것은 세계 도처에서 벌어지는 무수한 국제적 사건들을 대강이나마 하나로 담아낼 수 있는 어떤 사고의 틀이 없다는 것이었다. 아주 오래전에 읽었던 경제학 개론서는 대부분의 경제활동을 미시적 관점과 거시적 관점으로 나누어 설명한 후 그것들을 하나의 도해 안으로 통합하는 절묘함을 보여주었다. 왜 국제정치학에서는 그러한 연구가 이루어지지 못했는가? 국제정치 분야에서는 1960~1970년대 비교정치론이 이끌어낸 것만큼의 성과도 어려웠던 것일까? 그동안 읽은 책 중에는 심지어 "국제정치 이론은 왜 존재하지 않는가?"라는 물음으로 시작하는 것도 있었다.

그간 내가 접한 대부분의 외교정책 이론서들은 중요하게 관련된다고 여기는 것들을 여러 장에 걸쳐 각각 설명하고 있었다. 그런데 왜 그것들이 중요한 것으로 취급되어야 하는지, 그것들이 외교정책을 설명하는 데 갖는 중요성에서 차이는 있는지, 있다면 그것을 판별하는 기준은 무엇인지에 대한 설명이 별로 없었다. 더구나 이들 변수들이 결합되어 일으키는 효과들을 종합적으로 설명하려는 연구는 좀처럼 만나기 힘들었다. 나의 그런 느낌은 연구가 턱없이 부족한 게으른 학자의 푸념일 것이라고 위안을 삼으며 학생들 앞에 섰었다.

그러다가 십수 년 전 접하게 된 것이 바로 이 책이었다. 이 책은 그런 허전함을 어느 정도 메워주었다. 물론 이 연구가 외교정책에 대한 설명의 궁극적인 마스터키가 되지 못할 수도 있다. 그리고 이 책의 필자들이 말한 대로 하나의 시안에 불과할지 모른다. 그러나 무엇보다도 이 책은 이론적 관점을 개발하고 이것들을 하나의 종합적인 설명틀로 만들어나가는 과정을 우리 앞에 제시하고 있었다. 이 책을 통해 그런 과정을 학생들과 함께, 반드시 외교정책이 아니라 해도 어떤 과제가 우리 앞에 주어졌을 때 그 문제를 어떻게 이해하고 어떤 해결 전략을 가지고 그 문제에 접근할 것인가를 훈련하는 과정으로 삼을 수 있었다.

이 책의 번역은 강의를 시작하면서 거의 마쳤기 때문에 그 후 몇 년간의 강의를 통해 많은 오류를 시정하고 문맥도 다듬었다. 어느 정도 자신감을 갖게 되었을 때 출판을 시도했는데 때마침 밀어닥친 외환위기로 한동안 그 계획을 접어야 했다. 번역문의 출간이 다시 시도된 것은 전제성 교수가 내가 근무하는 대학에 오면서부터였다. 그는 나를 격려하고 도서출판 한울에 이 원고를 추천했다. 깊은 감사를 드린다. 한울 기획실의 윤순현 씨도 소중한 작업 파트너가 되어주었다. 끊길 듯이 이어졌던 그녀의 작업 템포는 매우 인상적이었다. 그리고 편집부의 양은주 씨는 젊은 감각으로 많은 문맥을 다듬어주었고, 독자 편에서 이해하기 어려운 번역에는 준열하게 시정을 요구했다. 이 분들에게도 진심으로 감사를 드린다.

온고을 건지산 자락에서 최성권

:: 감사의 말

이 책은 CREON(the Comparative Research on the Events of Nations) 프로젝트 연구 활동의 한 부분이다. 이 책에서 개발된 이론적 관점들은 CREON 프로젝트 연구에서 중심적인 위치를 차지하는데, 우리는 이 관점들이 다양한 견지에서 외교정책 연구에 종사하는 사람들에게 유익하기를 바란다. 이 책을 읽기 위해 굳이 CREON 프로젝트를 잘 알아야 하는 것은 아니지만, 여기서는 CREON 프로젝트의 목적을 설명하고 이 사업을 후원해준 분들께 감사를 드리는 것이 좋겠다.

CREON 프로젝트는 36개국을 대상으로 외교정책 행동을 국가 교차적으로 연구한 것이다. CREON은 두 가지 주요한 목적을 가지고 있다. 하나는 우리가 연구 대상으로 하는 국가들이 1959년에서 1968년에 걸쳐 주도했던 대외적 활동의 범위를 도시(圖示)하고 비교하는 것이다. 다른 하나는 각기 다른 관점들을 결합시켜 외교정책 행동을 설명하려는 것이다. 이 프로젝트는 많은 대학들을 기반으로 하는 학제적인 것이다. 이 책의 필자들은 각자 자신들의 대학에서 지원을 받았으며 각 글은 그 보답인 셈이다. 특히 오하이오 주립대학의 머션 센터(Mershon Center)는 CREON을 그 연구소의 프로젝트로 받아들이고 1970년부터 줄곧 지원해줌으로써 우리 모두에게 수혜를 베풀었다. 앞으로 이 책의 여러 장을 통해 드러나겠지만, 머션 센터의 소장인 리처드 스나이더(Richard C. Snyder) 씨는 이 프로젝트에 지적인 영감을 불어넣은 사람 중 하나인데 행정적·재정적 지원도 아끼지 않았다.

또한 우리는 국립과학재단(National Science Foundation: NSF)이 켄터키 대학(GS-40347), 오하이오 주립대학(GS-40356), 루터스 대학(GS-40348)에 동시에 연구 보조금을 지원해준 것에도 심심한 감사를 드린다. NSF 보조금은 여러 대학들이 참여하는 이 연구에 활력을 불어넣었고, 이 사업의 협력적인 특성을 살려주었다.

이 책을 준비하기 위해 우리 모두는 다른 사람들이 쓴 각 장을 읽고 또 읽었으며 내용을 다듬기 위해 서로 제언을 아끼지 않았다. 몇몇 프로젝트 연구원들은 특정 장에 대한 조언을 위해 특별한 노력을 기울였는데, 이러한 노력들은 적절한 곳에서 빛을 발했다. 그러나 우리 모두는 이 책을 준비하는 일에 헌신적인 노력을 기울여주신 다음 두 사람에게 감사를 드린다. 우선 우리 동료인 마거릿 허만(Margaret Hermann) 여사는 전체 원고를 여러 차례에 걸쳐 읽어 내용의 연결성을 높이고, 논리와 어법에서 잘못된 점을 바로잡아 주었다. 또 한 사람은 캐럴 제이콥슨(Carole Jacobson) 양으로 원고를 여러 차례 타이핑하고 참고문헌을 조사해주었을 뿐 아니라 적극적인 모습으로 우리에게 귀감이 되었다.

마지막으로 우리는 이 책을 제임스 로즈노(James N. Rosenau)에게 헌정하기로 했다는 것을 알리고 싶다. 외교정책을 비교연구의 한 분야로 개척하고자 노력한 사람이라면 누구나 로즈노가 수행한 뛰어난 역할을 떠올리게 된다. 그의 기여는 이 책의 필자들이 왜 이 책을 그에게 헌정하기로 했는지를 설명하는 것으로 족하다. CREON 프로젝트에 관여하고 있는 우리들은 그에게 감사할 특별한 관계를 갖고 있다. 로즈노는 CREON의 창단 연구자들이 함께 모여 외교정책을 고찰할 수 있는 기회를 만들어주었다. 그는 최초의 CREON 변수들을 규정하고 자료들을 수집하는 프로젝트의 공동 주 연구원이었다. 게다가 외교정책의 비교연구에 대한 그의 아이디어들은 우리 노력의 출발점이자 준거점이 되었다. 우리는 이 책에 제임스 로즈노의 영향이 반영되어 있다고 믿는다.

:: 차례

01 서 론

찰스 F. 허만, 모리스 A. 이스트

필자들은 이 책을 접할 독자들에 대해 아는 바가 거의 없다. 이 책의 독자라면 아마도 외교정책에 상당한 관심을 갖고 있으리라 생각되지만, 독자들이 이 책을 접하기 전에 외교정책에 대해 얼마나 생각해보았을지를 짐작하기란 어렵다. 분명한 것은 독자들 가운데 외교 문제의 전문 분석가가 있다면 이 분야에 대해 훈련받은 일이 거의 없는 학생들보다는 전문적인 식견과 지적 수준이 훨씬 나을 것이라는 점이다. 우리는 이 책이 수준 높은 분석가와 그야말로 초심자인 학생, 이들 모두에게 고무적인 것이 될 수 있기를 바라며 양자 모두를 염두에 두고 책을 썼다.

서두에 이런 말을 하는 것은 앞으로 전개될 내용에 대해 독자들의 주의를 환기시키기 위해서다. 전문가들은 이야기를 주고받을 때 서로가 상당히 많은 지식을 공유하고 있을 것으로 가정한다. 그러한 태도는 때때로 학생들에게는 부적절하다. 우리는 외교정책의 비교연구 문헌들이 학생들에게 어떤 가정을 아무 생각 없이 받아들이도록 강요하고 있다는 느낌을 자주 받는다. 예를 들면 학생들은 아마도 '왜 비교접근법(comparative approach)이 바람직한지', '외교정책 행동(foreign policy actions)에 영향을 미치는 변수들 속에서 어떤 유형들을 발견해낼 수 있으리라는 기대가 과연 합당한지' 등에 대해 묻고 싶을 것이다. 이 책의 특별한 정향으로 들어가기 전에, 우리는 적어도 예비적인 형태로나마 서론의 몇 개 절을 이러한 쟁점들에 할애할 것이다. 이미 이러한 문제들을 충분히 다루어본 독자들은 인내해주기를, 예전에 접해보지 못한 독자들은 이 과제를 다루는 일에 용기를 갖기를 바란다.

외교정책에 대한 비교 관점

이 책은 외교정책 행동의 비교연구를 위한 일련의 이론적 관점들을 제시하고 있다. '비교(comparative)'라는 말은 이 책의 이론적 관점들이 국가 교차적으로(cross-nationally, 예를 들어 어떤 한 시점에서 다수의 국가들을 비교하는 것), 그리고 장기적으로(longitudinally, 예를 들어 한 국가의 변화를 시간 간격을 두고 비교하는 것) 적용될 수 있는 외교정책 행동에 대한 설명을 제공하려 한다는 것을 뜻한다. 특정 시점에서조차 어느 한 정부의 대외적 행동에 대한 우리의 이해가 지극히 불완전한 상황에서는 당연히 다음과 같은 질문이 제기될 수 있을 것이다. 왜 외교정책을 비교연구해야 하는가? 차라리 특정 기간으로 한정해서 특정 정부에 대해 합리적이고 만족할 만한 설명을 하고 난 뒤 점차 다른 정부들로,

그리고 점차 기간을 늘려나가는 방법으로 우리의 설명체계를 확장하는 것이 더 낫지 않을까? 다시 말해 뛰기 전에 반드시 걷는 법을 배워야 한다는 말이다. 심지어 체계적인 비교가 과연 가능할지를 문제 삼을 수도 있다.[1]

비교접근법을 두고 제기되는 또 다른 문제는 설령 국가 교차적 비교 설명이 개발될 수 있다 해도 과연 어떤 가치가 있을까 하는 점이다. 비교접근법의 목적은 무엇인가? 우리가 알고자 하는 주요 문제들의 대부분은 비교적 짧은 기간에 이루어지는 한 행위자의 대외적인 행동과 관련된 것이 아닌가? 적어도 우리 시대에서 이러한 입장은 주요 문제들이 개별 국민국가의 행동과 관련된다는 주장으로 요약될 수 있다. 그러나 이 책의 필자들은 분명 이와는 다른 관점을 가지고 있다. 그렇다 해도 외교정책 연구에 대한 비교접근법의 주장은 주의 깊게 재검토되지 않으면 안 된다.

첫째로 우리는 비교접근법이 단일 행위자에 대한 이해를 높일 수 있다고 믿는다. 외교정책 행동들에 대한 국가 교차적이며 장기적인 비교는 특정 정부의 대외적 행위의 원인이 되는 일반적인 요소들과 특이한 요소들을 구별하는 능력을 제고시켜줄 것이다. 이를테면 비교분석은 특이한 특징들을 지닌 중요한 일탈의 사례들을 확인시켜줄 수 있다. 또한 비교를 통해 실제로 다른 외교정책을 표방하는 다른 국가에도 같은 특징이 존재한다는 사실을 밝힐 수 있다면, 특정 국가의 외교정

01 과학적 비교정치학의 실현 가능성에 대한 철학적 문제 제기를 위해서는 MacIntyre(1973)를 보기 바란다.

책을 그 국가와 관련된 고유한 특징의 견지에서 설명하는 잘못을 방지할 수 있다.

실례로 미국의 외교정책 행동을 검토해보자. 미국의 외교정책은 자주 연구 주제가 되어왔고, 또 그만큼 자주 다른 국가에서 그 연구 결과가 일반화되어왔다. 흔히 외교정책을 설명하는 데 중요하다고 간주되는 많은 변수들(예를 들어 경제적 부, 군사적 능력, 행정 복합체)과 관련해, 미국은 모든 기존 국가 분포의 한쪽 끝이라고 할 수 있는 극단적인 위치를 점하고 있다. 만약 이들 변수들이 외교정책 행동을 설명하는 데 중요하다면, 미국의 위상이 이들 변수 분포상에서 극단적이라는 것을 감안할 때 다른 나라들이 미국과 유사한 방식으로 행동하도록 기대하는 것은 불합리하다. 간단히 말해 우리가 미국이 어떻게 행동할지 안다고 해도 자동적으로 다른 국가들이 어떻게 행동할지를 알 수는 없다. 비교분석은 다른 행위자들과의 관계에서 한 행위자의 위상을 분석자에게 일깨워줌으로써 이러한 잘못을 피할 수 있게 해준다. 이것은 국가들 간의 차이를 조사하고, 이러한 차이가 외교정책 행동에 어떤 효과를 미치는지 연구하는 수단을 제공해준다. 국제 문제의 해석에서도 역시 실증되지 않은 고유성에 대한 주장이 등장한다. 예를 들어 목적에 대한 합치와 명료한 비전이 소련과 같은 미국의 적대국의 외교정책 원인으로 자주 설명되는데, 미국 정부는 그러한 조정과 기획이 거의 불가능하다고 여긴다. 러시아인들의 이념적 열정과 국민적 경험의 획일성을 근거로 소련의 행동이 특수하다는 주장을 정당화할 수 있으며, 오직 한 국가의 행동에 대한 사후적인 검토가 잘못된 해석을 야기할 수도 있다. 그러한 해석들은 비교분석을 통해 검색될 수 있는 것이다.

외교정책 연구에서 비교분석을 주장하는 두 번째 이유는, 우리가 살고 있는 20세기 후반의 급변하는 환경에서 유래한다. 그간 국제정세에서 일어나는 주요한 변화들에 대해 많은 연구들이 있었다. 그 변화는 대부분 국가의 수적 증가, 극단적인 경제적 불평등, 상호 의존성의 제고, 냉전의 변모, 중요한 비(非)국가 행위자들의 출현 등이다. 우리는 비교접근법을 통해 이러한 변화의 효과에 대해 알 수 있다. 시간적인 간격을 두고 개별 행동 단위들을 연구함으로써(장기적 비교) 어떤 현상들이 어떤 속도로 어떤 효과를 미치면서 변화하는지를 알 수 있다. 또한 특정 시점에서 여러 행동 단위들을 분석함으로써(국가 교차적 비교) 그러한 변화들이 다양한 국가의 외교정책 행동에 미치는 각기 다른 효과들을 설명할 수 있다.

이러한 특별한 논점을 예증하기 위해 제2차 세계대전 후의 외교정책 행동에 대한 몇 가지 해석들을 살펴보자. 그러한 해석들은 우리가 흔히 '냉전' 모델이라고 부르는 일련의 다소 분명한 가정에 기초하고 있다. 냉전 모델이 결코 완벽하게 만족스러운 것은 아니었지만, 여러 국가들의 대외적 행동의 많은 부분을 설명하는 틀을 제공해주었다. 예를 들어 냉전 모델은 경제적·군사적 지원을 받아들이는 국가들과 대항 연합의 구성, 대외적 위협의 진원지를 규정하는 데 유용했다. 그러나 오늘날의 비교분석이 보여주는 것처럼 냉전 모델의 적절성은 현저하게 감소되었다. 국가들에 대한 교차 비교는 그중 많은 국가들이 어느 한편의 주요 동맹블록에 속하지 않으며, 그리하여 냉전 모델에 '들어맞지' 않는다는 사실을 보여주었다. 더구나 여전히 그러한 주요 동맹블록에 속해 있는 국가들의 경우에도 이제 더는 그 모델의 가정에 따라 움직이지 않는다.

예를 들어 장기적인 비교분석은 미국과 프랑스 또는 소련과 중국의 관계가 1950년대 이후로 엄청나게 변화했음을 보여준다. 따라서 우리는 장기적이고 국가 교차적인 비교분석에서 도출된 정보를 이용해 국가 행동을 설명하는 더 적절한 모델을 구성할 필요가 있다.

외교정책 연구에 비교접근법을 적용하는 처음 두 가지 이유는 국제정치와 외교정책에 관심을 가지고 있는 사람들에게 (그들이 적용하는 특별한 방법이나 설명체계와는 관계없이) 호소력을 갖게 될 것이다. 외교정책을 비교연구하는 세 번째 이유는 통찰력과 이해력을 갖는 한 가지 수단(과학적 방법)에 대한 우리의 열의에서 기인한다. 외교정책의 비교연구(예를 들어 McGowan, 1975; Raymond, 1975; Rosenau, 1975), 비교정치론(예를 들어 Merritt and Rokkan, 1966; Przeworski and Teune, 1970; Holt and Turner, 1970), 다른 사회과학 분야(예를 들어 Bendix, 1963; J. W. M. Whiting, 1969; Naroll and Cohen, 1970), 과학철학(예를 들어 Nagel, 1961; A. Kaplan, 1964)에 흥미를 가진 많은 사람들은 과학적인 연구에서 비교가 수행하는 역할에 관해 사려 깊은 수많은 진술을 해왔다. 발견과 오류의 억제, 매개 변수와 일반화 가능성 정도의 규정 등 비교는 과학적인 연구에서 많은 역할을 한다. 이렇게 비교를 과학적인 방법으로 이용하는 것과 관련된 문제들을 고찰하는 것은 이 글의 범위를 벗어난다. 어쨌든 관찰 결과의 요약으로는 다음의 맥고완과 샤피로(Mcgowan and Shapiro, 1973: 25)를 인용하는 것이 좋겠다. "과학적 방법은 증거 자료에 비추어 가설을 점검할 때 언제나 비교방법(comparison)을 사용한다. 그리고 어떤 점에서는 모든 과학이 경험적이기 때문에 과학적 연구들은 모두 비교방법을 사용한다."

이 시점에서 한 가지 중요하게 짚고 넘어가야 할 것이 있는데, 외교정책에 대한 비교접근과 과학적 접근을 열성적으로 주창하는 사람들도 자주 간과해온 것이다. 그것은 비교분석이 모든 과학적 연구의 필수불가결한 부분이라고 주장하는 것 자체는 외교정책의 국가 교차적 비교와 장기적 비교의 실행 가능성을 정당화하지도 보장해주지도 않는다는 것이다. 그러한 분석들의 일반적인 실행 가능성과 관련해, 과학적인 국가 교차적 비교와 장기적 비교를 통해 진보한 학문으로는 인류학과 최근의 사회학을 꼽을 수 있다. 우리는 그러한 비교방법의 매력과 관련해 독자들에게 처음의 두 주장을 환기시키려 한다. 더 나아가 우리는 과학적 연구가 가능하며 국가 교차적인 그리고(또는) 장기적인 비교를 통해서만 대답 가능한 일련의 질문들을 제시할 수 있다. 부유한 나라와 빈곤한 나라는 자신들의 문제를 다르게 인식하는가? 민주적인 국가들이 효과적인 외교정책을 가질 수 있는가? 동서블록 국가들의 관계는 1950년대 이후 어떻게 변화되어왔는가? 미국은 다른 국가들에 비해 다소 호전적인가? 이러한 질문들은 거의 무한정으로 확장될 수 있다. 그렇다면 이제 우리의 입장은 분명해졌다. 위와 같이 흥미 있는 외교정책 문제들은 단일 국가의 대외적 행동에 대한 이해를 높이는 것만으로는 적절한 해답을 찾을 수 없기 때문에, 그리고 이에 대한 비교연구가 실행될 수 있기 때문에, 외교정책에 대한 비교분석이 요구되는 것이다.

외교정책 행동에 대한 설명의 모색

도이치(K. W. Deutsch, 1968: 82~86)에 따르면, 국가의 외교정책 행동은 임의적 요소와 식별 가능한 규칙성 양자에서 유래하는 것으로 볼 수 있다. 임의적 요소는 외교정책 행동에 영향을 주는 요소로서, 그 요소의 발생 가능성을 거의 예측할 수 없기 때문에 대외 문제를 설명할 때 그 요소의 발생을 우연한 사고로 간주하는 경우를 말한다. 세계적인 지도자의 갑작스런 사망이나 국내의 소요로 취소되는 정상회담과 같은 사건들이 외교정책과 관련된 우연한 사고로 간주된다. 임의적 요소들은 선례의 복잡성, 대외 문제와의 미미한 연계, 낮은 발생 빈도와 불규칙성 등의 이유 때문에 임의적으로 간주된다. 세계의 다양한 국면에 대한 우리의 이해가 증대되면서, 지금은 우연으로 보이는 요소들이 앞으로는 훨씬 예측 가능한 것이 될 수 있다. 그러나 지금은 우리가 임의적이라고 간주할 수밖에 없는 힘들에 의해 외교정책 행동은—가끔은 대단히 실질적인 방법들을 통해—항상 영향을 받고 있다고 결론짓는 것이 무난할 것이다.

이와는 대조적으로 어떤 요소들은 외교정책에 규칙적으로 영향을 미친다. 이들 요소들은 주기적으로 나타나고 일관된 영향을 미치기 때문에 대외 문제에서 어떤 유형과 규칙성을 만들어낸다. 그러한 규칙성은 체계적인 분석을 통해 밝혀질 수 있다. 더 나아가 외교정책 행동에 대한 그 요소들의 영향이 설명될 수도 있다. 외교정책에 관계하는 많은 사람들이—과학적인 연구방법을 통해 이 분야의 발전에 관여하는 사람들을 포함해—기본 과제는 이러한 규칙성을 확인하고 설명하는 것이다. 예를 들어 크노어(Knorr, 1956)는 한 국가의 전쟁 수행 능력에 규칙적으로 영향을 미치는 몇 가지 중요한 요소들을 소개하고 그 영향을 기술했다.

플라톤(Plato)에서 카를 마르크스(Karl Marx)까지, 그리고 찰스 비어드(Charles Beard)에서 루이스 리처드슨(Lewis Richardson)에 이르는 수많은 사람들의 노력에도 불구하고, 대외 문제에서 추정되는 이러한 규칙성의 역할을 발견하고 기술하는 일은 매우 어려웠다. 왜 그런가? 어떤 사람들은 그러한 규칙성이 설령 있을지도 모르지만 거의 존재하지 않는다고 믿는다. 그러나 거의 배타적으로 외교정책을 완전히 특수하고 예측 불가능한 힘들의 결과라고 보는, 꽤나 비관적인 결론에 대항하는 대안적인 설명들도 존재한다. 그러한 설명 중의 하나는, 과거의 설명들이 너무 단순했기 때문에 외교정책의 규칙성을 성공적으로 설명한 사례가 별로 없다고 보는 입장이다.

외교정책 행동에 대한 초기의 많은 설명들은 특성상 두 가지 방법 중 하나로 분류될 수 있다. 첫 번째 그룹은 세력, 지정학적 위치, 사회적 계급, 엘리트 또는 이익집단, 지도자의 성격, 국가 이익 등 단일하고 흔히 고도로 일반화된 결정 인자에 기초하고 있다. 이러한 핵심적인 결정 인자들의 영향은 대체로 일정하고 직접적이며 개별적이라고 인식되어왔다. 단일 요소를 가지고 외교정책을 설명하는 것이 전략적인 측면에서는 합리적으로 보일지도 모르지만, 더 많은 외교정책 분석가들은 점차 그런 설명 방식이 대부분 바람직하지 못하다는 결론을 내리고 있다. 단일 요소를 통한 설명은 강조된 요소가 지배적인 경우의 외교정책 설명에 한정되는 것으로 보인다. 더구나 만약 설명해야 하는 행동 유형이 극단적으로 광범위하고 일반적인 견지에서 정의되거나 세력의 개념에서처럼 설명 용어들이 실제로 다른 방식으로 동시에 사용된다면, 단일 요소에 의거한 설명들은 정책들이 그저 광범위하다는 것만을 설명할 수 있을 뿐이다.[2] 그 결과로 생기는 의미의 엄격성 상실과 부정확성은 모두 우리의 지식의 확장에 부적절한 기초를 형성한다.

초기 외교정책 설명의 두 번째 그룹은 첫 번째 그룹이 경험한 바 있는 무능함과는 정반대의 이유로 어려움을 겪었다. 이들 분석가들은 단일 요소로 외교정책을 설명하기보다는 외교정책에 영향을 미칠 것으로 추측되는 수많은 요소들의 무차별적 일람표를 만들었다. 그 일람표는 우리들에게 외교정책과 관련된 요소들이 매우 다양하다는 것을 일깨워주긴 했지만(예를 들어 Thompson and Macridis, 1962), '쇼핑 목록'에 불과한 경우도 허다했다. 이따금 세목들은 범주 또는 범주에 포함되기로 되어 있는 개별 변수들에 대한 상세한 설명 없이, 그저 광범위한 개념들(예를 들어 여론, 기술, 양극성)과 동일시되었다. 다양한 속성들이 어떻게 외교정책에 영향을 미치고 어떤 경우에 그 속성들의 영향이 커지거나 무시해도 좋은지에 대해서는 별로 관심을 기울이지 않았다. 그리고 그러한 변수들이 어떻게 상호 관련되면서 변수들의 개별 효과를 증폭시키고 감소시키며 변화시키는지에 대해서도 아무런 검토를 하지 않았다. 결국 외교정책 설명의 이러한 점검표식 접근법은 가능한 변수들을 엄청나게 늘려놓았을 뿐 더 나은 설명을 위해서는 아무런 기여도

02 세력이 같은 책 속에서 은연중에 각기 다른 방식을 통해 사용되었으면서도 어떻게 단일 설명 개념으로 주장되어왔는지를 보여주는 기본서로는 설리번의 저작(Sullivan, 1963)이 있다.

하지 못했다.

이러한 결론에도 불구하고 외교정책 행동에 대한 복합적인 설명이 필요하다는 인식은 점차 커지기 시작했다. 더 복합적인 설명체계 개발의 초기 단계는 외교정책에 규칙적으로 영향을 미칠 가능성이 있는 수많은 변수들을 체계화하고 자리 매김할 수 있는 틀을 마련하는 것이었다. 스나이더 등(Snyder eds., 1954)은 20여 년 전 이를 위한 의사결정의 틀을 제안했다. 앨리슨(Allison, 1969)은 각기 다른 틀이나 관점에서 각각 다른 일련의 설명 변수에 초점을 맞추는 경우, 동일한 사건을 두고 얼마나 다양한 해석들이 가능한지를 설득력 있게 논증해 이 부분에 대한 우리의 관심을 제고시켰다.

분석자가 적용하는 틀은 어떤 일련의 설명 변수들을, 그리고 결국에는 외교정책에 대한 어떤 종류의 해석을 암시하는 것이다. 분석자의 관점과 함께 특정 맥락이나 조건은 특정 외교정책 설명의 적절성에도 영향을 미칠 수 있다. 로즈노(Rosenau, 1966)가 주장했던 것처럼 일정 유형에 속하는 국가의 외교정책 행동을 해석하는 데 가장 중요한 설명 기제들이 다른 유형에 속하는 국가의 외교정책 행동을 해석하는 데는 부적절할 수도 있다.

외교정책 행동에 대한 만족스러운 설명을 모색하는 과정에서 얻은 결론을 요약하면 다음과 같다. 외교정책에 대한 반복적인 영향을 설명하기 위해서는 ① 더 많고 다양한 변수들을 가진 더욱 복합적인 설명체계와, ② 그러한 변수들이 작용하게 되는 제한적인 조건들에 대한 이해가 필요하다는 것이다.

CREON의 기본 정향

지금까지 외교정책 연구의 몇 가지 중요한 주제에 대한 우리들의 입장을 설명했다. 우리는 비교분석을 선호하고, 외교 문제에서 작용하는 반복적인 영향에 대해 좀 더 복합적인 설명을 추구한다는 뜻을 밝혔다. 비록 이러한 문제에 대해 아무런 합의도 없었지만, 우리의 생각은 외교정책 연구에 종사하는 다른 많은 사람들의 생각과 비슷하다. 우리는 이 책을 만들어낸 'The Comparative Research on the Events of Nations(CREON) 프로젝트'의 공동작업을 통해 앞 절에서 개관한 일반적인 해석들이 공통적으로 보유하던 것과는 다른, 외교정책의 연구에 관한 어떤 정향들(orientations)을 공유하게 되었다. 이러한 CREON의 정향을 분명히 해두는 것이 후속 장들에 대한 독자들의 이해와 평가에 도움을 줄 것이다. CREON은 외교정책 행동의 비교연구에 초점을 맞춘 학제적(學際的)이고 다대학적(多大學的)인 연구사업이다.[3] CREON의 다섯 가지 정향은 우리 작업을 설명하는 데 중요하다.

첫째, 우리는 경험적 연구가 가능한 외교정책 행동의 다중 인과적 설명(multicausal explanation) 개발에 관여하고 있다. 이러한 일반적인

03 또한 CREON은 우리가 대외정책 행동 연구를 용이하게 하기 위해 개발해낸 국제적인 사건 자료 집합(an events data set)의 이름이다(C. F. Hermann et al., 1973). 어떤 사람들(예를 들어 Zinnes, 1976)은 CREON의 활동이 오직 자료 수집과 저장에 불과하다는 결론을 내렸다. 그러나 우리의 생각은 이러한 견해와는 매우 다르며, 우리는 이 책과 다른 간행물을 통해 다르다는 점을 분명히 할 것이다.

논점은 앞 절에서도 제시된 바 있고, 매우 광범위하게 수용되고 있다. 그러나 지금은 어떤 독자들을 당황하게 할지도 모르는 몇 가지 생각에 대해 자세히 설명하고자 한다. '원인'의 개념과 관련해 제기된 중요한 유보 사항들이 있는데도, 우리는 원인이 소중한 이론적 고안물이라고 여긴다. 블레이락(Blalock, 1961: 9)에 의하면 "만약 X가 Y의 원인이라면 X의 변화는 Y의 변화를 산출하며, 단순히 X의 변화가 Y의 변화를 동반하거나 관련이 있다는 것을 의미하지는 않는다"고 했다. 우리는 다른 변수 집합(예를 들어 외교정책 행동)의 변화가 '일으키거나 강제하는' 다중적 변수 집합(a multiple set of variables)이, 이론의 개발에, 궁극적으로는 정책 형성(policy formulation)에 해당하는 어떤 것을 산출하려 할 경우에 큰 도움이 된다는 사실을 알았다. 이렇게 말하면서도 우리는 인과법칙이 개방적인 국제정치체제 속에서는 경험적으로 명확히 논증될 수 없다는 점에는 동의한다. 그러나 비록 인과성에 대한 경험적인 검토가 제한되어 있다 하더라도 외교정책 행동의 연구를 위해 그 개념이 갖는 몇몇 의미들은 검토될 수 있고, 검토되어야 한다고 믿는다. 그래서 우리가 제시하는 다중 인과적 설명은 체계적이고 경험적인 연구에 의해 고찰될 수 있는 변수들 간의 관계들을 산출해내야 한다.

다중 인과적 설명에 대한 우리의 입장과 관련해서는 또 다른 논점이 필요하다. 우리는 이러한 정향이, 로즈노(Rosenau, 1966)가 그의 유명한 예비 이론적 논문에서 제기한 것과는 다른 일련의 문제들을 도출해낼 것으로 생각한다. 로즈노의 예비 이론적 언명이 '어떤 조건하에서 외교정책을 설명하는 경우 한 변수 집합이 다른 변수 집합보다 상대적으로 더 효과적이거나 결정적인가'라면, 우리의 다중 인과적 정향에 대한 거시적인 질문은 '다양한 조건하에서 각종 설명적 변수들이 외교정책 행동에 대한 한층 더 완전한 설명을 위해 어떻게 결합되는가'이다. 로즈노의 예비 이론이 외교정책 행동을 설명하는 각 유형의 설명적 변수의 상대적인 능력을 강조한다면, 다중 인과적 정향은 설명 변수들이 외교정책 행동을 설명하는 데 서로 경쟁한다고 보지 않는다. 그보다는 어느 한 변수 또는 밀접하게 관련된 변수들의 클러스터가 독자적으로 할 수 있는 것보다 더 적절하게 설명하기 위해 결합하는 것으로 본다.

CREON의 두 번째 정향은 가정된 설명적 변수들을 외교정책 행동에 관련시키는 근본적인 인과 기제에 대한 설명 논리를 개발할 필요가 있다는 우리의 확신이다. 우리의 입장은 어떻게 해서든 외교정책 행동에 영향을 미칠 수 있는 잠재적인 변수들을 그저 찾아내기만 하면 외교정책에 대한 이해를 증진시킬 수 있을 것이라는 식의 사고를 넘어서고 있다. 게다가 우리는 기껏해야 둘 또는 그 이상의 변수들 간에 어떤 관계가 존재한다고 주장하는 기술적인 가설(descriptive hypotheses)을 뛰어넘는 것이 긴요하다고 믿는다. 맥고완과 사피로(McGowan and Shapiro, 1973)는 외교정책의 비교연구 속에 그러한 서술적인 가설들이 상당히 존재하고 있음을 드러내는 방대한 명제의 목록을 보여주었다. 다중 인과적 설명 개발의 다음 단계는 변수들이 상호 영향을 미칠 것으로 기대하는 이유를 주의 깊게 설명하는 것이다. 이러한 설명 논리를 명확히 하는 것은 다중 인과적 설명에 대한 입장과도 일치하고 또 그러한 입장에 의해 요구되고 있다. 설명 논리의 개발은 특정한 매개 변수와 조건에서 어떤 관계 유형이 기대될 수 있는지를 명확히 하는 데 도움을 준다. 또한 이는 기대된 관계가 경험적으로 검증되지 않을 경우에 얻을 수 있는 혜택을 증대시켜줄 것이다. 가정된 관계의 기초가 되는 설명 논리가 분명한 경우, 기대 밖의 발견은 초기 기대들을 위한 토대를 새로이 탐색하도록 유도하며 그렇게 해서 이론 개발을 촉진하는 것이다.

설명 논리에 대한 강조는 CREON 프로젝트에서, 특히 이 책에서 검토된 변수들과 이론적 관점들에 대해 중요한 의미를 가진다. 이 책에서는 외교정책에 영향을 미칠 것이라고 짐작되는 모든 이론적 관점들을 총망라한다든지, 주어진 관점에서 열거될 수 있는 변수들을 모두 포함시키려는 시도는 결코 하지 않았다. 그 대신 우리는 설명 논리의 개발이 가능하도록 관점들과 변수들을 선택했다. 경험적 연구 단계에서 우리의 가정뿐만 아니라 기본적인 해석이 반증될 가능성은 여전히 존재한다.

CREON의 세 번째 정향은 외교정책 활동의 소재에 관심을 갖는다. 우리는 본질적으로, 외교정책을 조직적 맥락 속에서 활동하는 개별 의사결정자의 산물로 본다. 더구나 CREON의 연구 목적에 맞추어 우리는 그러한 조직적 맥락을 정부(national government)로 한정하고 있다. 개별 의사결정자의 견지에서 외교정책을 개념화하는 것은 이미 확립된 접근법이다(예를 들어 Snyder eds., 1962). 우리는 몇 가지 이유에서 이러한 전통을 따르고 있다. 3장에서 개발되고 있는 것처럼 정치 지도자의 개인적 특성의 차이는 일정한 조건하에서 외교정책 행동에 영향을 미칠 수 있다. 더구나 CREON의 연구자들은 외교정책을 인간의 의사결정 과정으로 인식함으로써 외교정책 행동(정치적 수준의 결정)의 개별 단위를 위한 개념적 기초를 마련했다. 이 점에 관해서는 다음 장에서 살펴보겠다.

의사결정 관점의 몇 가지 국면은 과거에 오해의 소지가 되었으므로 특별한 언급을 필요로 한다. 첫째, 의사결정에 대한 우리의 개념화에는 실제적인 선택 과정뿐만 아니라 선행 조건들(antecedent conditions), 장래의 이행이나 집행 가능성이 포함된다. 우리가 사용하는 의사결정 개념은 하나 또는 일련의 선택으로 그치는 것이 아니라, 결정을 행동이나 무행동(inaction)으로 전환시키는 전체적인 과정을 포함하고 있다. 결정과 행동에 대한 강조는 가끔 행동적 접근법으로 언급되는데, 이것이 주목되는 두 번째 논점을 이끌어낸다. 혹자는 행동적 접근법이 제도 분석을 배제한다고 생각할 수도 있다. 그러나 꼭 그럴 필요는 없으며, CREON의 경우에도 이를 배제하지 않았다. 사실상 기존의 모든 국가에서 외교정책 관리들은 다양한 조직적·제도적 구조의 맥락 속에서 행동한다. 다음 몇몇 장에서 주장되고 있는 것처럼 이들 구조는 외교정책 행동에 중요한 영향을 미칠 수 있다.

CREON이 외교정책 연구를 정부 내 의사결정에 국한하고 있는데도, 우리는 정부가 의도적인 대외적 행동을 통해 다른 정부들에게 영향을 미치려고 시도하는 유일한 단위라고 주장하지는 않는다. 사실상 오늘날의 세계정치에는 정부보다 더 그러한 행동을 주도하는 많은 정부간국제기구들(intergovernmental organizations)과 비정부기구들(nongovernmental organizations)이 존재한다. 게다가 비정부기구 중에서 거대한 다국적 법인과 같은 기구들은 범위나 영역, 강도와 성공률의 면에서 상당한 영향력을 행사하고 있다. 그러나 CREON의 연구 범위는 이론적이고 실제적인 이유에서 정부의 외교정책 행동에 국한되고 있다. 이론적인 측면에서 우리는 각국 정부들이 단일 행위자 유형으로서는 여전히 국제정치에서 가장 큰 영향력을 미치고 있다는 나이와 코헤인(Nye and Keohane, 1971)의 주장에 공감한다. 따라서 지배적인 이들 행위자에 미치는 영향을 더욱 잘 이해하기 위한 연구에 많은 노력을 기울이는 것이 합당해 보인다. 그리고 실제적인 면에서는 우리의 연구 재원이 상대적으로 제한되어 있기 때문이다. 현재로서는 정부 간 행위자들과 비정부행위자들에 관한 자료는 정부에 관한 것들에 비해 접근이 훨씬 제한되어 있다. 어떤 연구 전략을 세웠을 때, 검토되어야 할 주제에는 분명한 제한이 필요하다. 앞에서 개괄한 이유들 때문에 우리의 연구를 정부의 외교정책 행동에 한정시키는 것은 적절한 구상처럼 보인다.

CREON의 네 번째 정향은 다른 종류의 외교정책 행동을 설명하겠다는 우리의 약속이다. 적어도 제2차 세계대전 이래로 외교정책 연구가 미국 학자들에 의해 주도되어왔다고 볼 때(유감스럽게도 제한적인 조건이다), 냉전과 핵전쟁의 가능성에 대한 관심이 이제껏 연구된 외교정책 유형에 많은 영향을 미쳤을 것으로 생각된다. 대부분이 그렇지는 않더라도 어떤 체계적인 방법을 통해 특정 유형의 외교정책을 다루었던 많은 연구들은 전쟁과 평화 또는 우호와 적대에 관련된 특질에 관심을 기울여왔다. 우리는 당분간 그러한 정부 행동을 설명하려는 시도의 중요성을 부인하지 않을 것이다. 그러나 그러한 외교정책 행동을 계속 강조하는 것은 오류를 범할 수 있다. 정부 외교정책 행동의 대부분을 오로지 분쟁과 협력의 차원에서만 기술하는 것은 결코 적절하지 않다는 말이다. 그러한 강조 속에서 대외적 행동의 많은 차이들이 무시될 것이기 때문이다. 예를 들면 많은 분쟁은 그 핵심부에 실체적인 문제를 가지고 있다. 분쟁의 저변에 대한 검토 없이 감정적인 차원에서 일반화한다면 분쟁의 역동성과 분쟁을 유발하고 해결하는 데 영향을 미치는 세력들을 이해하기 위해 필요한 중요한 정보들을 놓치게 될 것이다. 전쟁과 평화의 문제에 대한 거의 배타적인 관심 역시 외교정책을 연구하는 다른 나라의 학자들에게서 도전을 받게 될 것이다. 이들 학자들은 세계 여러 지역의 국민들에게는 외교정책에서 전쟁과 평화보다 다른 문제들이 더욱 중요하다는 점을 분명히 할 것이다. 어떤 국가들에게는 경제개발, 사회정의, 필수 자원에 대한 접근과 같은 문제들이 기본적인 가치와 생존에 대해 갖는 중요성 때문에 매우 높은 우선순위를 차지한다. 주요 외교정책 활동의 지도(map)와 그것을 설명하기 위한 이론은, 우리가 오로지 분쟁과 협력에만 계속 초점을 맞추는 경우에 대외 문제에 대한 각 정부들의 실체적인 행동노선과 너무 동떨어질 위험이 있다. 그래서 CREON은 외교정책의 광범위한 스펙트럼을 측정하고 연구하는 노력을 기울일 것이다.

CREON의 다섯 번째 정향은 우리가 외교정책에 대한 일반적인 준거와 CREON 연구 보고의 주제(외교정책 행동)를 구별하려고 했을 때 이미 알아차렸을 것이다. 이러한 점은 우리의 연구가 체계화되는 방향과 관련해 대단히 근본적이기 때문에 2장에서 더욱 자세히 밝힐 것이다.

초석 다지기: 이론적 관점의 개발

앞에서 우리는 외교정책의 비교연구와 특히 CREON의 연구 노력에 관련된 많은 쟁점들을 제기했다. 되도록 앞서 개괄한 견해에 맞추려고

하겠지만, 다음 장들에서 이들 쟁점을 모두 개진하거나 논의하지는 않을 것이다. 이 책의 과제는 장래의 분석, 즉 소위 이론적 관점을 위한 초석을 다지는 것이다. 우리가 말하는 이론적 관점이란 외교정책 행동을 설명하기 위해 구체화되고(specified) 상호 관련된 변수 틀의 중요성을 상정하고, 외교정책 행동에 그러한 변수 틀을 관련시키는 설명 논리를 제공하는 일반적인 연구 정향을 의미한다. 뒤에서 일곱 개의 이론적 관점들을 하나하나 개진하겠지만 우선 여기서는 일차적인 특성들을 간단히 설명하겠다.

1. 정치 지도자의 개인적 특성

이 관점은 의사결정자들 간의 개인적 차이가 외교정책 행동에 영향을 미치는 방법에 관심을 갖는다. 어떤 조건에서 정치 지도자의 신념, 동기, 결정 스타일, 대인(對人) 스타일이 그들 정부의 외교정책 행동에 영향을 미칠 수 있는가 하는 것이다.

2. 결정의 구조와 과정

이 관점은 한 국가가 특정 문제를 다루면서 이용하는 조직적 기제가 외교정책 행동에 영향을 미치는 방법에 초점을 맞춘다. 하나의 개인에서 방대한 관료제에 이르기까지 많은 종류의 결정기구들이 외교정책의 의사결정에 도달하고, 이를 이행하는 데 관련될 수 있다. 이러한 각기 다른 유형의 결정구조들이 불확실성에 대처하고, 참여자들 간의 분쟁을 해결하며, 선택하고 이를 이행하기 위해 각기 다른 유형의 과정을 거친다. 정부에 따라서 그런 것과 마찬가지로 사안에 따라서도 변하는 이러한 과정들은 외교정책 행동에 영향을 미칠 수 있다.

3. 레짐의 정치적 특징

이 관점은 국가 내부의 레짐 변화에서 유래하며, 정부들에 대한 국가 교차적 비교 관찰을 통해 관찰되는 정부 구조의 차이들이 어떻게 외교정책 행위에 영향을 미치는지 다룬다. '결정의 구조와 과정'의 관점이 결정의 유형에 따른 다양한 변화에 관심을 가진다면, 정치 레짐의 관점은 정부에 따라 달라지는 특징들을 밝히는 것이다. 체제의 내적 결속과 구성원(constituencies)에 대한 설명 의무의 정도와 같은 변수들에 의해 규정되는 체제의 행동의 자유는 외교정책 행동에 영향을 미칠 수 있는 하나의 중요한 레짐 요소다.

4. 사회의 국가 속성

이 관점은 사회의 차이가 외교정책에 미치는 영향을 알아보려는 것이다. 사회의 비교적 안정적인 속성들—문화적 동질성, 영토의 크기, 경제개발의 수준과 같은—은 그 정부에서 국제 문제가 얼마나 두드러지는지, 그 정부가 관심을 기울이는 대외 문제는 무엇인지, 대외 문제에 개입되는 자원의 종류와 양을 규정하는 데 중요하다.

5. 국제체제의 특질

이 관점은 범세계적 맥락에서 외교정책에 영향을 미치는 비교적 안정적인 유형의 국제적 상호 작용에서 등장하는 변수들을 설명하고 있다. 외교정책 행동에 영향을 미칠 수 있는 국제체제 변수에는 체제 내의 재화, 가치, 자원의 분포와 규모, 취급되는 문제의 영역과 범위, 조직화의 수준, 극성(polarity)의 정도에 의해 측정되는 체제의 복잡성 등이 있다.

6. 이전의 대외적 행동

이 관점은 국가의 현재 외교정책 행동을, 다른 행위자들이 이 국가를 상대로 행한 이전의 행동과 다른 행위자에게 행한 이 국가의 이전의 행동과 관련시킨다. 다시 말해 이 관점은 상호 작용하는 특정 국가들의 역사적 경험의 중요성을 강조한다. 이전에 자국을 지지해주었던 국가의 행동에 대한 정부의 반응은, 전통적으로 적대적이었던 국가의 행동에 대한 반응과는 다를 것으로 예상된다. 정부의 외교정책 행위는 다른 외부적 실체들과의 이전의 상호 작용에 의해 규정된다.

7. 상황의 일시적 특성

이 관점은 외교정책 의사결정을 자극하는 사회 안팎의 일시적인 요소에 관심을 갖는다. 상황의 일시적 특성은 의사결정자가 정부의 목표에 영향을 미치고, 따라서 그들 정부에 문제를 야기하는 것으로 상황을 인식할 때 결정의 계기가 된다. 의사결정자가 그 문제를 어떻게 규정하거나 특징짓는가는 정부의 외교정책 행동에 영향을 미칠 수 있다.

이들 일곱 개의 이론적 관점들이 외교정책 행동을 설명하는 데 사용되는 가장 일반적인 설명 변수들을 반영하고 있기는 하지만, 이 틀을 포괄적이라고 보기는 어렵다. 외교정책을 자본주의 경제, 여론, 이익집단 또는 다른 많은 유형의 변수 차원에서 설명하려는 사람들은, 그들이 선호하는 설명이 여기서는 단지 스쳐 지나가거나 전혀 취급되지 않는다는 사실을 발견하게 될 것이다. 이러한 설명들이 누락된 데에는 두 가지 이유가 있다. 첫째, 연구자들의 기량과 성향에서 유래하는 실제적 제약이다. 이들 일곱 개의 관점은 CREON 연구자들의 이론적 관심을 나타낸다. 둘째, 관점이 일곱 개로 한정된 것은 제시되는 모든 관점들이 (경험적 검증이 가능한 가설들을 산출하는 방식을 통해 전개될 수 있는) 근본적인 설명 논리에 기초해야 한다는 우리의 확신 때문이다.

이 책에서는 경험적 연구를 전혀 다루지 않을 것이라는 말을 서둘러 덧붙여두고 싶다. 더구나 이들 관점의 통합을 포함하는 다중 인과적 설명도 결론의 장에 가서야 논의될 것이다. 이 두 과제는 반드시 수행되어야 하고 CREON 프로젝트를 통해 진행되고 있는데도 불구하고, 우리는 다른 사람들 역시 도전에 응하고 이 과제들을 독자적으로 추구하기를 바란다.[4] 이 책은 그러한 노력에 필요한 선봉으로서, 각 장에서 따로따로 각각의 관점에 대해 검토하고 있다. 그것은 나름대로의 관점들이 얼마나 그럴듯하게 외교정책 행동들을 설명할 수 있는지 측정해보려는 것이다. 이 목적을 이해하는 하나의 방법은 구조적 특성을 평가하기 위해 새로운 비행기 모형에 시행하는 물리적 압력 실험에 비유하는

04 CREON의 개념화를 가깝게 따르는 것으로 보이는 독자적인 노력 중의 하나는 안드리올 외의 연구(Andriole et al., 1975)에서 보고되었다. CREON과의 직접적인 유사성은 덜하지만, 여기서 요약된 일반적인 방향으로 나아가고 있는 브레처와 동료들의 연구 프로그램(Brecher et al., 1969)도 있다.

것이다. 실험에서 비행기의 날개가 파괴될 때까지 압력을 가하는 것과 마찬가지로, 외교정책 행동에 대한 설명 역시 그 한계점까지 몰아붙일 때 그 강점과 약점이 드러나게 된다. 각각의 관점들을 따로 검토함으로써 독자들은 여러 가정들이 핵심적인 변수들을 외교정책 행동에 연계시키면서 수행하는 결정적인 역할을 더욱 쉽게 이해하게 될 것이다. 이러한 가정들이 타당한지 더 쉽게 판단할 수도 있다. 외교정책에 대한 본인의 이해와 가정들이 일치하지 않을 경우에는 다른 이론적 관점에서 적정 요건들(qualifying conditions)을 도입해 수정하고 완화할 수도 있다. 결론 장에서는 이들 관점이 언제나 직접적으로 외교정책 행동에 관련되지는 않는다는 것과 특정 경우에 주로 상호 관련된다는 것을 밝히면서, 이 관점들을 통합하는 초기의 노력을 소개하고 있다. 그래서 어떤 관점들은 다른 관점들을 위한 선행 조건 또는 매개 조건의 역할을 한다.

지적한 대로 이러한 통합 노력은 마지막 장까지 유보될 것이다. 어쨌든 일곱 개의 이론적 관점에 대한 개별적인 검토에 앞서 다루어야 할 또 다른 주요한 문제가 있다. 앞서 우리는 CREON의 분명한 정향 중 하나가 외교정책 행동에 대한 개념화, 말하자면 이론적 관점을 통해 설명하려는 현상에 관심을 갖는다는 것을 지적한 바 있다. 지금 우리가 관심을 돌리려는 쪽은 너무도 자주 소홀히 취급된 바로 그러한 외교정책 분석의 국면이다.

02 외교정책 행동: 설명 대상

찰스 F. 허만

소홀히 취급된 외교정책 개념

제2차 세계대전 후 외교정책 연구의 가장 주목할 만한 국면 중 하나는 외교정책의 일반적인 개념과 그 개념을 유용하게 배열할 수 있는 차원과 범주에 거의 관심을 기울이지 않았다는 점이다. 외교정책에 관한 대부분의 교재들은 그 개념을 정의하는 경우에도 일반적인 정의에 한두 문단을 할애하는 데 만족하는 듯 보인다. 예를 들어 아이리시와 프랭크(Irish and Frank, 1975)는 두 쪽을, 코플린 등(Coplin et al., 1974)은 한 쪽가량을 할애했으나 가장 널리 쓰이는 비교외교정책 교재(Macridis, 1976)를 포함해 다른 책들(예를 들어 Westerfield, 1963; Spanier and Uslaner, 1974)은 분명한 정의를 전혀 제시하지 않고 있다. 이 같은 인색한 배려로는 진지한 연구의 충분한 기초를 닦기 어려우며, 연구를 계속한다 해도 그 개념을 더욱 발전시키기는 어렵다. 필자들은 이러한 소홀함이 외교정책에 대한 적절하고 폭넓은 설명을 제공하는 데 심각한 장애가 되어왔다고 믿는다. 그러한 소홀함이 깜짝 놀랄 만한 일로 여겨질 만큼, 외교정책 개념을 정의해야 할 필요성은 긴요해 보인다. 어떤 것을 이해하고 설명하며 예측하기 위해서는 먼저 그것이 어떤 것인지 분명히 밝혀야 한다. 외교정책 개념을 개발해야 할 분명한 필요성이 있는데도 이 과제는 왜 그렇게 오랫동안 소홀히 취급되었는가?

한 가지 이유는 그 문제를 취급해온 대부분의 사람들이 자신들은 외교정책이 무엇인지 알고 있으며 아마도 다른 사람들 또한 별 설명 없이도 자신들과 함께 그 개념들을 공유할 것이라고 확신해왔다는 것이다. 결국 모든 사람들은 외교, 무역, 전쟁, 그 밖의 다른 형태로 외교정책을 언급해왔다. 마찬가지로 『The International Encyclopedia of the Social Sciences』(Cohen, 1968)의 외교정책에 관한 소론에서도 아무런 정의가 언급되어 있지 않다. 7년 후의 공동 소론에서 바로 그 필자였던 코헨은 하나의 정의에 대한 분명한 합의와 그 개념에 대한 개발 부진 모두를 인정하고 있다.

> 외교정책의 일반적인 특질에 대한 분석가들 간의 적절한 합의 — 외교정책은 정책 입안자들이 원하는 방식으로 상대국에 영향을 미칠 의도를 가지고, 주권적 국민국가를 넘어서는 환경 내의 어떤 행위자 또는 조건에 대해, 공식적이거나 권위적인 위치에 있는 사람들에 의해 형성된 일련의 목적, 지침, 의도다 — 가 있긴 하지만 이러한 정의가 많은 내용을 담고 있지는 못하다(Cohen and Harris, 1975: 383).

이 개념에 제한적인 관심만이 주어지는 또 다른 이유는 대부분의 외교정책 전문가들이 일개 하부 분야나 일반적인 현상의 범주에 관심을 집중시키기 때문이다. 따라서 연구나 저술은 억지(抑止), 정보, 외교적 활동과 같은 외교정책의 특별한 국면들을 다루거나 군사동맹, 유엔, 공동시장과 같은 어떤 환경 틀의 맥락 속에서 특정 정책을 검토하는 경향이 있다. 이처럼 초점이 좁게 맞추어질 경우, 분석가들은 그들의 연구 사항을 특별한 사례로 포괄하는 일반적인 현상의 성격이 무엇인지 물을 필요가 없다. 일개 국가, 이원적 관계, 지리적 영역의 외교정책을 조사하는 분석가들조차 정책의 범주들을 이용하거나 기본 개념의 개발이 별로 필요 없는 절차를 채택하고 있다. 어떤 사람들은 대외활동의 특별한 경우나 좁은 범위의 관련 부문만을 연구하며[예를 들어 전략무기제한협정(Strategic Arms Limitation Talks: SALT) I, 마셜 플랜], 또 다른 사람들은 특정 제도(예를 들어 언론과 국회와 CIA)를 연구하고, 여전히 정책 입안 요소들 간의 일반적인 과정만을 서술하는 경우도 있다. 외교정책의 전체적인 범주를 고려하려는 사람들은 흔히 역사적 연대기를 따르거나 정책 입안자에 의해서 제공된 호칭(예를 들어 브레즈네프 독트린, 봉쇄정책, 진보를 위한 동맹)을 대외적 활동을 서술하는 영역으로 이용해왔다. 그러한 호칭들은 어떤 정책이나 프로그램을 호명하는 데에는 도움이 될 수 있지만 체계적인 비교나 이론 구성에 도움을 주는 범주의 설정은 어렵게 만든다. 간단히 말해, 이러한 모든 접근법들은 전체보다는 부분을 강조하고 외교정책의 기본적인 성격을 정의되지 않은 상태로 남겨놓는다.

지금까지 이러한 어려움은 상당수의 외교정책 전문가들이 자신들의 연구 분야에 과학적인 방법을 적용하는 데 별로 관심을 두지 않았던 것에서도 그 원인을 찾을 수 있다. 앞서 말한 것처럼 기술(description)과 처방(prescription)이라는 중요하고 독특한 과제는 연구 분야에 대한 면밀한 기술 없이도 수행될 수 있다. 일찍이 과학적 의식을 개발했거나 외교정책 영역에서 경험적 조사를 추구했던 사람들은 과학적인 방법으로 처리 가능한 자료들이 빈약하다는 사실을 알게 되었다. 그들 사이에서는 가용한 제한된 자료를 가지고 외교정책을 규정하려는 유혹이 생겨났다. 외교정책 개념은 가용 자료가 부족하고 과학적 분석에 대한 관심이 한정되어 있으며 대외적 활동의 오직 한 가지 범주나 과정에 주로 관심이 쏠려 있다는 점과 함께, 목적의 개념은 다루기 어렵다는 사실로 더욱더 극복되기 어렵다. 아래에서 자세히 검토하겠지만 외교정책에 대한 정의들은 일반적으로 행위자의 합목적성, 목적, 동기의 개념을 담고 있다.

이러한 소홀함이 심지어 오늘날까지도 여전히 주목되지 않고 관심 밖에 있다고 말하는 것은 옳지 않다. 아직도 외교정책을 정의하지 않고 분화되지 않은 용어로 사용하는 경우들이 있긴 하지만, 그 개념과 차원에 대한 관심은 증대되어왔다. 코헨과 해리스(Cohen and Harris, 1975)가 이 분야를 개관하면서 그랬던 것처럼, 블레이크(Blake, 1969) 역시 외교정책을 정의해야 하는 일반적인 필요성을 역설했다. 스나이더와 그의 동료들(Snyder eds., 1962)이 1954년의 국가 행동을 논의한 이래, 미한(Meehan, 1971)은 이 분야에서 크게 부족했던 외교정책 개념을 집중적으로 연구했다. 프로만(Froman, 1968)은 대내정책과 외교정책의 분류법을 평가하기 위한 기준을 만들었다. 스피로(Spiro, 1966)와 허만(Hermann,

1972a)은 외교정책의 유형을 정리하기 위한 일련의 차원들을 개념화했고, 그 같은 작업은 통계적 자료 축약 절차를 사용하는 몇몇 사람들(예를 들어 Kegly, 1973; Salmore and Munton, 1974; Kegley et al., 1974; MaClelland and Hoggard, 1969)에 의해서도 시도되었다. 심지어 교재들(예를 들어 Coplin, 1974; Lentner, 1974; Holsti, 1972; Lovell, 1970)도 외교정책의 개념화와 범주화의 작업에 더 큰 민감성을 보여주고 있다.

더구나 점점 더 많은 외교정책 학자들이 로즈노(Rosenau, 1968)가 '과학적 의식'이라고 부른 것을 개발해왔는데, 이는 개념들에 대한 좀 더 조심스러운 설명을 요구한다. 외교정책 연구에 대한 과학적 방법의 적용에 관심이 모아지면서 자료 수집과 외교정책에 대한 다소 추상적인 가설들을 통계적으로 분석하는 연구가 등장했다. 따라서 외교정책에 관한 가용 자료(투표 기록, 무역 자료, 군비 지출과 같은)를 밝히고 새로운 종류의 자료(정책과 사건 자료에 대한 정책 입안자의 지각과 같은)를 수집하려는 노력이 점차 보편화되었다.

외교정책에 관한 자료를 수집하려는 초기의 노력들은 어떤 자료가 요구되는지를 보여주는 이론적 토대를 충분히 구체화하지 않은 채 수행되어왔다는 점에서 응당 비판을 받았다(예를 들어 Waltz, 1975; Zinnes, 1975). 그러나 이러한 자료 수집 노력은 연구 대상이 되는 행위들과 정책들을 어떻게 확인할 수 있는가에 관심을 집중해온 덕택에, 외교정책의 개념에 대한 인식을 향상시켰다.

정책 개념에 있어서의 목적에 관한 문제

경험적 연구가 외교정책의 개념과 차원에 대한 관심을 높이는 데 많은 기여를 했지만 대부분의 분석가들이 정책 합목적성(purposiveness)에 관한 개념 문제를 자주 다루어온 것 같지는 않다. 어떤 정책이 언제 '외교적'인지를 규정하는 데에도 개념의 개발이 필요하지만 더 어려운 문제는 아마도 정책의 일반적인 개념일 것이다. 정책에 대한 교과서적인 정의의 간단한 예를 들어보자.

> 미국의 외교정책은 공식적인 미국의 정책 입안자들이 미국 시민의 안전과 국익을 증대하고 세계 문제에서 미국의 영향력과 위신을 고양하기 위해 미국의 영토적 관할 구역을 넘어 취하기로 한 행동 방침을 말한다(Irish and Frank, 1975: 1).

> 가장 기초적인 요소로 축약해볼 때, 외교정책은 두 가지 요소로 구성된다. 그것은 달성하려는 국가 목적과 그것을 성취하는 수단이다(Crabb, 1972: 1).

> 정책은 ① 목적의 선택, ② 목적을 달성하기 위한 수단의 동원, ③ 이행 또는 선택된 목적의 추구를 위한 노력과 자원의 실제적인 소비를 수반하는 행동의 한 형태다. …… 외교정책은 환경에 대처하는 국가 활동 부문을 지칭한다. …… 정책이 다른 국가를 대상으로 하고 그 국가에 영향을 미치는 한, 외교의 의미 안에서 분류된다(Lentner, 1974: 3~5).

앞서 인용한 코헨과 해리스(Cohen and Harris, 1975)가 암시하고 있는 것처럼 더욱 전문적인 문헌에 나오는 일반 정의들도 교과서에서 발견되는 정의와 비슷하다.[1] 이들 개념화에서 되풀이되는 것은 목적(purpose, goals, or intent)의 개념이다. 로즈노는 이러한 목적의 문제 — 위로는 국가이익에서 아래로는 정책 목표들에 이르기까지 — 가 외교정책에서 가장 다루기 힘들다는 것을 정확하게 지적했다. 그는 "이 분야에서 명료한 분석을 가장 어렵게 하는 국면은 국가가 국제관계에서 추구하는 목적이다"라고 말했다(Rosenau, 1961: 141).

인간의 행동에 대한 다른 많은 분석 영역에서와 마찬가지로, 외교정책에서도 비임의적 행동은 의도적이거나 목적 지향적이라고 가정해왔다. 인공 과학에 대한 사이먼(Simon, 1969)의 개척적인 논문은 목적을 국가와 같은 적응(인공)체제[adaptive (artificial) system]에 귀속시키는 매력적인 방법을 우리에게 제시한다.

> 따라서 적응 가능한 체제 또는 인위적인 체제에 대한 연구에서, 내부환경과 외부환경을 분리해 얻을 수 있는 첫 번째 이점(利點)은 우리가 그 체제의 목적과 외부환경에 대한 지식으로 그 체제의 행동을 예측할 수 있다는 것이다(Simon, 1969: 8).

다시 말해 사이먼은 만약 우리가 국가의 목적과 국가의 활동 무대인

01 연구문헌 중에서 대외정책에 관한 몇몇 정의들을 살펴보기 위해서는 C. Hermann(1972a: 70~71) 참조.

세계에 대해 무엇인가를 안다면, 국가와 지도자 또는 그들이 지도하는 사회에 관한 광범위한 지식이 없더라도 국가 행동을 합리적으로 예측할 수 있다고 주장한다.

목적을 가정하는 것의 매력은 강렬해서, 상상력이 풍부한 다른 분석자가 이를 인간에 대한 전혀 다른 두 가지의 개념을 구별하는 기초로 여길 정도다.

> 첫 번째 개념은 인간의 행동을 환경에 대한 반응으로 설명하고 두 번째 개념은 인간의 행동을 목적의 추구로 설명한다. 즉, 첫 번째 개념은 행동의 인과 과정과 결정 인자를 연구하며 기계적인 설명을 주로 사용한다. 이것은 자살의 원인에 대한 뒤르켕(Durkheim)의 분석에서부터 오늘날까지, 사회학에서 가장 훌륭한 경험적 연구의 함축적인 기초가 되었다.
>
> 두 번째 개념은 인간의 행동을 목적 지향적인 것으로 이해하며 현재의 환경 조건보다는 미래의 바람직한 상태에 더 많은 주의를 기울인다. 인간은 환경의 산물이라기보다는 행동을 주도하는 선호의 원천으로 상정된다. 이러한 개념은 인간의 행동에 대한 많은 상식적인 설명, 베버(Weber)나 파슨스(Parsons)에 의해 표현된 사회학의 어떤 이론적 연구, 하나의 주요한 이론적 구조로서 합리적 경제인의 개념에 입각한 경제이론 등의 기초가 되어왔다(Coleman, 1973: 1).

오늘날의 외교정책 연구자들에게, '합리적 경제인(rational economic man)'에 관한 콜먼(Coleman)의 언급은 앨리슨(Allison, 1971)이 서구 외교정책 분석을 지배해왔다고 설득력 있게 주장한 합리적 행위자 패러다임과 그 변화된 형태들을 연상시킨다. 외교정책에 대한 이러한 개념화의 요체는 국가가 외교정책을 통해 일련의 일관된 목적을 갖는 통합된 합리적 주체로 행동한다는 착상이다(Allison, 1971: 28~36). 스타인브루너(Steinbruner, 1974)는 '분석적 패러다임(analytical paradigm)'이라는 제목의 글에서 이러한 정향을 자세히 설명하면서, 외교정책 연구에서 이러한 정향이 보편화되어 있음을 여실히 보여주는 경우들을 제시하고 행위자의 선호의 틀이라는 관점에서 가치 교량의 통합(integration of value tradeoffs)을 위한 요건에 관해 논했다. 요컨대 다른 유형의 집단적 행동과 마찬가지로 외교정책을 목적 추구적인 행동으로 개념화할 충분한 근거가 있다는 것이다.[2]

그러나 정책을 목적 추구적인 행동으로 특징짓는 것은 즉각적으로 여러 문제를 제기한다. 어떤 점에서 국가와 같은 복잡한 집단적 실체(collective entity)가 목적을 가진다고 말할 수 있는가? 어떤 집단을 인격화해서, 그 집단을 마치 단일한 목적과 선호의 집합을 갖는 하나의 개인처

02 어떤 사람들은 가장 일반적인 것에서 가장 특수한 것까지 배열될 수 있는 일련의 개념을 사용해 외교정책의 목적을 분류하는 것이 유익하다는 사실을 발견했다(예를 들어 Bloomfield, 1968). 국가 목적에 대한 가장 일반적인 특징은 국가의 광범위하며 지속적인 목적을 지칭하는 국가 이익의 개념 속에 표현되어 있다. 국가 이익이라는 용어의 사용은 여기서 논의된 어떤 문제도 피해갈 수 없게 하며 몇몇 새로운 문제들을 부가한다. 더구나 만약 국가 이익이 극단적으로 광범위하고 영구적일 경우, 우리는 이러한 더 큰 이익들을 뒷받침하기 위해 고안된 더 특정한 것들을 확인하지 않으면 안 된다. 그러므로 이 논의에서 우리는 국가 이익, 목표들, 계획들을 포함하는 모든 관련 개념을 망라하는 목적의 일반적인 용어를 사용할 것이다.

럼 취급하는 것은 결코 합당해 보이지 않는다. 공식 기구들을 연구하는 사람들은 이 문제에 대해 고심해왔으며, 그러한 집단들이 목적 지향적 행동을 하는 것으로 인식될 수 있는 몇 가지 가능한 방법들을 제시했다.

한 가지 방법은 조직의 개별 구성원들이 조직의 목적을 수락하고 동시에 그 공유된 목적들을 촉진시킬 수 있는 방식으로 행동할 것을 합의함으로써 조직의 목적이 만들어진다는 것이다. 또 다른 장치는 한 개인이나 소집단(예를 들어 회사의 이사회)에 의한 목적 설정을 필요로 하는데, 그 개인 또는 소집단은 조직의 다른 모든 구성원들이 마치 정해진 목적을 개인적으로 추구하는 것처럼 조직에 관련된 행동들을 하는 데 동의하는 경우 그들에게 보상(예를 들어 봉급, 임금, 승진, 이익배당)을 제공한다(조직을 위해 일하는 과정에서 어떤 개인들은 이러한 목적들을 자신의 것으로 내면화할 수 있고, 그러면 그러한 노력에 상응하는 보답이 준비되어 있지 않은 경우에도 그 목적들을 추구하게 된다). 그러나 실제로 조직이 통합되고 조작된 일련의 목적들(integrated and operationalized set of goals)을 갖지 않을 가능성은 여전히 남아 있다. 조직의 각기 다른 구성원들이나 분파들은 자신들의 목표를 추구한 나머지 상충되는 방법으로 목적들을 해석할 수 있고, 그 결과 그 조직(또는 조직의 몇몇 부분들)은 상충된 목적들을 지지하는 행동에 동시에 연동될 수 있다. 그 대신 조직은 목적들을 순차적으로 추구할 수 있는데, 그러면 나중에 이루어지는 것이 이전에 이루어진 행위의 효과를 변화시키거나 취소시키는 혼란에 대처할 수 없다.

이러한 후자의 관점은 외교정책을 관료적 과정(bureaucratic process)으로 파악한 연구들(예를 들어 Allison, 1971; Halperin, 1974)에서 강조되어왔다. 외교정책이 다양한 행위자들과 정부의 구성 단위들 간에 밀고 당긴 '결과로 생겨난 것(resultant)'이거나 타협으로 여겨질 경우, 최종 행위가 목적 추구적일지는 의심스럽다. 타협적인 행동은 국가 원수나 다른 권위적인 정책 입안자들에 의해 규정된 국가 전체의 목적을 의미할 필요가 없다. 실제로 타협적인 행동은 국가의 어떤 하부 단위의 목적들을 극대화하는 행동이 아닐 수도 있다. 그보다 이것은 아마도 승리 연합(the winning coalition)이 동의할 수 있는 어떤 선호의 혼합물일 가능성이 있다. 물론 외교정책이 꼭 이런 방식으로 공식화된다고 볼 수는 없다. 그리고 관료적 과정이 정부 안에서 시종일관 이루어진다고 주장할 사람도 없다. 그러나 어쨌든 관료적 과정은 외교정책을 정부의 목적 추구적인 행동으로 정의하는 것을 주저하게 한다.

정부의 외교행위를 어떤 목적을 추구하기 위한 행동계획의 일부로 볼 수 있다는 가정과 관료정치적인 해석, 이 양측에 의해 제기된 문제를 당분간 무시한다 해도, 분석가들이 진정한 국가의 목적이 무엇인지를 어떻게 알 수 있는가 하는 문제는 여전히 남는다.

정부의 권위적 정책 입안자가 아닌 사람들이 국가의 외교정책 목적을 규정하려 하는 경우에는 몇 가지 대안이 있다. 그러나 이 모든 대안들은 장애들로 가득 차 있다. 하나는 정부 대변인에 의해 공표(公表)된 목적을 액면 그대로 받아들이는 것이다. 정부 관리가 국가 목적에 대해 표명한 자신의 진술을 설명하도록 하는 것은 상당한 장점이 있지만, 정책 입안자가 자신이 처한 정치적 환경 속에서 자신의 동기나 목적에 대해 완전히 솔직할 수 없다는 것은 애석하지만 분명한 사실이다.

또 하나의 대안은 관찰된 행동에서 국가의 목적을 유추하는 것이다.

그러나 불행하게도 동일한 행동은 얼마든지 다른 목적으로 귀인(歸因)될 수 있다. 더구나 만약 모든 행동이 어떤 목적을 극대화하는 것으로 가정한다면, 정부 관리가 오산할 가능성 또는 관료정치에서 나타나는 합의를 위한 일종의 타협, 상호협조 등을 고려할 수 없게 된다. 동일한 전략을 가진 또 다른 형태는 환경에 의해 국가에 부과된 요구에서 국가의 목적을 유추하는 것이다. 예를 들어 일본의 생활수준 또는 산업화 실태는 국내에서 생산해낼 수 있는 것보다 훨씬 더 많은 석탄과 석유를 필요로 한다. 따라서 연구자는 일본 외교정책 목적 중 하나가 외부에서 생산된 에너지를 안전하고 재정적으로 가능한 선에서 풍부하게 공급받을 수 있도록 하는 것이라고 유추할 수 있다. 그러나 불행하게도 찾아낼 수 있는 외교정책의 환경적 요구가 이렇게 분명한 경우는 드물고, 흔히 모순된다. 더구나 연구자는 이러한 요구를 현직 정부 관리와는 다르게 인식할 수 있다.

또 다른 대안은 환경뿐만 아니라 다른 국제 행위자들과 관련된 권력기반, 어떤 기본적인 가치체계 등이 주어졌을 때, 연구자가 국가의 목적이 되어야 한다고 판단한 것을 국가 목적으로 볼 수 있다는 것이다. 분명 이러한 규범적 목적들에 비추어 국가의 외교정책 성과를 평가하는 것은 유용한 목적에 쓰일 수 있다. 그러나 국가의 목적이 될 수 있고 또 되어야 한다고 믿는 연구자들의 선언과, 실제로 국가의 목적이 무엇인가의 사이에 어떤 필연적인 합치를 가정하는 것은 오류를 범할 수 있다.

요약해보면 정책을 목적 추구적인 행동으로 보는 것은 여러 가지 이유에서 매력적이다. 한 행위자의 목적을 알고 있다면 행위를 상당히 간결하게 설명할 수 있다. 더구나 목적에 대한 진술은 행위자의 성과를 평가하는 수단을 제공해준다(추구된 행동은 규정된 목적을 실현하는 효과적인 수단이었는가?). 게다가 일련의 목적, 선호, 효용함수 또는 본질적으로 같은 뜻의 다른 용어들에 대한 구체화는 통계적 의사결정 이론, 게임 이론, 콜먼(Coleman, 1973)에 의해 묘사된 바 있는 여러 확장논리와 같은 다양한 분석 도구들을 사용하는 데 필요하다. 이러한 이유들로 볼 때, 외교정책 관련 연구자들이 목적의 개념을 정책 형성의 핵심적인 부분에 포함시키려는 것은 놀라운 일이 아니다. 그러나 연구자들은 그렇게 하면서 집단적인 인적 실체(collective human entities)의 목적 개념과 관련된 수많은 문제들을 떠안게 된다. 게다가 그들은 자신들의 연구 분야의 특성상 겪게 되는 목적 개념의 특별한 문제들에도 직면한다. 왜냐하면 관료조직으로서 정부는 흔히 통합된 일련의 목적들을 가지지 않을 수도 — 또는 가지지 않은 것처럼 행동할 수도 — 있기 때문이다. 더구나 정치조직들, 특히 다변적인 대외환경을 다루는 정치조직들은 좀처럼 그들의 목적을 분명하게 밝힐 수 없다. 정부의 도움 없이 외교정책 목적을 규정하는 경우에 연구자들은 그것들을 정확하게 알아내는 데 어려움을 겪게 된다. 우리들은 거의 외교정책을 정의하지 않았고 그렇게 정의하는 경우에도 대충 해왔기 때문에, 정책의 일부로서 목적에 관련된 문제들은 별로 다루어지지 않았으며 그것에 대한 연구의 의미는 무시되어왔다.

정책에서 행동으로

> 외교관이나 전략가들의 행동은…… 축구선수의 행동처럼 확정된 목적도, 심지어 경제 주체의 행동처럼 극대치에 의해 합리적으로 규정할 수 있는 어떤 조건하에서의 목표도 가지지 않는다.…… 우선 우리는 외교적·전략적 행동이 분명한 목적을 가지지는 않지만, 전쟁의 위험은 그것이 어쩔 수 없이 힘과 수단을 계산하게 한다고 말해두자(Aron, 1966: 16).

레몽 아롱(Raymond Aron)의 소견에 따라 이 책에서 연구 결과를 소개하고 있는 CREON 프로젝트의 연구자들은 국가의 대외적 활동을 목적 추구적인 정책으로 보기보다는 행동의 견지에서 개념화하는 입장을 택했다. 이러한 전환은 두 가지 중요한 의미를 가진다. 첫 번째 의미는 우리가 행동 단위를 설정하는 데 국가의 목적 구조에 관한 지식이 요구되지 않는다는 것이고, 두 번째 의미는 우리가 좀 더 관찰 가능한 제한된 개념을 사용한다는 것이다. 다시 말해 보통 정책의 개념은 목적뿐만 아니라 계획이나 프로그램(즉, 일련의 행동들을 통해 선택된 목적들을 촉진시킬 것으로 기대되는 어떤 활동에 앞서 구성된 틀)까지 수반하지만, CREON의 연구자들은 연구 초점을 개별 행동에 한정시킨다. 연구 초점의 이러한 변경은 정책에 관련된 문제들을 회피할 뿐이다. 그렇더라도 이것은 유용한 의미를 가지는 조치다. 이에 관해 논의해보자.

우선 국가가 천명한 목적에 따라 행동할 수 있음을 꼭 부정할 필요는 없다는 사실에 주목하자. 관찰과 분석 단위의 일부로서 목적의 — 그리고 계획 요소의 — 존재 요구를 제거하는 것이 지금까지 우리가 해온 작업이다. 사실상 CREON의 연구자들은 어느 국가의 대부분의 대외적 행동이 어떤 목적을 추구하기 위해 이루어진다는 것을 믿는다. 그래서 비록 연구자가 어떤 정책의 목적과 계획을 모른다 하더라도 행동은 그 정책의 요소임을 나타내므로 우리는 보통 이것을 '외교 행동(foreign behaviors)'이라기보다는 '외교정책 행동(foreign policy behaviors)'이라고 부른다.

주목해야 할 두 번째 핵심은 선호하는 방식으로 행동들을 결합시킬 수 있는 연구자의 재량이다. 말하자면 정의될 수 있는 어떤 차원이나 특질에 따라 행동들을 모을 수 있다는 것이다. 물론 앞서 지적한 바 있는 목적들을 평가하는 다양한 접근법들이 여기에 포함된다. 실제로 CREON 프로젝트는 이러한 몇 개의 전략에 따라 행동들을 분류했으며, 이렇게 분류된 행동들은 분석이 가능하다. 그래서 우리는 대변인들이 어떤 선호되는 상태나 조건들에 정부 행동을 결부시킬 때마다, 정부 행위자가 공언한 목적에 따라 행동을 부호화했다. 또한 우리는 누가 행동의 수용자이며 누가 이익을 얻고 누가 위협받는가를 지적함으로써 행동들 자체로부터 목적을 추론하려 한다. 그 위에 기본적 가치들(예를 들면 존경, 안전, 안녕, 부)이 추론되고 부호화되는데, 이것들은 연구자로 하여금 정부 자체의 목적에 의거해 정부의 행동을 분석할 수 있게 한다. 예를 들어 정부의 외교정책 행동의 몇 퍼센트가 지식의 취득과 보급에 관련되는지 물을 수도 있다. 비록 우리는 정부가 처한 환경의 요구를 통해 정부의 목적을 구분할 수 있는 특별한 부호화 절차를 가지고 있지는 못하지만, CREON의 광범위한 문제 영역 분류도식(issue-area classification scheme)은 분명 이러한 접근법에 도움이 될 것이다. 여기서 우리의 주된 관심은 독자들을 CREON 프로젝트의 자료 모집 과정에 친숙하게 하려는 것이 아니라, 관찰 단위(행동들)를 정책의 개념에서 분리해냄으로써 외교정책 목적을 밝히기 위한 각기 다른 전략들 중 어떤 것을 추구하거나 이들 전략을 완전히 제쳐두고서도 여전히 그 행동을 알 수 있음을 보여주려는 것이다.

행동에 초점을 맞추는 세 번째 의미는 그것이 개별적이고 정의 내릴 수 있는 관찰 단위를 가능하게 한다는 점이다. 우리는 명확히 정의되고 개별화된 행동 단위들이 대외 문제에 대한 우리의 이해를 도와줄 소중한 기회를 제공해줄 것으로 믿는다. 외교정책의 비교연구에 활용할 수 있는 기본적인 관찰 단위 개발의 중요성은 정치에 관한 과학적 연구의 다른 분야(투표의 연구)를 고찰해봄으로써 강조될 수 있다. 투표 연구가 기본적인 분석 단위로서 개인적 투표 의사결정을 채택하기 전까지는 별로 발전하지 못했다는 사실은 매우 시사적이다. 투표의 결과에 대한 적절한 설명과 합리적이고 정확한 예측은 개인적 투표 선택이 분석의 초점이 되고 난 이후의 일이었다. 우리는 개별적인 관찰 단위의 필요성을 고려해 외교정책 행동이 개인적 투표 행동에 비유되어야 한다고 믿는다. 개인적 투표의 분석이 누가 선거에서 이겼는가와 같은 일반적인 성격의 질문을 가로막지 않는 것처럼, 외교정책 행동에 주의를 집중하는 것도 외교정책에 관한 좀 더 일반적인 성격의 질문을 가로막지 않는다. 정치인, 언론인, 시민, 선거 연구자들 모두 누가 선거에서 이겼는가에 대한 관심을 공유하고 있다. 그러나 전문가는—뒤따르는 분석의 기본적인 단위로서—개인들이 어떻게 투표 여부를 결정했는지와 어떻게 투표했는지를 먼저 연구할 필요가 있다는 점을 발견하게 된다. 우리는 동일한 상황이 대외 문제에서도 존재한다고 믿는다.

외교정책의 맥락에서 행동의 개념적 정의는 무엇인가? 이것은 한 개인이나 집단의 정치적 차원의 의사결정에 기인하는 개별 목적행동이다. 정치적 차원의 의사결정자란 통치하는 사람들에게 가용한 국가 자원들을 위탁하거나 자원의 사용을 보류할 수 있는 권한을 가진 사람이다. 그래서 하나의 행동은 정치적 차원에서 이루어지는 의사결정의 관찰 가능한 가공품으로 간주된다. 그 행동은 결정 그 자체가 아니라 결정의 산물이다. 물론 행동하지 않기로 한 결정이나 결정에 이르는 데 실패한 경우(예를 들어 미결정)는 새로운 행동을 유발하지 않고 애석하게도 우리가 기록할 아무런 자취도 남기지 않는다. 이러한 한계는 국가 교차적인 외교정책 분석에서 쉽사리 치유될 수 없는 불행한 결함이다.[3] 그렇지만 한 행위자의 무행동(inaction)은 흔히 다른 행위자들에 의한 조사, 재진술, 시험 또는 다른 행동을 위한 계기가 되며, 물론 그럴 경우에 무행동은 관찰 가능하게 되거나 다른 사람의 무행동의 단서가 된다.

우리는 오늘날 정부의 많은 행동들이 이루어질 때 공개적으로 수행되거나 천명되지 않는다는 사실을 알고 있다. 사실상 정부의 행동들은 정부에서 활동하는 소수의 사람들에게만 알려질 것이다. 이것은 인간의 행동이 관찰 불가능한 성질을 가지고 있어서 생기는 문제가 아니라 정보의 출처와 보고의 문제라는 것을 알아야 한다. 이렇게 은폐된 행동

03 우리는 CREON의 기획 초기 단계에서 이러한 불가피한 한계를 효과적으로 일깨워준 빈센트 데이비스(Vincent Davis)에게 감사 드린다.

들이 당시 연구자들에게는 접근하기 어려운 것이었다 하더라도 적절한 자료 출처와 제보자가 있으면 그것이 일어났다는 행동의 증거가 확보되는 것이다. 어쩌면 이러한 해석은 다양한 국가의 정보 활동을 연구하고자 하는 사람들의 엄청난 실제적인 문제를 극복하는 데 별 도움을 줄 수 없을지도 모른다. 그러한 개인적인 문제는 적당한 망원경을 구비하지 못한 천문학자가 어떤 별들의 구성을 탐지하거나 규정할 수 없는 것과 비슷하다. 그러나 결국 만약 우리가—모든 별들은 빛 또는 탐색 가능한 파장을 발산한다고 믿는 천문학자들처럼—사건들이 관찰될 수 있다고 믿는다면, 우리에게는 더 나은 망원경에 해당하는 것을 찾으려는 욕구가 생길 것이다. 연구자들은 어떤 종류의 외교정책 분석을 위해 심지어 기존의 공개적인 자료 출처만으로도 일반의 상상을 뛰어넘는 많은 것들을 할 수 있다.

요약하면 각각의 개별 행동은 정부 안에서 이루어지는 어떤 정치적 차원의 의사결정의 결과물이다. 개념적으로 각각의 새로운 정치적 차원의 의사결정은 (꼭 그렇지는 않지만) 새로운 행동을 낳는다. 그래서 우리는 행동의 영역을 추론할 하나의 기초를 갖게 된다. 실제로 외교정책 행동은 시간상·공간상의 위치를 점한다는 의미에서 개별적이다. 말하자면 시작과 끝이 있는 것이다. 그래서 외교정책 행동은 연구자에게 관찰의 기본 단위를 제공한다. 정의된 대로 행동들은 비교될 수 있고 조작(操作)될 수 있다.

대외 문제의 연구가 정책에서 행동으로 전환된 데 따르는 또 다른 결과는 국제관계에서 폭넓게 사용되는 모종의 자료들을 활용할 수 있게 된 것이다. 그것은 바로 사건 자료(events data)[4]다. 보통 신문이나 연표와 같은 대중적인 자료 출처를 가지고 구성하는 하나의 사건은 대개 행위자, 행위, 수용자로 이루어진다. 한 사건의 행위 성분이 하나의 외교정책 행동이 될 수도 있다. CREON 프로젝트의 사건 자료체계 안에서, 하나의 사건은 하나 또는 그 이상의 직접 표적(행동의 직접적인 수용자), 하나 또는 그 이상의 간접 대상(들)[영향력 시도의 대상(들)]을 겨냥해 행해진 개인 또는 개인 집합(행위자)의 개별 목적행동(행동)으로 정의된다. CREON 프로젝트에서 행위들은 정부 관리, 공적으로나 정부 입장에서 움직이는 대표인 개인 또는 개인 집합의 개별 행위자에 의해 취해지는 것으로 추정된다. 직접 표적(들)과 간접 대상(들)은 동일한 것일 수도 있는데, 개인, 집단, 개인 집합, 전체 국가 또는 한정적인 지역이 될 수 있다. 그것들이 꼭 정부일 필요는 없다. 어쨌거나 '대외적'인 사건으로 인식되기 위해서는 어떤 직접 표적(들) 또는 어떤 간접 대상(들)이 행위국가의 정치적 영역 밖에 있어야 하며 그 국가의 시민이 아니어야 한다. 목적이 있는 행동은 궁극적으로 어떤 실체(들)에 영향을 미치려는 시도다. 흐루쇼프(Khrushchev)가 울브리히트(Ulbricht)와 동독 정부를 상대로 만약 서방국가들이 6개월 이내에 베를린의 지위를 변경시키는 데 동의하지 않을 경우 소련은 독일과 개별적인 평화조약을 체결할 것이라고 공언했을 때, 소련 지도자의 행동의 직접 표적은 동독

04 사건 자료의 본질, 주요한 자료의 틀, 몇몇 예시적 적용에 대한 개관은 다음 자료들을 참고하기 바란다. Azar and Ben-Dak(1975), Azar, Brody and MaClelland(1972), Burgess and Lawton(1972), Gamson and Modigiliani(1971), Hermann et al.(1973), Kegley et al.(1975), MaClelland and Hoggard(1969), Sigler, Field and Adelman(1972), Rummel(1972).

정부였다. 그러나 흐루쇼프가 그의 행동으로 영향을 미치려 했던 실체들은 프랑스, 영국, 미국 등 베를린을 점령하고 있던 다른 열강들이었는데 이들은 CREON의 사건 정의에서 간접 대상이 될 것이다.

CREON 프로젝트의 일부로서 외교정책 행동의 개념이 앞에서 정의된 사건 자료를 통한 연구에 도움을 주긴 하지만, 정책으로부터 기본 단위인 행동으로의 전환이 특정한 종류의 자료나 정해진 접근법의 사용을 요구하지는 않는다는 점을 인식하는 것이 중요하다. 사례 연구, 역사적 연대기, 총계적 자료(무역, UN 투표 등), 공개적 발언의 내용 분석, 그리고 여타의 많은 분석 수단들이 국가의 대외 문제들에 대한 활동을 개념화하는 이 같은 방법에 적합할 수 있다. 기본적인 요건은 자료의 유형이나 분석의 기법이 아니라 개별적이고 관찰 가능한 행위에 연구의 기본적인 단위를 한정시키는 것이다. 그러면 (정책 개념의 핵심 부분이 되는) 일련의 목표와 계획을 사용하는 것이 이들 행동을 분류할 수 있는 많은 방법들 중 하나로 간주될 수 있다.

행동을 분류하는 대안들

만약 외교정책 행동을 관찰의 기본 단위로 받아들인다면, 관찰된 행동이 체계적으로 분류되거나 척도화(grouped or scaled)될 수 있는 대안적인 방법에는 어떤 것들이 있는가? 이 질문에 대한 대답이 우리가 이해하려는 것이 무엇이며 대외 문제들에 대한 의미 있는 통찰이 발견될 수 있을지의 여부를 결정해주기 때문에, 외교정책 연구에서 매우 중요하다. 일단 — 트루먼 독트린, 진보를 위한 동맹, 민족해방전쟁, 핵무장군

(the force de frappe)과 같은 — 정책 입안자들의 활동을 분류하기 위해 제시한 표제들을 그대로 받아들이지 않는다면, 우리는 의미 있는 대안을 찾아내야 할 것이다. 행동에 나타난 적대감의 정도에 따라 행동들을 모으는 경우와, 행동들이 내포하고 있는 재화, 인물, 정보 또는 이것들의 어떤 조합에 따라 행동들을 모으는 경우는 서로 매우 다른 행동 프로필을 구성하게 될 것이다. 또한 양자는 군비 통제, 농산품 교역, 기술 지원, 테러 등과 같이 실체적인 문제 영역을 다루는 사람들이 만든 분류 양식과도 사뭇 다를 것이다.

이 절은 행동들을 모아 정리하기 위한 접근법과 가능한 수단[5]을 간단히 소개하려는 것뿐이다. 일반적으로 외교정책 행동의 차원을 구성하기 위한 두 가지 폭넓은 접근법이 있다. 첫 번째 접근법에 따르면 연구자는 연구를 위해 본질적으로 중요하다고 여겨지는 행동의 한 가지 또는 일련의 특성들이나 행동의 유형을 개념화한다. 일단 행동의 특성을 검토하기로 작정하면, 선정된 특성에 의거해 관찰된 각각의 행동들을 분류하기 위한 어떤 체계적인 과정을 수립해야 한다. 이러한

---

05 이번 장은 전체적으로, 특히 이 절에서는, 린다 P. 브래디(Linda P. Brady)의 편집 책임하에 지금 준비 중인 대외정책 행동에 관한 CREON 서적에서 훨씬 더 상세하게 검토된 문제들을 소개하고 있다. 여기서 다루는 문제들은 그 책에서 더욱 철저히 탐구될 내용이다.
1975년에 열린 미국정치학회의 한 분과에서 4개의 이론적 관점에 관한 연구 논문들이 발표되었다. 이들 관점 중 설명 변수의 효과는 대외정책 행동 6개의 공통적인 틀을 설명하기 위해 사용되었다. Brady(1975), East(1975), M. G. Hermann(1975) 참조. 모든 이론적 관점들을 사용하는 대외정책 행동의 공통적인 틀을 연구하는 더 많은 작업들이 현재 진행 중에 있다.

준비는 연구자가 의식적으로 미리 연구해야 할 행동의 차원을 규정하고 각각의 개별적인 차원에 중요성을 부여하기 때문에 선험적 특정 접근법(the a priori specification approach)이라고 부른다. 두 번째 접근법에서 연구자는 대외 문제에 대한 개별적인 중요성이 분명하지 않고 곧바로 검토되기에는 전체적인 수가 너무 많은, 외견상 다양한 행동의 특성에서 접근을 시작한다. 물론 이러한 많은 행동 특성들의 기원은 궁극적으로 첫 번째 접근법과 동일하다. 말하자면 누군가 그 개념을 만들어냈다는 것이다. 첫 번째 접근법에서와 달리 두 번째 접근법에서, 연구자들은 처음으로 인식된 형태로만 특성들을 사용하지는 않으며 그 특성이 몇 개가 되든 개의치 않는다. 두 번째 접근법에서는 다양한 특성들을 확정한 후에, 이 접근법을 첫 번째 접근법과 확연히 구별해주는 다른 단계로 넘어간다. 이 단계에서는 수많은 특성들을 몇몇 적은 수의 기초적인 차원으로 통합하는 과정을 거치게 된다. 이따금 수많은 특성들을 몇 가지 차원으로 줄이기 위한 과정이 직관적일 경우가 있지만, 요소분석(factor analysis)이나 집락화 연산방식(clustering algorithm)과 같은 통상적인 통계 과정이 사용된다. 우리는 이러한 두 번째 접근법을 자료감축 접근법(the data reduction approach)이라고 부를 수 있다. 이 두 가지 접근법은 외교정책 행동에 관한 우리의 저서에서 좀 더 상세하게 다루어지고 있지만(각주 5번 참조), 여기서 나머지 논의는 선험적 특정 접근법을 이용해 만든 행동의 어떤 특성들을 소개하는 것으로 그치겠다.

지적한 바와 같이 선험적 특정 접근법은 개념화되는 외교정책 행동 각각의 차원의 고유한 장점을 확정하도록 연구자에게 요구한다. 이러한 접근법을 사용해 행동을 분류할 수 있는 몇 가지 방법들을 보여주기 위해, 우리는 이 책의 후속 장들에서 등장하는 행동의 특성들을 소개하려고 한다. 이는 광범위한 종류의 대안들이 가능하다는 것을 보여주고, 우리가 흔히 가능한 분류법이 매우 풍부하다는 사실을 간과한 결과 대외적 활동의 중요한 속성들의 발견을 위한 중요한 잠재력을 부정하고 있음을 주장하려는 것이다. 이러한 점에서 각각의 분류는 그 자체의 장점에 의해 검토되어야 한다.

자율적 행동

분류의 첫 번째 집단은 자율적 행동 특성들이다. 다시 말해 각 변수들의 값은, 연속선상의 한 점이든 개별적 범주이든 행위자의 어떤 측면들에 관한 지식에 근거해서, 또는 행위자의 행동에 더 자주 근거해서 정해질 수 있다. 우리는 나중에 행위자와 행동의 수용자 간의 관계에 대한 지식이 요구되는 다른 특성들에 관해 고찰할 것이다. 어쨌든 이러한 첫 번째 틀에 의한 분류법을 사용하는 데 관계적 정보는 불필요하다. 각 분류에 대한 짧은 진술로 행위 특성을 서술하고 이용 가능성을 평가할 것이다.

연합 형성(Coalition Formation): 행동은 그 행위자와 다른 실체들 사이에 어떤 가치의 획득 가능성과 그 양의 증대 가능성 모두를 높이기 위한 협력관계의 수립이 의도되었을 경우 연합 형성에 관계된다. 연합을 형성하려는 행위자의 욕구를 입증하는 데 수용자와의 관계에 대한 지식은 요구되지 않는다는 것에 주목하자. 연합을 형성하거나 유지하려는 노력은 다양한 행위자들에게 관련된 자원들, 그들이 어떤 가치에 부여하는 중요성, 다양한 성과를 얻는 데 성공할 가능성 등을 이해하는 측면에서 중요하다.

개입(Commitment): 자원이 사용되거나 다른 국가에 이전될 때의 가치 총액과 철회불가성(irreversibility)에 따라 평가된 행동은 개입으로 정의된다. 그런 의미에서 이 개념은 행동에 표현된, 정부가 가진 확신의 강도에 관한 지표를 제공해준다. 어떤 시점에서든 정부는 오직 한정된 양의 자원을 가진다고 가정할 때, 행동에 표명된 개입이 크면 클수록 그만큼 행동의 자유는 구속된다.

의사결정 시간(Decision Time): 행동의 특징은 문제의 인식과 그 문제를 풀기 위해 의도된 행동의 개시 사이에 경과한 시간에 의해 표현될 수 있다. 가용한 의사결정 시간에 영향을 미칠 수 있는 것에는 외부 행위자들(예를 들어 최후통첩), 사건에 대한 평가, 문제의 요구 사항들과 관련 있는 행위자의 자원 등이 있다. 의사결정 시간은 행동의 질에도 영향을 미친다(만약 결정 시간이 너무 짧으면 조사와 혁신적 처리의 가능성도 그만큼 적어진다). 이것은 또한 행위자가 그 문제에 부여하는 중요성을 말해준다.

활동량(Amount of Activity): 대외 문제에 대한 국가의 참여 범위, 말하자면 국가가 대외적 실체들을 대상으로 행한 행동의 총량을 표시하기 위해 행동이 집계될 수 있다. 활동량은 자신의 영역 밖의 문제에 초연하거나 개입하는 범위를 나타내주는 것으로, 행위국의 행동을 수용하는 모든 국가를 대상으로 설정될 수 있다. 또한 활동량은 특정한 실체에 대한 행위자의 관심의 집중 정도를 규정하기 위해 어떤 특정한 지리적 영역, 다른 집단, 단일 실체를 대상으로 측정될 수 있다. 이원적 관계를 대상으로 한 호혜적 활동 점수의 비교로, 각자의 상대에 대한 특출성의 상대적 평등과 불평등을 알 수 있다. 이러한 모든 변량들은 국제적 행위자들 간의 커뮤니케이션 이론에 유용하다.

대외적 비중(External Consequentiality): 행동은 다른 국제체제의 구성원들이 주목할 만한 수많은 특성을 내포하고 있다. 다른 행위자에게 미치는 충격의 정도를 종합해 평가한 것을 대외적 비중이라고 규정한다. 이러한 개념은 다른 국가에 의해 판단될 수 있는 행동의 중요성에 따라 넓은 의미에서 행동의 초기 가중치(initial weighting)를 구성할 수 있게 한다. 이것은 제1개산법(槪算法, a first approximation)에 불과하지만, 국가 원수의 방문을 환영하는 의전(儀典)과 주요한 군사적 침략 간의 구분을 가능하게 한다.

목적 선언(Goal Enunciation): 행위자가 조장하거나 유지하려고 하는 사태의 선호된 상태에 대한 지표를 내포하는 행동은 그 목적이 단기적인가, 몇몇 행위들 또는 제한된 변화로 성취될 수 있는가, 장기적이며 아마도 상당한 변화와 함께 많은 행위를 필요로 하는가의 여부 등을 포함하는 다양한 방법으로 분류될 수 있다. 행동을 통해 표명된 목적은 정부의 의도를 정확하게 밝혀주지 못할 수도 있지만 하나의 지표는 제공해준다. 이러한 분류법은 합리성 개념을 포함하는 다양한 도식을 찾아내는 데뿐만 아니라 그 행동들을 일부로 하는 정책들을 수립하는 데에도 유용하다.

도구(Instrumentalities): 행동은 정부가 행동에 가담하면서 사용하는 통치 수단이나 도구에 의해서도 분류될 수 있다. 이러한 인적 기술(human skills)과 비인적 자원(nonhuman resources)은 도구의 여섯 가지 폭넓은 범주로 분류될 수 있다. 그 범주는 ① 외교적·정치적, ② 군사적,

③ 경제적, ④ 과학적·기술적, ⑤ 촉진적, ⑥ 천연적 자원 등이다. 정부가 사용하는 도구의 분포는 이것이 이끌어낼 수 있는 제도와 자원의 균형에 관해, 그리고 환경의 요구에 대한 민감성에 관해 적지 않은 정보를 제공해준다.

입장 변화(Position Change): 제기된 쟁점에 관해 행위자가 이전에 표명한 것과는 다른 입장을 보여주는 행동은 입장 변화로 분류될 수 있다. 어떤 문제에 대한 행위자의 입장 변화를 확인하는 것은 영향력이 성공적으로 행사된 때를 입증하려 할 때 중요하다. 또한 이것은 협상과 타협의 상황에서 마음이 움직일 가능성과 행위자의 (논리의) 연속성 또는 적응성을 측정하는 데에도 중요하다.

특이성(Specificity): 행동은 행위자가 장래에 기대하는 것에 대해 수용자에게 제공한 정보의 특이성 면에서 각각 다르다. 행위자는 자신이 의도하는 바가 무엇이고 어떤 외부 존재가 자신에게 무엇을 해주기를 바라는지에 대한 정보를 어느 정도 시사하는가? 만약 특이성이 행위자의 행동에 의해 조작되는 행위자에 대한 수용자의 불확실성의 일부로 간주된다면, 그 중요성은 훨씬 더 쉽게 이해될 수 있다. 수용자 반응의 특성이 혹시 있다면 — 행위자 자신의 영향력 시도의 본질과 마찬가지로 — 그것은 행동의 특이성 또는 모호성에 의해 드러날 수 있다.

실체적 문제 영역(Substantive Problem Area): 행동은 행위국가가 해결하려는 문제나 문제의 본질에 따라 분류될 수 있다. 일반적인 문제 영역의 예로는 물리적 안전, 경제적 부, 존경·지위, 안녕·복지, 지식 등이 있다. 이들 각각은 더 특정한 유형으로 나눌 수도 있으며 문제 영역은 개별적으로 또는 서로의 비교 속에서 고찰될 수 있다. 행동의 내용과 실체를 개념화하는 이 같은 고전적인 분류는 거의 설명이 필요 없을 것이다. 이는 정부가 어떻게 시간과 자원을 할당하고 있는지 평가하는 수단을 제공해주고 정부가 무엇에 관심을 가지고 있는지 알 수 있게 해준다.

관계적 행동

앞에서 제시한 열 가지의 자율적 행동 특성들은 정부 행위자에 관한 것(예를 들어 정부의 공언된 목적들), 그 행동의 본질에 관한 것(예를 들어 개입의 정도), 또는 행위자와 그의 행동 모두에 관한 어떤 것을 밝혀준다. 다시 말해 그 속성은 오직 행동의 차원을 검토하거나 그 행위자에 준거해 정의될 수 있다. 이제 행위자뿐만 아니라 행위의 수용자를 고찰해야만 정의될 수 있는 행동의 차원들로 넘어가보자. 이들 관계적 행동의 특성은 흔히 각기 다른 종류의 정보뿐 아니라 그 행동이 유발되는 맥락에 관한 정보를 필요로 한다. 한 사건에 하나 이상의 수용자가 관련되어 있을 경우, 행위 차원의 평가는 수용자에 따라 달라질 수 있다. 간단한 예를 들어보자. 소련이 베트남 전역에서 작전 중인 미군기에 대항하는 데 사용할 수 있도록 북부 베트남에 지대공 미사일(SAMs)을 제공했다고 하자. 이때 행동의 수용자는 북부 베트남(직접 표적)과 미국(간접 대상)이다. 행위자와 수용자 간의 제휴와 관련해 이 사건을 부호화하는 경우 우리는 미국과 비교해 북부 베트남에게서 아주 다른 가치 기준을 얻게 된다. 이때 우리는 사건을 일련의 쌍 또는 이원적 관계(위의 예에서 한 쌍은 소련-북부 베트남이고, 다른 한 쌍은 소련-미국이 될 것이다)로 분리하고 싶은 유혹을—사실상 때때로 그럴 필요가 있기도 하다—받는다.

그러나 이러한 방법으로 사건을 재구성하는 데에는 주의가 필요하다. 왜냐하면 그 행위자에 의해 별개의 정치적 차원의 의사결정들을 나타내는 두 개의 행위들이 이루어졌다고 가정하는 것은 합당하지 못하기 때문이다. 어쨌든 모든 관계적 특성들이 수용자들 간의 이러한 종류의 구별을 요구하는 것은 아니지만, 이러한 예는 행동이 어떤 관계적 특성에 따라 분류될 때 일어나는 정향의 변화를 극적으로 보여준다. 아래에서는 후속 장들에서 사용될 외교정책 행동의 관계적 특성들에 관해 간단히 설명하겠다.

수용/거부 비율(Acceptance/Rejection Ratios): 수용과 거부의 비율에 따라 구성된 행동은 여러 외부적 실체에 관해 정부가 일정한 시간 간격을 두고 행한 다양한 제의와 요구들에 대해 행정부가 받는 피드백의 본질과 양을 나타낸다. 수용률은 행위국이 주장한 제의들에 대한 동의나 수용의 형태로 환경에서 오는 양(陽)의 피드백(positive feedback)에 초점을 맞춘다. 거부율은 환경에서 오는 음(陰)의 피드백(negative feedback)에 초점을 맞춘다. 이러한 비율은 정부가 다른 행위자들과의 관계에서 갖는 영향력과, 영향력 행사의 상대적인 성공과 실패에 따라 정부의 행동을 조정할 필요를 이해하는 데 도움을 줄 수 있다.

감정(Affect): 감정에 따라 평가된 행동은 그 행동의 수용자들에 대한 적대감(부정적 감정)이나 호의(긍정적 감정)에 의해 정부가 표명하는 감정의 정도를 보여준다. 감정은 분쟁이나 협력과 유사한 관계를 가지는데, 분쟁과 협력이 수용자에게 해로움이나 이익을 주려는 분명한 의도에 관련된 반면 감정은 수용자에 대해 가지는 만족감이나 불만을 나타낸다. 흔히 정부는 어쩔 수 없이 외부적 실체를 돕거나 방해할 수도 있다.

그러므로 감정은 행동 수용국에 대한 정부의 관심을 반영하는 좀 더 민감한 지표를 제공해준다.

다변적/이변적 환경(Multilateral/Bilateral Setting): 셋 또는 그 이상의 국제적 실체들이 관련된 행동은 다변적이다. 반면 이원적 행동은 오로지 두 실체만을 관련시킨다. 이원적 환경에서 등장하는 '일대일'의 관계와는 대조적으로, 다변적 환경에서는 행동을 주도하는 행위자에 대한 다수의 협력자, 그리고(또는) 행위자 행동의 직접 수용자가 다수로 존재할 수도 있다.

분쟁(Conflict): 행위 수용국에게 가치 있는 어떤 것을 어느 정도 해롭게 하거나 방해하는 것, 또는 그렇게 하려고 위협하는 행동은 분쟁으로 정의된다. 행동이 따르지 않는 분쟁(verbal conflict)과 물리적인 행동을 동반하는 것 사이에는 커다란 차이가 있다. 일반적인 수준에서 분쟁은 광범위한 행동들을 포함하는데, 분쟁이 존재한다는 것에 대한 인식은 행위자의 행동에 의해 누가 무엇을 박탈당했는지, 따라서 이를 응징하거나 바로잡기 위한 대응에 가담할 유인이 어느 정도인지를 확증하는 데 매우 중요하다. 따라서 분쟁은 국제관계와 외교정책의 역동성을 이해하는 데 중요한 요소가 된다.

협력(Cooperation): 행위의 수용자에게 가치 있는 어떤 것을 얼마간 부가해주거나 지원해주는, 또는 그렇게 할 것을 약속하는 행동은 협력으로 정의된다. 구두 협력과 물리적 행동을 수반하는 것 사이에는 커다란 구별이 필요하다. 한 행동은 어떤 국가들에는 해가 되고 다른 국가들에는 이익이 되는 협력과 분쟁의 두 가지 특성을 동시에 가질 수 있다. 분쟁에서와 마찬가지로, 협력의 존재에 대해 아는 것은 국제적인 역동성, 특히 대응성(responsiveness)을 밝히는 데 중요하다. 분쟁이나 협력의 반복적인 수용자들은 각각 행위자의 적과 우방의 성격을 띤다.

활동량(Amount of Activity, **지정된 수용자들에 대한**): 이것은 행위의 빈도가 어떤 지정된 유형의 수용자에 대해서만 규정된다는 점을 제외하면, 행위자를 기초로 한 특성들 속에서 열거된 것과 똑같은 분류다.

실체 확인(Entity Identification): 실체 확인에 의해 분류된 행동들은 행위국가가 직면하고 있는 문제에 개입된 인적 집합체(국내 집단, 다른 정부, 동맹)의 본질에 관계된다. 특히 실체 확인은 문제의 출처와 소재, 만약 그 문제가 해결될 경우 수익자의 성격까지 규정한다. 연구자들은 이러한 분류를 통해 그 국가가 다른 어떤 실체와 거래하는지, 나아가 그 관계의 성격은 무엇인지에 대해서도 연구할 수 있게 된다.

대면(Face-to-Face, **對面**): 행위국 대표와 수용국 대표들 사이의 직접적인 만남을 의미하는 행동은 대면으로 분류된다. 간접적인 커뮤니케이션 수단을 이러한 종류의 교류로 대체하거나 이러한 교류를 증대시키는 것은 여러 이유에서 중요하다. 대면은 각자의 개인적인 특성이 메시지의 내용에 영향을 줄 수 있는 기회를 더 많이 제공해준다. 또 훨씬 빠른 피드백(구두 신호와 같은)을 가능하게 한다. 그리고 사적인 경우에 대면은 다른 청중들에 대한 별도의 커뮤니케이션 없이 바로 그 특별한 수용자에게 커뮤니케이션을 행할 수 있게 한다.

독립적/상호 의존적(Independent/Interdependent): 국가가 자발적으로 행동을 주도하거나 독자적으로 행동할 때 그 행동은 독립적이다. 행동이 상호 의존적인 경우는 그 국가가 다른 국가들의 주도에 대응하거나 다른 국가들과 제휴해 행동할 경우다. 이러한 행동 개념의 두 가지 차원(단독 대 제휴, 주도 대 대응)은 개별적으로 분석할 수 있다. 그러한 분석들이 모여 정부가 다른 국가들에 대해 어떻게 행동을 조율하는지를 보여주는 지표를 제공한다.

타성(Inertia): 행동은 그 본질적 특성이 동일한 수용자를 대상으로 현재의 행위자에 의해 이전에 표명된 행동을 반복하는 경우 타성으로 규정된다. 즉, 현재의 행동이 그 표적이나 대상에 대해 이전의 행동을 되풀이하는 것이다. 상호성에서와 마찬가지로 이러한 유형의 행동이 반복된다면 외교정책의 출처와 역동성에 대한 인식의 틀을 만들 수 있다. 타성은 외교정책의 영속성을 비롯해, 행위국가의 대처 절차들의 (관련 환경들의 안정에 의존하는) 영속성과 경직성도 나타낼 수 있다.

상호성(Reciprocity): 행동은 그 본질적 특성이 행위자가 현재 행위의 수용자에게서 받았던 이전의 행위에 의해 규정되는 경우 상호성을 내포한다. 행동의 자극-반응의 질은 외교정책의 역동성과 행동을 규정하는 요소들에 대한 이해를 높이는 데 중요하다. 단계적 확대(escalation)와 대응성 같은 문제는 행동의 이러한 특성을 통해 검토될 수 있다.

행동 범위(Scope of Action): 수용자들(국가 또는 다른 국제적 행위자) 간의 분산에 따라 집적된 행동은 행동 범위로 규정된다. 여기에는 상대하고 있는 수용자의 수, 지리적 영역이나 수용자 유형(예를 들어 국가정부, 국제기구 등)과 같이 기준에 따른 수용자들의 분포가 포함된다. 활동 정도가 행동의 수에 의거한 행동의 집적인 반면 행동 범위는 수용국의 수에 의거한 집적이다. 행동 범위는 행위자가 관심을 두는 범위와 다양성, 다른 존재들에 대한 관심의 지표를 제공해준다.

외교정책 행동의 몇몇 대안적 분류들에 대한 초기 조사를 마무리

짓기 전에, 따로따로 분류된 특성들을 결합하고 모으기 위해 몇 가지 절차에 대한 준거를 만들어야 한다. 특성을 모으는 한 가지 간단한 방법은 어떤 분포, 비율, 가변성의 정도, 중심적 경향을 구성하기 위해 시간대별로 동일한 특성이 반복되어 나타나는 것을 집적하는 것이다. 앞에서 설명된 스물한 가지의 특성 중 어떤 것들은(예를 들어 활동의 정도, 수용이나 거부의 비율, 행동 범위) 의당 집적된 형태로서만 의미를 가진다. 그러나 대부분의 분류들을 반드시 집적된 형태로만 고려할 필요는 없으며, 그럴 경우 주어진 특성과 관련해 개별 행동을 분석할 수 있다. 외교정책 행동의 특별한 사례에서 발견되는 개입의 정도나 확인된 실체들이 고찰될 수도 있다. 또한 개별 행동들을 위해 검토할 수 있는 이러한 모든 특성들은 행동 유형이 형성되는 기간에 따라 집적될 수 있다. 개별적 행동 특성들과 집적된 행동 특성들 간의 구별은 마지막 장에서 소개되는 모델들을 구분하는 데 이용될 수 있다. 또 전 기간에 걸친 변수의 집적은 주어진 특성의 변화율이라는 형태로 취급될 수 있다. 예를 들어 유럽경제공동체(European Economic Community: EEC) 내의 각 구성국이 여타 국가들에 행한 평균적인 개입 표명의 연간 변화율을 살펴볼 수 있다.

또 하나의 과정은 새로운 특성을 구성하기 위해 몇 개의 특성들을 결합하는 것이다. 이러한 '2차적' 행동의 특성들로는 계속성, 혁신, 대응성, 일관성, 이질성, 복잡성, 유연성을 들 수 있다. 물론 정확한 개념 구성은 그러한 용어들에 부여되어 있는 의미에 따를 것이다. 예를 들어 외교정책 안에서 자주 논의되는 계속성의 개념에 대해 생각해보자. '한 국가의 외교정책은 각기 다른 레짐들을 통해서도 계속성이 유지되는가? 대통령 중심제에 비해 내각책임제하에서 외교정책이 더 계속적인가?' 외교정책의 계속성은 어떤 정부가 계속해서 같은 문제들에 대해 동일한 전략과 수단을 가지고 관심을 기울이는 것을 말한다. 앞에서 설명한 행동 특성을 이용해 계속성 개념을 구체화하기 위해서는, 어느 정도로 주어진 실체적 문제 영역에서, 동일한 실체들(실체 확인)에 대해 개략적으로 동일한 수단들의 배합을 사용하는 동일한 목표들이 열거되는가를 살펴볼 수 있다.

개별 행동 특성들을 집적하는 또 다른 대안은 지표를 구성하기 위해 특성들을 결합하는 것이다. 방금 설명한 방식으로 새로운 2차적 개념을 구성하는 것과 지표를 구성하기 위해 특성들을 결합하는 것 간의 구별은 미묘하지만 중요하다. 전자에서 연구자는 각각의 요소들의 결합에 의해 새로운 개념들을 표현하고자 한다. 후자의 경우 연구자는 특성들의 결합으로 새로운 개념을 포착할 수는 없지만, 행동 특성들은 지표와 동반해 발생할 확률이 높을 것으로 추정되기 때문에 현상의 존재를 나타내기 위해 사용될 수 있다. 예를 들어 우리는 수용자들에게 위기를 촉발시킬 가능성이 높은 사건들을 확인하기 위한 일련의 지표를 구성할 수 있다(그러한 지표를 구성하기 위한 가능한 관련 특성들은 부정적 감정, 높은 대외적 비중, 짧은 결정 시간 등이 될 수 있다). 동일한 방식으로, 우리는 위험을 무릅쓰거나 협상을 주도하는 국가의 성향에 대한 지표를 구성하기 위해 특성들을 결합할 수도 있다. 이 모든 과정들—시간의 경과에 따른 통계적 모집, 2차 개념, 지표들—은 개별적인 방법에서와 마찬가지로 집합적인 방법 속에서도 행동 척도들을 사용하는 수단을 제공해준다.

외교정책 행동의 설명을 위한 이론적 관점의 사용

이 장에서 우리는 그동안 외교정책이라고 이름 붙은 현상의 복합적인 성격을 무시한 결과, 외교정책 개념의 정의적 함의가 별로 고려되지 못했다고 주장했다. 또한 외교정책 분류를 위한 수단이 이론적인 관점에서나 경험적인 관점 양측에서 모두 부적절했다고 주장했다. 정책 개념에 내포된 국가 목적 개념에 의해 부과된 어려움 때문에, 우리는 외교정책 행동으로 불리는 개별적이고 관찰 가능한 행동들에 관심을 집중하자고 주장해왔으며, 이들 행동들이 많은 유의미한 방법으로 분류될 수 있음을 보여주었다.

이 책의 나머지 부분에서 우리는 이 장에서 소개한 외교정책 행동에 관한 다양한 분류를 설명하는 데 사용될 수 있는 이론적인 관점들에 초점을 맞출 것이다. 각각의 이론적인 관점들은 여기서 설명된 외교정책 행동의 오직 몇몇 특성들만을 고려하게 될 것이며, 사용되는 특정 분류는 장마다 다를 것이다. CREON의 연구자들은 다른 곳에서 이론적인 관점과 행동 척도의 공통적인 틀 사이의 경험적인 관계를 연구할 것이다. 어쨌든 현재의 작업에 그러한 요구를 하는 것은 이 책의 원래 취지를 무색하게 할 것이다. 이 책은 각 관점들이 설명하기에 가장 적당하다고 보이는 외교정책 행동에 초점을 맞추려고 한다.

개별적인 이론적 관점을 다루는 각 장들은 다섯 개의 주요한 단원으로 구성된 공통적인 형식을 따를 것이다. 첫 번째 단원은 '관점들의 개관'으로, 그 장에서 다루어질 관점의 본질을 소개한다. 이어지는 '이전 연구들과의 관계'는 그 제목이 뜻하는 바와 같이 현재의 관점을 그 관점에서 행해진 중요한 선행연구들과 관련짓고, 현재의 노력이 어떤 근거를 가지고 그로부터 탈피하는지 보여준다. '관점의 개발'이라는 세 번째 단락은 각 단락의 핵심부다. 여기서 필자들은 그 관점의 핵심적인 변수들을 확인하고, 이러한 변수들을 외교정책 행동에 관련시키는 설명 논리를 개발한다. 네 번째 단락인 '선정된 가정들'은 대개 그 관점을 강조하는 중요한 가정들을 자세히 언급하는, 번호가 붙은 일련의 문장에 불과하다.

우리가 말하는 가정은 설명 논리와 기술적 가설(descriptive hypotheses)에 필요한 조건들을 밝히는 어떤 주어진 것들이다. 모두 그렇지는 않지만 어떤 경우에는 그 가정이 경험적으로 조사될 수도 있다. 그러나 특정 이론적 관점의 맥락 속에서는 경험적인 연구 없이도 타당한 것으로 주장될 수도 있다. 열거된 가정들이 어떤 관점을 위한 하나의 완벽한 틀을 내포한다고 주장할 수는 없지만, 우리는 그것이 1차적인 필요조건들(the primary necessary conditions)의 일부이기를 기대한다. 왜냐하면 가정의 목록이 불완전하므로, 어떻게 검증 가능한 가설들이 논리적으로 그러한 가정들에서 도출되는지를 보여주는 것은 불가능하기 때문이다. 이러한 약점에도 불구하고 우리는 핵심적인 가정의 진술이 유용한 목적에 이바지하리라 믿는다. 심지어 가정에 대한 불완전한 진술조차 ① 명제들이 언제 어느 조건에서나 모두 타당한 것으로 주장되지는 않는다는 점을 일깨워주며, ② 각기 다른 관점들의 기초 사이에 있을 수 있는 모순을 확인시켜주고, ③ 다른 진술되지 않은 가정들을 찾아내는 데 도움을 주며, ④ 각각의 관점들을 통합해나갈 수 있는 하나의 수단을 제공해준다. 모든 장은 가정을 제시한 후에 그 관점의 핵심 변수들과 어떤 종류의 외교정책 행동들 간의 직접적인 관계의 예를 보여주는 '예시적 명제들'로 끝맺고 있다. 이러한 명제들은 주어진 관점과 그 장에서 소개되는 외교정책 행동 간의 연계를 제공해준다.

이 책의 나머지 장들의 순서를 정하기 위한 몇 가지 합리적인 대안들이 있었다. 우리는 분석 단위들이 외교정책 행동의 형성에 가장 근접해 있는 관점들에 대한 고찰에서 좀 더 거리가 있는 쪽으로 독자들이 나아갈 수 있도록 관점들을 정리하기로 했다. 그리하여 이 책은 지도자의 개인적인 특성에서 시작해(3장), 결정의 구조와 과정(4장), 정치 레짐(5장), 국가 속성(6장), 국제정치체제(7장)로 이어진다. 이러한 조직 구도에 깔끔하게 들어맞지 않는 두 가지 관점은 특별한 유형의 반응에 영향을 주는 힘에 관한 것이다. 이들 관점은 이전의 대외적 행동(8장)과 상황의 일시적 특성(9장)에 관한 것이다. 독자들은 모든 관점들을 읽은 후에, 결론(10장)에서처럼 다른 문제들에 적합하도록 순서를 정하는 다른 방법을 발견할 수 있을 것이다.

이 책에서 우리가 의도하는 것이 독자들에게 외교정책 행동의 연구를 위한 일련의 이론적 관점들을 소개하려는 것임에 다시 한 번 유의하자. 이들 관점들은 외교정책에 영향을 주는 것으로 가장 빈번하게 언급되는 유형의 변수들에 초점을 맞추고 있다. 어쨌든 이 관점들은 핵심적인 변수들을 외교정책 행동에 연계시키는 기초적인 설명 논리를 개발해, 지금까지 그랬던 것보다 한 걸음 더 나갈 수 있었다. 이러한 관점들에 대한 연구 결과로 우리가 희망하는 것은 독자와 기고자들이 좀 더 빨리 외교정책 행동의 설명을 위한 일련의 다중 인과적 모델들을 구성할 수 있으면 하는 것이다.

03 정치 지도자의 개인적 특성이 외교정책에 미치는 영향

마거릿 G. 허만

정치 지도자의 개인적 특성(idiosyncratic characteristics)은 어떻게 그 국가의 외교정책 행동에 영향을 미치는가? 이 문제는 여러 세대에 걸쳐 많은 학자들의 관심을 사로잡았다(예를 들어 Plato, B.C. 363; Machiavelli, 1640; Pareto, 1916). 이 장에서 우리는 정치 지도자의 개인적 특성이 정부가 다른 나라들과의 관계를 통해서 행동하는 방법에 영향을 미칠 수 있다고 주장하려 한다. 그러나 이러한 관계는 그렇게 간단하지만은 않다. 정치 지도자의 개인적 특성은 특히 그 정치 지도자가 국가 원수와 같은 고위 정책 입안자일 경우 외교정책 행동에 더 많은 영향을 미칠 수 있다. 더구나 이때 정부가 직면한 상황이 고려된다면, 국가 원수의 개인적인 특성과 정부의 외교정책 행동 간의 관계를 발견하게 될 기회는 더욱 늘어난다. 국가 원수에 초점을 맞추면서, 그의 몇몇 특성들은 그의 그 밖의 개인적 특성들이 정부의 외교정책 행동에 영향을 미치는 방법에 영향을 미치는 것으로 제시된다. 그 몇몇 특성들은 대외 문제에 대한 관심(interest), 대외 문제에 대한 훈련(training), 환경에 대한 일반적인 민감성(sensitivity) 등이다. 우리는 국가 원수의 개인적인 특성이 외교정책 행동에 영향을 주게 될 경우를 상정한 뒤, 어떤 유형의 특성이 외교정책 행동에 영향을 미칠 것으로 기대되며 또 어떤 영향을 미칠지 논의하려고 한다. 이 장은 이러한 관점의 기초가 되는 가정들과 예시적 명제들을 열거하면서 마무리할 것이다.

관점의 개관

정치 지도자의 개인적 특성이 공공정책에 미치는 영향의 범위는 많은 논쟁을 불러일으켰다(Bronfenbrenner, 1960; Greenstein, 1969; Hook, 1943; Leontief, 1963). 외교정책에 대한 논의들도 이러한 논쟁의 영향을 벗어나지는 못했다. 외교정책 의사결정자의 개인적 특성이 외교정책을 규정하는 데 별로 중요하지 않다는 주장(Rosenau, 1972)이 있는가 하면, 단일 요소로서는 다른 어떤 것보다 중요하다는 설명(Shapiro and Bonham, 1973)도 나왔다. 더구나 동일한 자료를 분석했는데도 어떤 학자에게는 개인적 특성들이 외교정책을 설명하는 데 상대적으로 대수롭지 않게 나타났는가 하면(Rosenau, 1968), 다른 학자에게는 이러한 특성들이 외교정책 수립에 중요한 것으로 나타났다(예를 들어 Stassen, 1972).

이러한 논쟁의 논거는 무엇인가? 다음 세 가지 비판은 외교정책 형성에서 정치 지도자들의 개인적인 특성들이 갖는 중요성에 반대하는 주장들을 뒷받침하고 있다. 첫째, 개인 행위자들이 사건에 미칠 수 있는 영향력은 제반 사회세력에 의해 제한되어 있다. 싱어(Singer, 1961)가 주장한 대로 국제체제들이 정책을 결정짓고 구속하기 때문에 의사결정자 개인은 거의 영향을 미치지 못한다. 두 번째 비판에 따르면, 외교정책 분야에서는 각기 다른 개인적 특성을 가진 지도자들도 같은 상황에 놓이게 될 경우에 비슷하게 행동하게 된다고 한다. "이름과 얼굴이 변할지는 모르지만 관심과 정책은 그렇지 않다"(Holsti, 1973: 8)는 것이다. 세 번째 비판에서는 외교정책 의사결정은 복잡한 관료체제 속에서 이루어지기 때문에 조직적 구속이 개인적 특성들의 영향을 제한한다고 주장한다(예를 들어 Verba, 1969; 이 책의 4장 참조).

그러한 비판들은 상당히 신랄하다. 그러나 홀스티(Holsti, 1973: 9)가 지적한 대로, "이러한 주장들은 체계적인 연구에서 도출된 숙고된 결론이기보다는 흔히 그러한 연구에서 초기 전제(initial premises)일 경우가 많다". 연구자가 정치 지도자의 개인적 특성이 어떻게 외교정책에 영향을 미치는지 연구하려 할 때, 어디서부터 시작해야 하는지 이해하기 위해 이들 각각의 비판들을 좀 더 자세히 검토해보기로 하자.

첫 번째 비판은 '위인' 대 '시대정신'이라는 오래된 논쟁의 기초를 이루고 있다. 시대가 그 사람에게 들어맞아야 하는가, 아니면 시대와 관계없이 그 사람이 위대한 지도자일 수 있는가? 예를 들어 링컨은 1860년대가 아니고 1920년대에 대통령이었더라도 똑같이 유능했을까? 시어링(Searing, 1972)은 양측의 논점을 조심스럽게 분석한 후, 양측 옹호자들이 인간과 사회에 대한 각기 다른 모델을 가지고 지도자 연구에 임했다는 것을 밝혀냈다. '시대정신' 또는 상황의 옹호자는 유기적 모델(organismic model)을 가지고 설명을 한 반면, '위인'의 옹호자는 기계적 모델(mechanistic model)의 입장에 서 있었다. 더구나 시어링은 이러한 입장들이 분포상 두 극단을 형성하며 대부분의 경우 그 두 극단 사이의 어딘가에 놓이게 된다고 주장한다. 그래서 그는 상황과 인간의 상호관계를 검토할 것을 주장했다.

지도력에 관한 연구 또한 그 어떤 입장도 혼자서는 성립될 수 없다는 것을 보여준다(Gibb, 1969; Stogdill, 1974 참조). 대부분의 지도자들이 어떤 특성들을 보유하고 있는 것처럼 행동하지만(그들은 자신감 있고 외향적이며 대인 민감성 또는 감정이입을 보인다), 어떤 상황에 있는 지도자가 다른 상황에서도 반드시 지도자가 되는 것은 아니다. 더구나 지도력은 가치의 기초 위에, 그리고 집단의 필요에 따라 집단에 의해서 부여되며 이 모든 것들은 달라질 수 있다. 지도력을 연구하는 사람들은 누가 지도자가 될 것인가, 그리고 지도자가 어떤 유형의 행동을 보여줄 것인가를 결정하는 것은 개인 특성과 상황 특성 간의 상호 작용이라고 주장한다(예를 들어 Fiedler, 1967; Hollander and Julian, 1970 참조). 따라서 지도자의 개인적 특성들이 외교정책에 미치는 영향에 관심을 가진 연구자는 아마도 의사결정자의 특성과 마찬가지로 의사결정이 이루어지는 전체적인 상황을 고려하는 것이 현명할 것이다. 페이지(Paige, 1972b: 69)는 그러한 고려를 기초로, 정치 지도력을 정책에 영향을 미칠 수 있는 "특출한 개인의 행동 속에 표현되는 것으로서 개성, 역할, 조직, 임무, 가치, 환경 간의 상호 작용"이라고 정의했다.

두 번째 비판은 정치 지도자의 '대리자' 또는 '대표자'로서의 성격에 관련된 것이다. 여기서 비판자들은 정치 지도자는 단지 선거구민의 견해, 신념, 이념 등을 반영할 뿐이며 결과적으로 비슷한 방식으로 일상적인 상황에 반응한다고 주장했다. 그래서 어떤 소련 문제 전문가들은 우리로 하여금 모든 소련 외교정책이 마르크스-레닌주의의 교시를 따른다고 믿게 만든다. 누구든 정치 지도자가 되기 위해서는 자신에게 권력을 부여하는 엘리트의 목표와 규범을 내면화하지 않으면 안 된다(예를 들어 Kolko and Kolko, 1972 참조). 정치 지도자의 개인적 특성은 이들 집단적 특성을 따라가게 된다.

어쨌든 흥미로운 것은 이러한 '대리자' 입장을 주장하는 사람들(예를 들어 Shils, 1954; Verba, 1969)조차 상황에 따라서는 정치적 행동에 대한 개인적 특성의 영향이 증대되거나 감소할 가능성이 있음을 인정한다는 것이다. 그린스타인(Greenstein, 1969: 47)은 이러한 비판을 이 논의에 적절한 방식으로 바꾸어 말했다. "어떤 상황에서 (공통된 입장에 처해 있는) 각기 다른 행위자들의 행동이 달라지며, 어떤 상황에서 그들의 행동이 같아지는가?" 정치 지도자의 개인적 특성이 외교정책에 영향을 미치게 될 경우와 관련된 명제들(예를 들어 Greenstein, 1969; Hermann, 1976b; Holsti, 1973; Verba, 1969 참조)은 세 가지 유형의 조건에 초점이 맞추어져 있다. 개인적 특성은 ① 정치 지도자에게 상황을 정의하거나 해석하도록 강요하는 상황(예를 들어 모호한 상황) 속에서, ② 정치 지도자가 의사결정 과정에 관여할 가능성이 높은 상황 속에서, ③ 정치 지도자가 결정에 관해 폭넓은 재량 범위를 가지는 상황(예를 들어 선거에서 압도적인 승리를 거둔 후 갖게 되는 '밀월' 기간) 속에서, 정책에 더 많은 영향을 미치게 된다. 개인적인 특성이 외교정책에 미치는 영향을 검토하는 데 관심을 가진 연구자는 이 세 가지 범주 중 하나에 초점을 맞추는 것이 좋다.

세 번째 비판은 정책에 표현되는 지도자의 개인적 특성을 제한하는 조직적 구속(organizational constraints)에 초점을 맞춘다. 이 비판은 사실상 조직이 효율성을 유지하는 방법 중 하나가 "개인화된 관계(personalized relationships)와 비합리적 고려(적대감, 근심, 감정적 개입 등)를 완전히 제거하는 것"이라고 주장한다(Merton, 1940: 561). 이 비판은 조직의 하위 의사결정자들에게 잘 들어맞는다. 그러나 조직 내 고위 의사결정자의 경우에는 그의 개인적인 특성이 정책에 영향을 미칠 것이라고 암시하는 증거들이 있다.

스나이더와 로빈슨(Snyder and Robinson, 1961: 158)은 조직에 관한 연구를 통해 "성격이 커뮤니케이션과 같은 조직적 요소만큼 행동에 중요한 역할을 하는가라는 질문에, 하위 관리는 '아니다'라고 대답한 반면 고위 관리들은 '그렇다'라고 답하는 경향이 있음"을 발견했다. 개인이 속해 있는 조직의 상층부로 올라갈수록 적절한 역할 규정이 어려워진다. 즉, 역할 점유자에 의해 그 기능의 범위가 정해지거나 확장될 소지가 더욱 커지는 것이다. 더구나 그 위에서 결정을 수정하거나 바꿀 수 있는 사람은 별로 없다. 트루먼 대통령이 그의 집무실 탁자에 게시한, "일의 모든 책임은 내가 진다(The buck stops here)"라는 글을 상기해보는 것이 좋겠다. 팔럼보(Palumbo, 1961)와 웰링(Welling, 1969)은 개인이 조직의 위계에서 더 높이 올라갈수록 개인에게 부가되는 조직적 구속이나 역할상의 구속은 더 적어진다고 지적했다. 나아가 개인의 역할이 덜 구체적일수록 개인의 힘은 더 커진다. 스타센(Stassen, 1972: 118)은 외교정책과 관련해 다음과 같이 지적했다.

최고위 간부는 엄격한 위계적 구속을 받지 않는다. …… 그는 단순히 명령을 받기보다는 설득되거나 타협하지 않으면 안 된다. …… 따라서 최고위 간부 의사결정자에게는 아마도 선호와 신념체계가 중요할 것이다.

이러한 정보에 기초해 지도자의 개인적인 특성이 외교정책에 미치는 영향의 연구에 관심을 가진 연구자는 아마도 외무장관이나 정부 수반 같은 고위 정책 입안자에 초점을 맞추려 할 것이다.

지금까지 우리의 논의는 정치 지도자의 개인적 특성이 외교정책에 영향을 미칠 것으로 기대되는 경우의 범위를 설정하고, 지도자의 특성이 별로 영향을 미치지 못하거나 거의 미치지 않는 경우도 있음을 살펴보았다. 사실상 이 절의 앞에 나온 상반된 두 가지 진술은 각기 다른 정책 입안자와 각기 다른 상황일 때만 주장될 수 있다. 정치 지도자의 특성과 그 국가의 외교정책의 관계를 발견할 수 있는 기회는 연구자가 고위 정책 입안자의 특성을 검토하고 상황(특히 지도자가 폭넓은 결정 재량권을 갖고 지도자가 자신이 직면한 상황을 규정하거나 해석하도록 강요받으며, 지도자가 의사결정 과정에 개입할 가능성이 높은 상황)을 고려할 때 제고될 수 있다. <그림 3-1>은 정치 지도자의 개인적 특성들이 정부의 외교정책에 영향을 주게 되는 경우를 가리키는 지금까지의 논의를 요약한 것이다. 이러한 이론적 관점의 나머지 논의는 개인적 특성과 외교정책의 관계를 가장 잘 보여줄 수 있는 그러한 정치 지도자들과 조건에 초점을 맞추면서 방금 설명한 구조 속에서 진행될 것이다.

〈그림 3-1〉
정치 지도자의 개인적 특성이 정부의 외교정책 행동에 영향을 미칠 것으로 기대되는 조건들

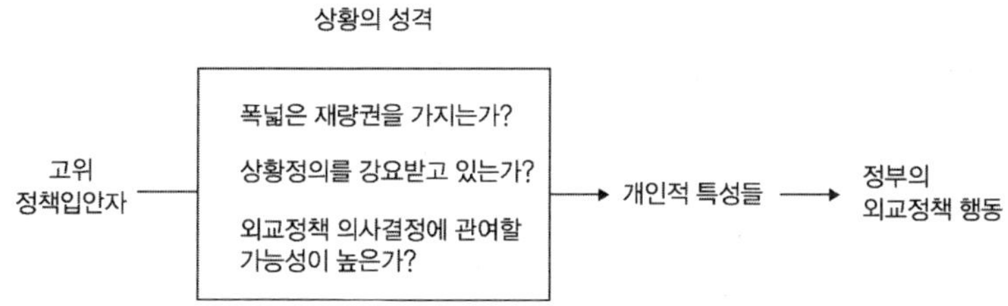

이전 연구들과의 관계

정치 지도자의 특성을 외교정책에 관련시키는 지금까지의 연구는 대부분 결국 심리분석 이론에 높은 비중을 두는 정치 일대기로 귀착되었다(George and George, 1964; Rogow, 1963; Wolfenstein, 1967; 1969). 그 때문에 학자들은 지도자의 초기 아동기 경험이 어떻게 그 후의 정치적 행동이나 의사결정에 영향을 미쳤는지 보여주려 했다. 그러나 지도자의 초년 시절에 관련된 광범위한 자료를 찾기란 어려웠으므로 이들 학자들은 흔히 자신들의 유년기를 토대로 추측할 수밖에 없었다. 이러한 방식을 따르지 않은 흥미로운 경우는 루터와 간디 두 사람의 성년기 발달 위기를 그들의 정치적 행동에 결부시킨 에릭슨(Erikson, 1962, 1969)이었다. 또한 에릭슨(Erikson, 1950)은 사람들의 심리적 발달은 사춘기에 멈추는 것이 아니고 일생을 통해 계속 발달한다고 지적하면서 심리분석에서의 발달 단계들을 성년기까지 확대했다.

지난 10년 동안 몇몇 집단의 연구자들은 고위 정책 입안자의 개인적

특성이 어떻게 외교정책에 영향을 미치는지에 대해 좀 더 체계적인 연구를 계속해왔다. 이들은 레이츠(Leites, 1951, 1953)에 의해 개발된 조작적 부호 구성개념(operational code construct)을 재구성한 조지(George, 1969)의 연구에 기초해, 정치 지도자의 조작적 부호에 초점을 맞추었다. 조지(George, 1969: 197)는 정치 지도자의 조작적 부호를 "정치와 정치적 분쟁의 본질에 대한 정치 지도자의 신념, 역사적 발전이 모색될 수 있는 범위에 대한 지도자의 견해, 올바른 전략과 전술에 대한 지도자의 관념"이라고 설명했다. 하나의 조작적 부호는 정치 현실에 대한 정책 입안자의 두 가지 유형의 신념 — 철학적(philosophical), 도구적(instrumental) — 으로 구성되어 있다. 철학적 신념은 정치의 본질에 대한 정치 지도자의 '근본적인 가정'(예를 들면 적대자들에 대한 정향, 정치적 사건들 속에서 기회의 역할에 대한 신념)을 말하며, 도구적 신념은 철학적 신념에 의해 규정된 정치세계 속에서 활동하기에 적합한 스타일과 전략에 관한 지도자의 신념(예를 들어 행동에 대한 계획의 선호, 위험 감수 선호)을 나타낸다. 조작적 부호는 지도자가 행동하게 될 영역들의 설정으로 간주된다.

애치슨(McLellan, 1971), 브란트(Ashby, 1969), 덜레스(Holsti, 1970), 마오(White, 1969), 러스크(Gutierrez, 1973), 트루도(Thordarson, 1972)의 조작적 부호에 관한 연구는 조지(George)의 틀을 따르고 있다. 이들 연구의 대부분은 질적 내용 분석(George, 1959 참조)을 사용해왔다. 따라서 많은 시간을 요하는 양적 내용 분석에 비해 더 많은 자료들을 더욱 신속하게 다룰 수 있었지만, 개념 조작에는 신경 쓰지 않았기 때문에 그들의 연구로는 비교나 일반화가 어렵다. 더구나 그들은 한 가지 경우에 집중하는 경향이 있기 때문에 연구 결과의 일반화는 그만큼 한계를 갖기 마련이었다. 오늘날에 이르기까지 조작적 부호에 대한 대부분의 연구는 '무엇이 x의 조작적 부호인가' 하는 식의 서술적인 형태였다.

연구의 두 번째 그룹은 성격에 대한 심리학적 연구에서 유래한다. 이들 연구자들은 연설과 고위 정책 입안자와의 인터뷰 내용을 분석하거나, 가상 지도자의 발언에 초점을 맞추어 특정 성격적 특성이 특정 외교정책 행동에 갖는 관계를 검토해왔다. 일반적인 연구 질문은 지도자가 문제의 그 특성을 어느 정도 갖고 있는 경우, 국가에 대해 어떤 정치적 의미를 갖는가 하는 것이다. 연구의 주요 가설들은 소집단과 개인에 대한 실험이 연장된 것으로 볼 수 있다. 적어도 두 가지 연구로 뒷받침된 결과는 ① 고위 정책 입안자가 인지적으로 복잡할수록 정부의 외교정책은 협력적일 것이며(Driver, 1976; Hermann, 1976a), ② 고위 정책 입안자가 민족주의적일수록 정부가 행할 자원의 대외적 개입은 더욱 적어질 것이고(M. G. Hermann, 1974, 1976a), ③ 고위 정책 입안자의 권력 요구가 클수록 정부의 외교정책은 더 공격적일 것이라는 점(Terhune and Firestone, 1967; Winter, 1973)이다.

이러한 마지막 연구 유형의 중심적 쟁점은 타당성이다. 모의실험 연구와 관련해, 대학생과 전문 정치인 간의 유사성에 대해 의문을 제기할 수 있다. 모의 국제환경 속의 대학생에 관한 정보가 정치인들의 세계에서 어떻게 일반화될 수 있는가? 타당성에 대한 두 번째 의문은 연구자들이 인터뷰나 설문과 같은 일반적인 기법을 사용하기 위한 접근이 사실상 불가능한 고위 정책 입안자의 개인적 특성에 관한 정보를 어떻게 수집할 것인가 하는 점이다. 일반적으로 연구자가 할 수 있는 유일한 선택은 의사결정자에 의해 언급되거나 쓰인 자료들에 대한 내용 분석이다. 개인적인 특성은 어떤 단어, 문장, 주제에 대한 집계에 의해 그 내용에서 추론된다. 그러나 어떤 견해를 전달하기 위해 연설자에 의해 계획되거나 다른 사람이 대필한 자료는 어떤가? 그러한 자료들에서 개인적 특성이 올바르게 추론될 수 있는가? 더구나 그러한 단어, 문장, 주제에 대한 집계가 과연 질문지를 통해 평가하고자 하는 것과 유사한 특성들을 측정하고 있는가? 몇몇 연구자들이 이러한 문제를 상세히 논한 바 있다(C. F. Hermann, 1967; Hermann and Hermann, 1967; M. G. Hermann, 1974; Holsti, 1973 참조).

우리가 간단히 개관해본 세 가지 연구 유형 모두, 특정 개인적 특성이 왜 특정 외교정책 행동에 영향을 미칠 것으로 기대되는지를 말해주는 개념적 틀을 구비하지는 못하고 있다. 홀스티(Holsti, 1973: 26)는 다음과 같이 지적한다.

> 외교정책 연구자는 (정책 입안자의) 신념과 인지 과정에 관심이 있는데, 그것은 신념과 인지 과정이 결정 산출물의 내용과 질에 체계적으로 관련되는 독립 변수 또는 매개 변수 사이에 존재하는 것으로 가정되기 때문이다. 그러나 종속 변수에 대한 연계가 언제나 만족스러운 것은 아니며 …… 결론에서 "x의 신념체계에 대한 이전의 분석이 x의 정치적 행동의 이해를 위해 유용하다"라는 취지의 진술은 허다하다. 그러나 왜 그런지에 대해 명백하고 설득력 있게 보여주는 경우는 그렇게 흔하지 않다.

우리는 이제 정치 지도자의 개인적 특성을 정부의 외교정책에 연계시키기 위한 개념적 도식을 밝히는 작업에 관심을 돌려야 한다.

관점의 개발

국가 원수와 같은 고위 정책 입안자와 해석을 요하는 상황을 가정할 때, 그 순간 폭넓은 결정 재량권을 가지고 정책 입안 과정에 불가피하게 관여하게 되는 지도자가 등장한다. 그러한 개인과 상황이 주어졌을 때, 우리는 정책 입안자의 개인적 특성이 어떻게 외교정책에 영향을 미칠 것으로 기대하는가? 만약 정치 지도자가 대외 문제에 일반적인 관심을 갖고 있지 않다면 아마 그의 개인적인 특성은 외교 정책에 별로 영향을 미치지 못할 것이다. 관심은 동기를 유발하는 힘으로 작용한다. 외교정책에 대한 관심의 한 가지 결과는 외교정책 입안 과정에 대한 주의가 증대되는 것이다. 그 국가 원수는 자신과의 협의를 통해 결정이 이루어지기를 원하고, 대외 문제들 속에서 어떤 것들이 일어나고 있는지 직접 보고받기를 원하게 될 것이다. 더구나 대외 문제에 대한 국가 원수의 관심 이면에 존재하는 이유들이 그가 추구할 행동노선을 미리 결정할 수도 있다. 그러한 이유들 속에는 좋은 대외관계에 가치를 부여한다든지, 적의 도발에 대한 공포, 대외 문제를 재선을 위한 포석으로 여기는 것 등이 포함될 수 있다. 대외 문제에 별로 관심이 없는 경우에 국가 원수는 다른 사람에게 그 권한을 위임할 가능성이 높으며, 그럴 경우 아마도 대행자의 개성이 그 자신의 개성과 비슷한 경우를 제외하고는 그 결과로 나타나는 정책에 그의 개성이 영향을 미치지는 않을 것이다.

만약 정책 입안자가 대외 문제에 관심이 있다면, 이때 중요한 두 번째 개인적 특성은 대외 문제에 대한 그의 훈련 또는 전문지식이다.

우리가 말하는 대외 문제에 대한 훈련이란 정책 입안자가 국가 원수가 되기 전에 외무장관, 대사, 대외 문제를 담당하는 부서의 요원이었거나, 대외 문제를 다루는 일반 단체 내의 비정부 요직을 수행한 경험 등이다. 대외 문제에 대한 훈련이 적거나 전혀 없는 국가 원수는 그것을 주도할 개인적인 전문지식을 보유하지 못한다. 그는 가능한 대안이나 행동계획을 제시할 이전의 경험이 없다. 그 결과, 그는 타고난 문제 해결 성향에 의존하게 된다. 반대로 훈련을 쌓은 국가 원수는 국제 분야에서 무엇이 성공하고 무엇이 실패할 것인가에 대한 지식을 보유한다. 경험의 결과로 그는 특정 문제나 표적 국가에 전략을 적절히 대응시키는 것을 배우게 된다. 실제로 훈련된 국가 원수는 그렇지 못한 국가 원수에 비해 고려 가능한 외교정책 행동의 폭이 훨씬 넓다. 따라서 우리는 국가 원수의 개인적 특성에 관한 지식을 가지고 훈련된 국가 원수가 정부로 하여금 취하도록 촉구할 외교정책 행동이 무엇인지를 예측해내기란 더욱 어려울 것으로 생각한다.

세 번째 개인적 특성인 자신의 환경에 대한 일반적인 민감성은 다른 특성들과 외교정책의 관계의 일관성에 영향을 미친다. 자신의 환경에 대한 민감성은 개인이 그가 처한 환경에서 유입되는 자극에 반응하는 정도를 가리킨다. 환경에서 정치 지도자에게로 유입되는 자극은 지도자가 정부에게 무엇을 하도록 영향력을 행사할 것인지를 규정하는 데 얼마나 중요한가? 정치 지도자가 환경에 덜 민감할수록 그의 특성이 외교정책에 미치는 충격은 더 고정적일 것이며, 예를 들어 지도자가 목표와 태도 또는 일상적으로 사용해온 외교정책 전략을 바꿀 가능성은 더 적을 것이다. 지도자가 환경에 민감할수록 그가 환경에 의해 제시된

〈그림 3-2〉
정치 지도자의 개인적 특성들과 정부의 외교정책 행동 간의 관계에 대한 여과변수들의 효과

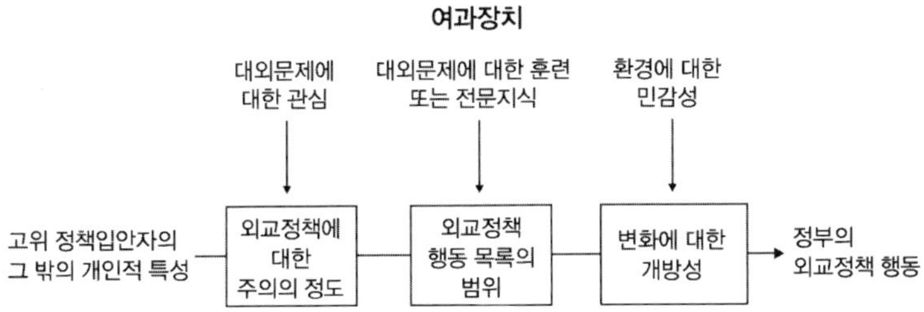

새로운 정보와 변화의 필요성에 자신을 적응시킬 가능성은 그만큼 더 커진다. 어떤 의미에서, 민감한 정책 입안자는 유입된 자극이 그러한 적응을 정당화하는 경우 자신의 견해를 바꾸어 환경에 대처하는 반면, 덜 민감한 정책 입안자는 유입된 자극을 어떤 틀이나 견해에 끼워 맞춘다.

관심, 훈련, 환경에 대한 민감성은 지도자 개인의 특성과 그 국가의 외교정책 사이에서 여과장치 역할을 한다. 이들 세 가지 변수는 정책 입안자가 외교정책 문제에 얼마나 많은 주의를 기울일 것인가, 외교정책 입안자가 가지게 될 가능한 외교정책 행동의 목록은 얼마나 방대한가, 그리고 특성과 외교정책의 관계가 얼마나 일관적인지를 보여준다. <그림 3-2>는 이러한 세 가지 개인적 특성의 영향을 그려놓은 것이다. 일단 국가 원수가 외교정책에 갖는 관심의 정도에 대해 알게 되면, 우리는 그가 외교정책에 영향력을 갖게 된 상황을 활용할지의 여부를 알 수 있게 된다. 우리가 일단 대외 문제에 대한 국가 원수의 전문지식이 어느 정도인지 알게 되면, 그가 가질 수 있는 외교정책 행동 목록의

범위도 알 수 있게 된다. 또한 국가 원수가 환경에 얼마나 민감한지를 알게 되면, 외교정책에 대한 그의 영향의 일관성도—그가 변화에 얼마나 개방적일지도—알 수 있게 된다.

이러한 여과장치들은 그 밖의 네 가지 개인적 특성과 외교정책의 관계에 영향을 미친다. 외교정책 형성에 가장 관련이 많은 네 가지 유형의 개인적 특성은 정치 지도자의 신념, 동기, 의사결정 스타일, 대인관계 스타일이다. 이와 관련해 여기서 우리가 말하려는 것은 이러한 특성 집합에서 유래하는 변수들이 정치적 행동의 중요하고도 특이한 결정 요소로 기술되어왔다는 점이다.

신념은 이미 설명한 바 있는 조작적 부호의 철학적 신념을 말한다. 다시 말해 신념은 지도자가 가지고 있는 세계에 대한 근본적인 가정을 보여준다. 예를 들어 그러한 신념은 지도자가 생활 속에서 일어나는 사건들을 통제할 수 있는 자신의 능력에 대해 스스로가 가진 생각처럼 대단히 일반적일 수 있으며, 국가를 위해 정치적인 사건들을 다룰 수 있는 자신의 능력에 대한 생각처럼 더 특별한 것일 수도 있다. 개인의 신념이 환경의 해석에 미치는 영향은 그간 많은 관심을 모았던 연구 주제로, 심리학자와 정치학자(DeRivera, 1968; Frank, 1968; Holsti, 1967; Jervis, 1969; Osgood, 1962; Verba, 1969) 모두 관심을 가져왔다. 홀스티(Holsti, 1962: 244)가 지적한 것처럼 "정책 입안자는 '객관적인' 현실에 따르기보다는 상황의 '이미지'에 따라 행동"한다.

정치 지도자의 동기는 그들이 하고 있는 일을 왜 하는지에 대한 이유, 즉 행동하게 하는 욕구를 말한다. 하나의 동기인 권력 요구는 오랫동안 정치인을 추동하는 잠재력으로 논의되어왔다. 예를 들어 라스

웰(Lasswell, 1930, 1948)은 정치 활동의 일차적 동기는 정서 불안 또는 낮은 자존심(low self-esteem)이며, 이것들은 권력에 대한 충동으로 보상된다고 주장했다. 윈터(Winter, 1973)는 대통령의 권력 요구가 클수록 정부의 외교정책은 더욱 강력하고 공격적이라고 주장했다. 그 밖에 다른 동기들도 정책 형성에 관련될 수 있다. 예를 들면 성취 요구, 자신의 생각에 대해 지지와 찬동을 받고 싶은 요구, 독립적이고 싶은 요구, 구조의 요구(need for structure) 등이 있다.

의사결정 스타일은 선호하는 결정방식을 의미한다. 우리는 정치 지도자들이 의사결정 작업에 접근하는 방법들을 밝혀낼 수 있을까? 스나이더와 로빈슨(Snyder and Robinson, 1961: 164)은 의사결정 스타일을 구성하는 요소로 다음 다섯 가지를 제시했다. 그것은 ① 자신감, ② 새로운 정보에 대한 개방성, ③ 위험 수준과 성과 크기에 대한 선호, ④ 불안감 없이 결정을 미룰 수 있는 능력, ⑤ 불확실성에 적응하기 위한 규칙이다. 의사결정 스타일의 다른 가능한 구성 요소는 타협에 대한 선호, 의사결정의 만족화 유형(satisficing mode)에 대척되는 것으로서 최적화 유형(optimizing mode)에 대한 선호, 활동에 대척되는 것으로서 계획에 대한 선호가 포함된다. 어떤 의미에서 의사결정 스타일은 조지가 조작적 부호 속에서 도구적 신념으로 언급했던 것과 매우 비슷하다. 또한 대통령의 성격에 대한 바버(Barber, 1972)의 여러 논의도 의사결정 스타일을 다루고 있다. 그가 제시한 네 가지 기본적인 성격유형은 유연성, 강박, 순응, 위축과 같은 독특한 의사결정 스타일들이다.

마지막 특성인 대인관계 스타일은 정책 입안자가 다른 정책 입안자를 상대하는 독특한 방법들에 관련된다. 편집증이나 의구심은 다른 사람을 대하는 하나의 방식으로서 정치인들에게서 흔히 찾아볼 수 있다(Rutherford, 1966 참조). 마키아벨리즘은 정치 지도자에게 자주 귀인되는 대인관계 스타일이다. 터커(Tucker, 1965)는 이들 두 가지 특성이 스탈린이나 히틀러처럼 전투적 성격을 가진 지도자 유형 속에서 서로 결합된다고 주장했다. 전투적 성격의 특징은 의심이 강하며, 호감을 갖는 측근들을 제외한 모두를 적으로 규정하고 다른 사람들에 대한 조작을 통해 번성한다. 다른 사람들을 대하는 대안적인 방법들 중에서 연구해볼 만한 것으로는 지도자의 설득 수단들(협박과 칭찬), 다른 사람들에 대한 감수성, 정치적 시의성에 대한 감각, 과제-지향적인 지도자인가 인물 지향적인 지도자인가 등이 있다.

지금까지의 논의는 개인적 특성들에 초점을 맞추어왔다. 종속 변수인 외교정책은 어떤가, 이러한 개인적 특성들은 어떻게 외교정책에 영향을 미치는가? 외교정책은 두 가지 면에서 정치 지도자의 개인적 특성의 영향을 받는다. 하나는 외교정책에서 정부가 취하는 전략들이며, 다른 하나는 외교정책이 수립되고 수행되는 방식이다. 외교정책 전략은 정부의 기본적인 행동계획으로, 다른 나라들에 대한 협조적 또는 경쟁적 자세의 채택, 독자적으로 또는 다른 나라와 제휴하여 행동, 자원을 다른 나라에 위임하거나 하지 않기로 결정, 다변적 협정보다는 이원적 협정에 착수, 다른 나라에 대한 자신의 초과이익 강조 등이 있다. 예를 들어 외교정책 스타일들은 정책을 발표하는 데 이용되는 채널, 정책의 이행에 이용되는 특별한 기술과 자원, 행동 대신 말을 앞세우는 경향, 개인적 외교의 애용, 외교정책에 대한 관료의 상대적인 개입 등 외교정책을 수립하고 이행하는 데 정부가 사용하기로 선택한 방법들을 말한다.

요컨대 전략은 외교정책의 내용이나 실체에 초점을 맞추는 반면, 스타일은 외교정책을 형성하고 이행하는 수단에 초점을 맞춘다.

우리는 왜 정치 지도자의 개인적 특성이 그 국가의 외교정책 형성 전략과 스타일에 영향을 미칠 것으로 기대하는가? 먼저 신념과 동기에 대해 알아보자. 신념과 동기는 환경을 해석하는 방법을 암시하기 때문에 정치 지도자는 정부가 그러한 이미지와 일치하는 방법으로 행동하도록 조장할 가능성이 높다. 특히 정치 지도자의 신념과 동기는 그의 진로를 도표로 나타낼 수 있는 지도(map)를 제공해준다. 조지(George, 1969: 197)는 다음과 같이 지적했다.

> ① 정치 행위자가 대처해야 하는 환경에 대한 정보는 대개 불완전하다. ② 목적-수단 관계에 대한 지식은 하나 또는 그 밖의 행동노선의 선택에 따르는 결과를 신빙성 있게 예측하는 데에는 일반적으로 부적절하다. ③ 어떤 대안적 행동노선을 선택하는 것이 '최선'인가를 판별하는 단일한 기준을 공식화하기가 어렵다.

따라서 어떤 종류의 지도가 요구된다. 정치 지도자의 인지 지도(cognitive map)는 조지가 묘사한 상황을 극복할 수 있는 방법을 마련해주고, 목표에 이르는 적절한 단계들을 제시해주며 그래서 외교정책 입안 전략이 도출될 수 있게 한다. 예를 들어 덜레스는 소련 지도부는 미국에 어떤 선의도 가질 수 없으며, 소련의 목적은 미국을 돕기보다는 방해하는 것으로 믿었다. 그 결과 소련이 화해하는 태도를 취했을 때(예를 들어 오스트리아 평화조약과 병력감축)조차 그것을 공산주의자의 배신을 보여주는 것으로 해석했다(Holsti, 1962, 1967 참조). 미국은 소련을 적으로 규정하고 국제무대에서 소련의 영향력을 상쇄하기 위해 그들의 자원을 사용했다. 한 가지 덧붙이면, 고위 정책 입안자는 가능한 한 정치 현실에 대한 해석이 관료체계에 침투해 들어갈 수 있도록 자신과 비슷한 신념과 동기를 가진 사람을 정책 입안 부서에 임명할 가능성이 높다는 점이다(Bennis, 1973 참조).

우리는 다른 두 가지 유형의 개인적 특성 — 의사결정 스타일과 대인관계 스타일 — 을 외교정책 행동에 관련시켜, 정치 지도자가 일반적으로 활동 무대와는 상관없이 비슷한 양식으로 행동하게 될 것이라고 가정한다. 그래서 정치 지도자가 선호하는 개인적 의사결정 방법과, 다른 사람들과 개인적으로 상호 작용하는 방식은 그의 정치적 행동으로까지 연결된다. 스타일은 국가 원수가 바뀌었을 때 주목되는 주요한 차이들 중 하나다. 신임 지도자들은 자신에게 편한 역할을 수행하고 싶어 한다. 예를 들어 어떤 국가 원수는 주로 자신의 집무실에서 외교정책을 입안하는 반면, 그의 전임자는 위기에 관련된 것을 제외하고는 모든 문제를 관료들의 손에 맡길 수 있다. 어떤 국가 원수는 외교정책 분야에서 말이 현란한 반면, 그의 전임자는 말보다 행동을 선호했을 수도 있다.

로빈슨(Robinson, 1972: 168)은 저우언라이(周恩來)와 린뱌오(林彪)의 스타일을 흥미롭게 표현했다.

> 저우언라이는 말이 앞섰지만 린뱌오는 달랐다. 저우언라이는 대중 앞에 나서기를 좋아했으나 린뱌오는 그러한 분위기를 매우 어려워했다. (더구나) 그들이 정치적으로 개입하는 시점에도 차이가 있었다. 린뱌오는

> 준비만 끝나면 갑자기 공격하는 군사적인 기질을 보였고, 그 때문에 그는 산발적으로 정치에 개입하는 것처럼 보였다. 그래서 린뱌오는 오랫동안 정치 무대에서 사라졌다가 갑자기 다시 등장하곤 했던 것이다. 한편 저우언라이는 다소 지속적으로 정치에 관여했다. 그들은 정치적 계획에 대한 태도 측면에서도 분명한 차이를 보여준다. 린뱌오는 극단적으로 계획을 내세웠으나 저우언라이는 임기응변식의 태도를 보였다. 게다가 린뱌오는 문제를 단순화시켰으나 저우언라이는 복잡하게 만들었다. 마지막으로 린뱌오와 저우언라이는 다른 사람들에 대한 태도에서도 근본적으로 달랐다. 린뱌오의 경우 적어도 처음에는 다른 사람들을 적대시했으나, 저우언라이는 미리부터 그러한 가정을 하지는 않는 것처럼 보였다. 그래서 린뱌오에게는 정치가 제로섬(zero-sum)적이었으나 저우언라이에게는 그렇지 않았다.

만약 고위 정책 입안자의 개인적 스타일이 그의 정치적 행동 스타일과 나아가 정부의 외교정책 업무에까지 영향을 미치게 될 것으로 가정한다면, 우리는—로빈슨의 설명에 입각해—저우언라이가 주도하는 외교정책은 린뱌오가 주도하는 경우에 비해 말이 앞서고, 비공식 외교(private diplomacy)보다는 공적인 외교(public diplomacy)에 개입하고 덜 계획적이며, 타협에 훨씬 개방적일 것이라고 예측할 수 있다.

<그림 3-3>은 정치 지도자의 개인적 특성들이 언제 어떻게 정부의 외교정책 행동에 영향을 미치게 될 것인가에 대한 우리의 논의를 요약하고 있다. 이러한 논의에 기초해 신념과 동기는 정치 지도자들의 세계관을 위한 기초를 형성한 다음, 지도자들이 전략을 선택하는 데에도

〈그림 3-3〉
정치 지도자의 개인적 특성과 정부의 외교정책 행동 간에 상정된 관계의 요약

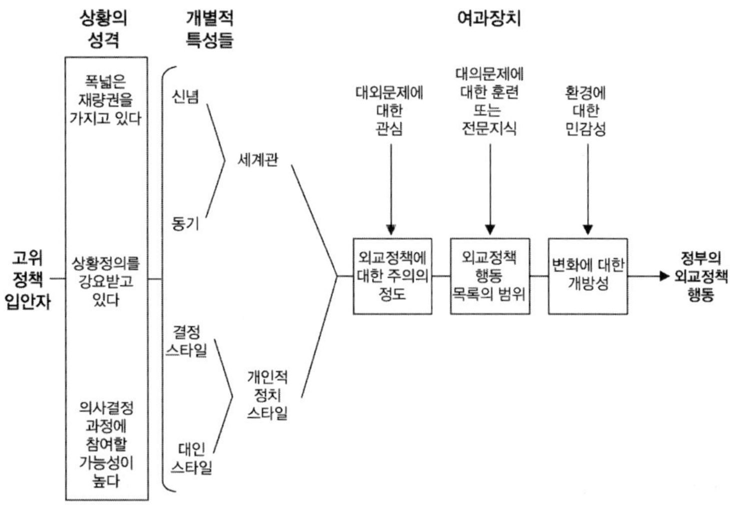

영향을 미친다고 제안하는 것이 타당할 것으로 보인다. 만약 정치 지도자가 국가 원수이고 정부 내의 다른 외교정책 입안자들에게 영향을 미치는 위치에 있다면, 그의 세계관이 정부의 외교정책 전략을 규정하게 될 것이다. 마찬가지로 정치 지도자의 의사결정 스타일과 대인관계 스타일은 개인적 정치 스타일의 기초가 되며, 이는 외교정책 입안에서의 행동 스타일에 영향을 미치게 된다. 여기서 다시 정치 지도자가 국가 원수이고 정부 내의 다른 정책 입안자들에게 영향을 미칠 수 있는 위치에 있다면, 그의 개인적 정치 스타일은 정부의 외교정책 스타일에 영향을 미치게 될 것이다. 그리하여 고위 정치 지도자의 세계관은 정부의 외교정책 전략에 영향을 미치며, 그의 개인적 정치 스타일은 외교정책 입안 스타일에 영향을 미친다.

선정된 가정들

개인적 특성을 외교정책과 관련시키는 지금까지의 논의의 중심에는 (검증 가능한 가설들의 일반화에 필요한 조건들을 제공하는 데 도움이 되는) 몇 가지 핵심적인 가정들 또는 '주어진 것들(givens)'이 있었다. 다음에 열거한 가정들은 비록 총망라된 것은 아니지만 이러한 가설들이 수립되는 시사적인 기초를 의미한다. 어떤 경우에는 가정들이 경험적으로 검증될 수 있지만 우리들은 당분간 '주어진 것'으로 부를 것이다.

가정들을 열거하기 전에 개인적 특성에 대해 좀 더 구체적인 정의가 필요하다. 개인적 특성은 개인의 전기(傳記)상의 통계, 훈련, 업무 경험, 성격 특성, 신념과 태도 등을 말한다. 다시 말해 개인적 특성들은 개인으로서의 개인(individual qua individual)의 모든 면이다. 정치 지도자의 개인적 특성을 말할 때 우리는 (상황과 역할을 망라한) 일반적인 차원과 (정치적 상황과 역할에 관한) 특수한 차원, 양자 모두에 관심을 갖는다.

다음은 이러한 관점을 위한 핵심 가정들이다.

가정 3.1 개인들은 측정 가능한 어떤 안정적인 개인적 특성들을 가지고 있다.

가정 3.2 정치 지도자의 어떤 개인적 특성들은 그의 세계관과 개인적인 정치 스타일에 영향을 미친다.

가정 3.3 정치 지도자의 세계관과 개인적 정치 스타일은 정부의 외교정책 행동에 영향을 미친다.

가정 3.4 정치 지도자의 개인적 특성이 외교정책 행동에 미치는 영향은 어떤 상황적 조건에서 극대화된다. 특히 정치 지도자가 폭넓은 재량권을 가진다든지 상황에 대해 정의를 내리도록 강요받고 있을 때, 또는 외교정책 입안에 개입할 가능성이 높은 경우에 극대화된다.

가정 3.5 정치 지도자의 세 가지 개인적인 특성 — 대외 문제에 대한 관심, 대외 문제에서의 훈련, 환경에 대한 민감성 — 은 외교정책에 관한 다른 모든 개인적 특성의 영향을 증대시키거나 감소시키는 여과지 또는 매개 변수로 작용한다.

가정 3.6 대외 문제에 대한 지도자의 관심은 그들이 외교정책에 기울이는 주의의 정도에 영향을 미치게 된다.

가정 3.7 정치 지도자의 대외 문제에 관한 훈련과 전문지식은 그들이 취할 수 있는 가능한 외교정책 행동의 범위에 영향을 미치게 된다.

가정 3.8 정치 지도자들의 환경에 대한 민감성은 정치 지도자의 변화에 대한 개방성에 영향을 주게 된다.

가정 3.9 다른 가능한 모든 개인적 특성들(세 가지 여과변수를 제외한) 중에서 네 가지의 특성 집합 — 신념, 동기, 의사결정 스타일, 대인관계 스타일 — 이 외교정책 형성에 주로 관련된다.

가정 3.10 신념과 동기는 정치 지도자의 세계관의 기초가 되며, 가정 3.2와 3.3에서 확인된 대로 세계관은 외교정책 행동에 영향을 미친다.

가정 3.11 의사결정 스타일과 대인관계 스타일은 정치 지도자의 개인적 정치 스타일을 형성하며, 가정 3.2와 3.3에서 확인된 것처럼 개인적 정치 스타일은 외교정책 행동에 영향을 미친다.

가정 3.12 개인적 특성이 외교정책 행동에 영향을 미칠 가능성이 높은 국가적 정치 지도자는 국가 원수와 외무장관이며, 국가 원수의 개인적 특성이 외무장관의 개인적 특성보다 훨씬 더 많은 영향을 미치게 된다.

예시적 명제들

이러한 가정에 기초해, 정치 지도자의 개인적인 특성들을 정부의 외교정책 행동에 연계시키는 몇 가지 명제들을 제시해보자. 이 목록은 가정의 경우와 마찬가지로 총망라되지는 않았지만 시사적이다. 각각의 명제들을 진술한 후에, 논리적 근거를 논하고 어떻게 이것을 방금 설명한 가정들에 관련시킬 수 있는지 설명해보겠다. <그림 3-3> 안에 있는 개인적 특성들 각각의 클러스터에 대해 하나의 명제가 논의되었다. 그런 다음 여과변수들이 어떻게 기능하는지를 보여주기 위해 세 개의 명제를 제시했다.

세계관

〈신념〉

명제 3.1 **국가 원수가 민족적일수록, 정부의 외교정책은 더욱 분쟁의 양상을 띠게 될 것이다.**

민족주의는 자기 민족이 다른 민족들보다 우수하다고 여긴다. 민족주의는 하나의 신념으로서 하나의 세계관을 의미한다. 민족주의자들이 믿는 바는 자신의 민족은 선하며 다른 민족들이 세계 문제를 야기한다는 것으로, 민족주의자들의 인지 지도는 자기 민족과 국외자들로 그려진다. 국외자는 적이며, 그는 적과 분쟁 중에 있다. 로젠블럿(Rosenblatt, 1964: 141)이 지적한 대로, 민족주의는 국외자를 상대로 '속이고, 싸우고, 죽이는' 능력을 제고시킨다. 그리하여 민족주의는 어떤 외교정책 전략의 요인이 된다. 가정 3.12의 결과, 이 명제와 그 뒤에 소개되는 다른 명제들은 국가 원수에 초점을 맞추고 있다.

〈동기〉

명제 3.2 국가 원수의 성취 요구가 크면 클수록 정부가 주도할 협력적 행동도 그만큼 많아진다.

성취 요구란 경쟁에서 어느 정도 탁월하게 성공하고자 하는 개인의 바람을 가리킨다. 그러한 의미에서 성취 요구는 하나의 동기이며 세계관의 원천이다. 터훈(Terhune, 1968)에 따르면, 국제관계의 게임에서 성취 정향적인 개인들은 적대자들이 협력적이기를 바라는 마음에서 협력 우선적이며 상호 보답적일 수 있는 신뢰관계 구축에 앞장선다. 일단 한 분야에서 상호 보답적인 관계가 구축되면, 다른 분야에서도 보답적인 관계가 더욱 가능해진다. 이 점에서 동기가 외교정책 전략을 만들어내는 것이다.

개인적 정치 스타일

〈결정 스타일〉

명제 3.3 국가 원수가 독단적일수록 확립된 정책에 대한 자신의 입장을 바꿀 가능성은 그만큼 더 적어진다.

독단주의는 상당한 확신을 가지고 문제의 한쪽 면만을 표현하는 상당히 경직되고 유연하지 못한 이념의 틀 또는 사고방식을 가리킨다. 독단주의는 의사결정 스타일의 한 변수이며, 그러한 의미에서 정치 지도자의 개인적 정치 스타일에 영향을 미칠 수 있다. 독단주의에 대한 연구는 독단적인 개인에게 전통, 규칙, 원칙들이 중요하다는 것을 보여준다. 바키아노(Vacchiano et al., 1968: 84~85)가 말한 바와 같이 독단적인 사람은 "보수적이며 기존 관념들을 존중한다". 독단적인 정치 지도자는 일련의 국가 활동 중에서 자신이 전통적이라고 여기는 부분에 대해서는 어떤 정책이나 입장도 바꾸기를 꺼려할 것이다. 그러한 요구들은 보좌관들에 의해 신속하게 주목되며 고수될 것이다. 이러한 방식 속에서 개인의 의사결정 스타일은 외교정책에 대한 정부 스타일의 일부가 된다.

〈대인 스타일〉

명제 3.4 국가 원수가 마키아벨리적일수록 정부는 대면 외교정책 상호작용들을 더 많이 갖게 될 것이다.

마키아벨리즘은 다른 사람들을 조작적인 방식으로 대하는 것을 말한다. 마키아벨리적인 인간은 다른 사람들에게 개인적으로 개입될 가능성이 적기 때문에 다른 사람과 쉽게 정서적으로 거리를 둔다(Christie and Geis, 1970; Guterman, 1970 참조). 마키아벨리적인 인간의 좌우명은 "속여먹는 것은 일도 아니다(a sucker is born every minute)"라는 것이다. 마키아벨리즘은 하나의 대인관계 스타일이며, 그런 의미에서 정치 지도자의 개인적 정치 스타일의 한 원인이 된다. 연구 결과 마키아벨리적인 인간은 상대방과 직접적인 의사소통을 하지 않을 경우 자신의 조작 기술을 성공적으로 사용하지 못한다는 것이 드러났다(Christie and Geis, 1970 참조). 외교정책 분야에서 직접적인 커뮤니케이션을 하는 한 가지 방법은 다른 국가 원수와 대면 회의를 갖거나 개인적 외교 또는 '정상회담'에 착수하는 것이다. 그리하여 마키아벨리적인 국가 원수의 직접 조작에 대한 선호가 그 국가의 외교정책 스타일로 전위된다.

관심의 영향

명제 3.5 국가 원수가 대외 문제에 더 많은 관심을 가질수록, 명제 3.1에서 명제 3.4까지가 입증될 가능성이 그만큼 커진다.

국가 원수가 대외 문제에 더 많은 관심을 가질수록 그가 외교정책 입안에 쏟는 관심도 그만큼 커지게 된다. 관심의 증대로 국가 원수의 세계관과 개인적 정치 스타일이 정부의 외교정책 스타일과 전략에 영향을 미칠 기회도 그만큼 더 커지게 된다.

훈련 또는 경험의 영향

명제 3.6 대외 문제에 대한 국가 원수의 훈련과 전문지식이 적을수록 명제 3.1에서 명제 3.4까지가 입증될 가능성이 그만큼 커진다.

훈련받은 일이 거의 없는 국가 원수는 외교정책 행동의 목록이 적다. 외교정책 결정에 직면했을 때 그가 의지할 수 있는 것은 자신의 기존 성향들(predispositions) — 세계관과 개인적 정치 스타일 — 뿐이다. 정부의 외교정책 행동은 국가 원수의 영향으로 그의 세계관과 개인적 정치 스타일의 특징을 띠게 될 것이다.

환경에 대한 민감성의 영향

명제 3.7 국가 원수가 환경에 덜 민감할수록 실체적 문제 영역과 상황을 통해 명제 3.1에서 명제 3.4까지가 유효할 가능성은 그만큼 더 커진다.

환경에 대한 민감성은 국가 원수의 변화에 대한 개방성에 영향을 미쳐 국가 원수의 개인적 특성과 그 국가의 외교정책 행동의 일관성에 영향을 미친다. 덜 민감한 국가 원수는 상황의 유형들과 실제적인 문제들을 구별하지 않고 자극들을 한데 묶어 대단히 다양한 자극에도 기본적으로 비슷한 태도로 반응하는 경향이 있다. 민감한 국가 원수는 상황의 유형과 문제들을 구별하고, 각각의 자극에 따라 적절한 방식으로 반응한다. 따라서 보다 민감한 국가 원수의 경우에 비해 덜 민감한 국가 원수의 경우, 세계관과 개인적 정치 스타일이 외교정책의 스타일과 정부의 전략에 좀 더 일관성 있게 관련된다.

요약

우리는 이 논의를 통해 정치 지도자의 개인적 특성이 어떤 상황에서 어떻게 정부의 외교정책에 영향을 미칠 수 있는지 보여주려 했다. 우리는 오직 몇몇 고위 정책 입안자들의 개인적 특성만이 외교정책에 영향을 미치며, 그것조차도 오직 어떤 조건하에서만 그렇다고 주장했다. 이러한 제약을 인정하면서도, 우리는 정치 지도자의 세계관과 개인적인 정치 스타일이 정부의 전략과 외교정책 행동의 스타일에 영향을 미칠 수 있다고 주장했다. 그러나 개인적 특성과 외교정책 행동 사이의 관계의 정도는 대외 문제에 대한 정치 지도자의 관심과 훈련, 그리고 환경에 대한 민감성에 영향을 받는다.

이번 논의는 정치 지도자로서의 정치 지도자(the political leader qua political leader)가 외교정책에 미치는 영향을 좀 더 현실적으로 평가하기 위한 장을 열었다. 더 나아가 이 논의는 이 책의 다른 관점들과도 연계될 수 있는 부분을 제시하고 있다. 다음 몇몇 예가 이에 해당된다. ① 레짐 변화는 정부의 외교정책 스타일에 대한 새로운 지도자의 개인적 정치 스타일의 영향을 한층 강화시킨다고 생각된다. ② 모호한 상황은 지도자에게 상황에 대한 해석을 촉구하며, 정치 지도자의 개인적 특성이 외교정책에 영향을 미치기 위한 조건으로 설정된다. ③ 약소국의 정치 지도자는 어쩔 수 없이 외교정책에 개입할 가능성이 크고, 그리하여 지도자의 개인적 특성은 정부의 외교정책에 영향을 미칠 수 있다. 이러한 예시들은 지도자 기능이 체제, 상황, 국가 속성 변수들에 의존하고 있음을 암시한다.

04 외교정책에 영향을 미치는 의사결정의 구조와 과정

찰스 F. 허만

소련 공산당 정치국, 케냐 대통령 조모 케냐타(Jomo Kenyatta), 중국의 총정치부, 미국의 국가안전보장회의, 영국의 하원, 인도네시아의 외무부 등은 모두 한 가지 공통점을 가지고 있다. 이들은 각각 어떤 시기에 정부의 외교정책 행동을 결정하고 이를 주도하는 책임을 진 적이 있었다. 이것은 외교정책 결정단위의 지극히 적은 예에 불과하지만, 그 다양성은 문화적인 것에서뿐만 아니라 다채로운 구성(개인, 소집단, 행정부처, 국회, 정당 지도자), 스타일, 운영규칙 등에서도 뚜렷이 나타난다.

앞에서 언급한 것과 같은 실체들의 역할이 이번 장에서 개발된 이론적 관점의 관심 대상이다. 간단히 말해 이 관점은 다양한 결정의 구조와 과정들이 외교정책 행동의 내용과 형식에 강력한 영향을 미친다고 주장한다. 만약 다른 결정의 구조와 과정이 적용된다면, 그 결과로 나타나는 외교정책의 본질 역시 다를 것으로 기대된다.

관점의 개관

어째서 결정의 구조와 과정이 외교정책에 영향을 미치는 것일까? 그 해답은 뒤에서 나오겠지만, 이러한 관점을 강조하는 기본적인 정향은 당장 제시될 수 있다. 모든 정부에게 외교정책은 일련의 문제 해결 과제로 인식될 수 있다. 그러나 외교정책 문제에 대처하는 특정 수단의 적절성이 분명한 경우는 드물다. 실제로 많은 외교정책 문제들은 정책 입안자들이 고도의 불확실성 속에서 결정을 내리도록 요구한다. 그 불확실성은 여러 가지 면에서 나타난다. 우선 다른 여러 국제 행위자들의 의도가 불확실하다. 그리고 보호되거나 추진되어야 하는 가치와 목표들 간의 교량(較量, tradeoff)도 불확실할 수 있다. 다양한 선택지, 전술 및 전략들의 1·2차 효과 또한 불확실한 경우가 대부분이다. 이러한 불확실성에 직면해, 합리적 개인들은 흔히 외교정책 문제에 대처하는 데 무엇이 적절한 행동 방침인가에 대해 의견을 달리할 것으로 예상된다. 결정단위의 특성은 불확실성이 어떻게 지각될 것인가에 영향을 미칠 수 있다. 이것은 불확실성하에서 선호된 행동 방침에 관한 개인들 간의 의견 불일치를 해결하는 데 사용되는 관례적인 방법을 규정할 것이다. 개인의 선호가 집단적인 결정과 대등한 효력을 갖는 일개인이 지배하는 집단이라면, 어떤 문제와 관련된 불확실성을 다수결로 결정하는 집단과는 다르게 볼 것이다. 모호한 문제에 직면했을 때, 같은 부서에 소속된 세 사람은 각기 다른 임무(예를 들어 재정, 군사, 대외 문제)를 가지고 각기 다른 기관에 소속된 세 사람에 비해 그 문제에 대한 해석과 문제를 다루는 수단이 비슷할 것이다. 각각 다른 기관에 소속된 세 사람으로 이루어진 집단의 예에서, 합의에 도달하는 그들의 능력은 그들 각자가 소속된 기관에서 차지하는 위치에 달려 있다. 각 부의 장관은 부하 직원들보다 입장을 바꿀 수 있는 재량 폭이 훨씬 더 크다. 이렇듯 문제 해결을 위한 다양한 결정구조와 그와 연관된 과정은, 그 결정이 행동하지 않기보다는 행동하기 위한 것이며 그 행동이 공개되는 경우에 한해 우리가 관찰하는 외교정책 행동에 영향을 미친다.

간단히 말해 이 장에서는 정책 입안자가 외교정책 의사결정에 도달하는 직접적인 인적 배경(human setting)의 다양한 측면들로 외교정책을 설명하려는 관점을 개진하고 있다. 그러한 이론적인 관점은 세 가지 기본적인 핵심 내용에서 출발한다. 첫 번째는 외교정책 의사결정이 통상적으로 어떤 종류의 결정구조나 결정단위에 소속된 개인들에 의해 이루어진다는 것이다. 이들 결정구조는 문화, 전통, 문제의 유형, 체제 변화, 결정과정 단계를 포함하는 수많은 요소들에 의해서 달라질 수 있다. 형태는 다양하지만 모든 결정구조는 문제 해결 작업의 여러 국면을 책임지는 구성 단위로 이루어진 역할과 지원 설비들로 이루어진다. 결정구조는 대외 문제에서 통상적으로 야기되는 복잡하고 다양한 요구들에 대처하기 위해 정부가 구성한 관료조직 속에 편제되어 있다.

두 번째는 결정구조의 변화가 흔히 유망한 결정과정을 변경시킨다는 것이다. 물론 결정구조 외의 다른 많은 요소들이 결정과정에 영향을 미치긴 하지만 그중에서도 구조적 특징이 가장 중요하다. 결정과정은 항상 어떤 결정사항의 핵심이 되는 선택(최소한 하나의 가능한 행동노선과 아무것도 하지 않기로 하는 것 사이에 어떤 선택이 있어야 한다)을 위해 결정구조에 참여하는 사람들이 사용하는(규범, 결정 규칙, 기법 등의) 절차를 의미한다. 가장 단순한 결정과정(이것은 실제로 전혀 단순하지 않을 수도 있다)은 일개인의 마음속에서 일어난다. 개별 지도자들의 개인적 특성은 별도의 이론적 관점 속에서 등장하기 때문에, 이번 장은 둘 또는 그 이상의 사람들을 포함시키는 결정과정에 초점을 맞추고 있다.

이 관점의 세 번째 핵심 내용은 결정과정의 그러한 변화들이 최종 행동의 변화로 귀결된다는 것이다. 이러한 연계가 외교정책을 이해하고자 하는 사람들에게 이 관점을 부각시킨다. 외교정책 행동의 형식과 내용은 대외관계의 집행을 담당하는 주체가 적용하는 과정에 따라 변할 것이다. 이 세 가지의 요지를 묶어, 2단계의 단순한 선형관계 위에서 외교정책을 설명할 수 있다.

결정구조 → 결정과정 → 외교정책 행동[1]

실제 관계는 여러 가지 이유에서 이 도식이 제시하는 것보다 훨씬 복잡하다. 여기서는 오직 한 가지 시사점만을 지적하겠다. 이 점은 의사결정이 고려될 때마다 생기는 오해를 적시하기 때문에 하나의 예로 사용된다. 의사결정은 흔히 다수의 대안들 간의 선택행위로 정의된다. 이러한 제한된 개념과는 대조적으로 정치현상에 이 용어를 적용

01 여기에 밝혀놓은 일반적인 패러다임은 소규모 문제 해결집단들의 연구에서 활용되어왔다. 이 문헌들에 대한 해크먼과 모리스(Hackman and Morris, 1975: 50)의 개관에 따르면, "그 패러다임을 강조하는 근본적인 가정은 …… 투입 요소들이 상호 작용 과정을 통해서 수행 성과에 영향을 미친다는 것이다". 집단 구조는 그 개관을 통해 투입 요소의 한 유형임이 분명하게 확인된다.

하려는 대부분의 진지한 노력들은, 결정을 요하는 문제에 대한 최초의 인식에서부터 최종적인 이행에 걸쳐 분포하는 광범위한 활동 전반을 염두에 두어왔다. 앞에서 지적한 외교정책 행동에 대한 2단계의 초기 설명이 정교해질 수 있다는 것을 입증하기 위해 다음과 같은 단계들로 결정이 구성될 수 있다고 가정해보자. ① 정보의 수집과 해석, ② 선택지 구성, ③ 선택, ④ 이행.[2] 정부는 외교정책 문제들을 처리하기 위해 각기 다른 결정 국면에 각기 다른 결정구조들을 배치할 것이다. 그래서 어떤 구조가 정보 수집을 담당하게 되고 그런 다음에 선택지 구성 등을 위해 그 문제를 다른 집단으로 넘길 것이다. 그 결과 결정구조, 과정, 행동의 관계는 <그림 4-1>이 보여주는 것처럼 더 정확하게 묘사될 수 있다. 그러나 심지어 이 그림조차 부적절하다. 왜냐하면 의사결정이 일정한 주기로 과정의 한 단계에서 다른 단계로 넘어가는 일은 드물며 오히려 이전의 과정으로 되돌아갈 수도 있기 때문이다. 예를 들어 오스트레일리아의 외상(外相)이 외교정책 선택지 중 하나를 선택하도록 수상에게 추천한다고 해보자. 이때 외상은 그러한 결정에 앞서 더 많은 정보를 수집하기 위해 각 부서에 그 문제를 다시 회부할 수 있다. 게다가 결정의 각 단계에는 하나의 결정구조만 있는 것이 아니라 여러 구조들이 존재하며, 그 문제는 한 구조에서 다른 구조로 이동한다.

---

02 시사된 결정과정 단계들에 대한 충분한 논의는 허만의 저서(C. F. Hermann, 1971)에 있다. 결정과정의 국면에 대한 정교한 개념화는 라스웰의 저서(Lasswell, 1963)를 참고하기 바란다.

〈그림 4-1〉
개별적인 구조와 과정이 결정의 각기 다른 단계에서 활성화될 수 있음을 보여주는 결정구조, 결정과정, 행동의 관계에 대한 초기 정교화

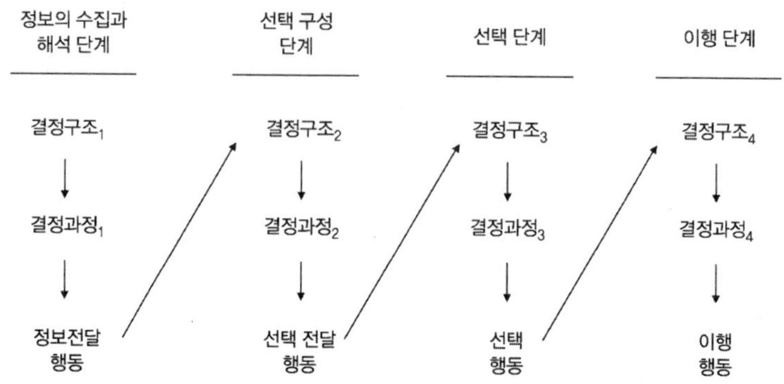

결정 단계들을 소개하는 목적은 결정의 단위와 과정의 다양성, 외교정책 의사결정의 제 단계들 안에서, 그리고 그 사이에서 결정 단계들이 전후로 이동할 가능성을 지적하려는 것이다. 이 장에서 우리는 결정의 선택 단계와 관련 있는 과정에 초점을 맞출 것이다.[3] 이 초점은 보는

---

03 의사결정 선택 단계와 자주 관련되는 소규모의 결정구조에 관심을 집중시키면서, 더 큰 조직도 여전히 몇 가지 방법을 통해 결정에 영향을 미친다는 점을 인식하는 것이 중요하다. 첫째, 조직적 변수들은 집단 행동에 암묵적으로 영향을 미쳐 소집단에 영향을 준다. 관료정치에 관한 연구들은 개인의 정책 입장에 대한 조직적 성원 의식과 충성의 영향을 상기시킬 때, 또는 헬퍼린(Halperin, 1974: 17)이 "개인이 그 과정의 어디에 위치하고 있는가가 …… 그가 취하는 입장을 결정한다"라고 주장한 것처럼 선택을 행하는 개인들에 대한 조직적 요소들의 영향을 강조하고 있다. 둘째, 결정의 다른 단계들 속에서는 전체로서의 대집단이 더욱 지배적일 수 있다. 예를 들어, 대규모 군사행동을 포함하는 결정 이행 단계에서 갖는 효율성을 설명하기 위해 전체 군사조직의 명령, 통제, 그 밖의 다른 역량

것만큼 제한적이지는 않다. 왜냐하면 각 단계들이 선택 과정의 몇몇 국면들을 포함하기 때문이다(예를 들어 정보의 수집과 해석의 단계에는 어떤 정보들을 수집하고 그 정보들을 어떻게 해석해야 하며 그것을 누구에게 전달해야 하는지에 대한 선택이 이루어져야 한다). 어쨌든 중요한 것은 이 관점의 기본적인 정향이 정보를 적정화하는 과정 속에서 계속 유지되어야 한다는 점이다. 만약 우리가 하고 있는 작업이 더 복잡한 관계 설정을 위한 속기법이라면, 이러한 이론적 관점은 "결정구조가 결정과정의 변화를 낳고, 이는 다시 외교정책의 변화를 낳는다"고 말함으로써 요약될 수 있다.

다음 절에서는 이러한 관점의 구성에 영향을 준 사람들의 연구 내용을 개관하고, 이 장의 나머지 부분은 다음 질문들에 할애할 것이다.

1. 무엇이 외교정책에서 어느 정도 공통된 유형의 결정구조 또는 단위인가?
2. 어떤 과정이 각 유형의 구조와 함께 자주 등장하는가?
3. 과정은 외교정책 행동에 어떤 영향을 미치는가?

들을 검토할 필요가 있을 것이다. 마지막으로 소집단들의 계통을 통한 정부 내 어떤 문제의 이동 효과를 설명하기 위해 조직적 변수들이 필요할지도 모른다. 심지어 선택 국면에서조차, 미국 정부와 같이 정부들 내의 어떤 문제들은 몇몇 결정집단 사이를 순차적으로 옮겨간다. 어떤 문제는 하부집단에 의해 작성된 선택을 검증하기 위해서 또는 그 문제에 대한 집단들 간의 견해차를 해결하기 위해 조직의 계층을 따라 거슬러 올라간다. 문제는 협의와 조정을 위해 조직 내의 결정집단 사이를 횡으로 움직인다. 미 국무성 내의 예시를 보고 싶다면 Pruitt(1964~1965: 31ff)를 참조하기 바란다.

4. 주어진 구조가 활용되고 있을 때, 관찰 가능한 지표는 무엇을 말해주는가?
5. 외교정책 행동이 결정의 구조와 과정의 변화에 영향을 받는 방법을 보여주는 예시적 명제는 무엇인가?

이전 연구들과의 관계

오늘날 외교정책에 관한 영어권 논문들 중에서 상당한 관심을 끄는 주제 중 하나는 관료정치(bureaucratic politics) — 자기 부서의 지위를 향상시키거나 개인적 위치를 높이려는 정부 내 개인들 간의 투쟁 — 의 이름으로 등장하는 것들이다. 이 분야에 기여한 학자들을 일부 열거해보면, 앨리슨(Allison, 1969, 1971), 앨리슨과 헬퍼린(Allison and Halperin, 1972), 브래디(Brady, 1975), 체이스(Chayes, 1972), 데이비스(D. H. Davis, 1972), 데스틀러(Destler, 1972), 조지(George, 1972, 1974), 헬퍼린(Halperin, 1972, 1974), 헬퍼린과 칸터(Halperin and Kanter, 1973), 해먼드(Hammond, 1965), 힐스먼(Hilsman, 1967), 호프먼(Hoffman, 1968), 헌팅턴(Huntington, 1960), 칸터(Kanter, 1972), 키신저(Kissinger, 1966), 너스태트(Neustadt, 1970), 스타인브루너(Steinbruner, 1974), 야몰린스키(Yarmolinsky, 1970~1971) 등이 있다. 많은 차이점에도 불구하고 이러한 분석에 종사했던 사람들은 한 가지 점에 동의하고 있다. 즉, 다수의 거대 관료체제들이 외교정책의 수립과 이행에 관계될 때, 그 결과로 뒤따르는 정책의 본질에 관료과정의 특성들이 상당한 영향을 미칠 것이라는 사실이다. 실제로 이러한 많은 분석들(Neustadt, 1970; Halperin, 1972)은 어떤 외교정책 행동의 경우 정부 내 관료정치의 차원에서 가장 잘 이해될 수 있다고 주장한다. 또 어떤 학자(Allison, 1971)는 외교정책이 흔히 정교한 전략이나 외부적인 요소들의 결과라기보다는 내부 관료 과정의 의도되지 않은 '결과'라고 주장하곤 한다. 이 이론적 관점에서 볼 때, 이러한 연구 보고서들에서 나타나는 가장 중요한 주장은 외교정책이 입안되는 방법이 외교정책의 내용에 영향을 미친다는 대담하고 명백한 선언이다.

주목할 만한 예외들이 있긴 하지만, 관료정치에 대한 연구는 중요한 한계에 직면해 있다. 관료정치가 영향을 미치는 제한적인 조건들을 입증하려는 노력은 별로 없었다. 관료정치가 모든 나라에서 모든 쟁점을 통해 똑같은 힘으로 작용하지 않는다면, 관료정치가 설명의 중요한 근간이 되는 것은 어떤 환경에서일까? 이 의문은 대부분 해결되지 않고 있다. 더구나 비교외교정책의 관점에서 볼 때, 거의 모든 연구들이 전후 미국의 의사결정에 관련되어 있다는 것은 주목할 만하다. 또 다른 약점은 외교정책 행동에 대한 정확한 영향이 개별 사례의 견지에서, 아니면 모호하고 일반적인 진술로 언급되는 경향이 있다는 것이다(다른 비판들을 보려면 Art, 1973; Destler, 1972; Krasner, 1972를 참조하라).

관료정치에 대한 주제는 오늘날에 와서야 많은 관심을 끌고 있지만, 외교정책 의사결정의 영향은 오랫동안 관심을 끌어왔으며 폭넓게 연구되어왔다. 현대 학문의 맥락에서 스나이더 등(Snyder eds., 1962)을 읽는 신진 학자들은 1954년 이 개념이 처음 개진되었을 때의 혁명적인 성격을 잘 이해하지 못한다. 그들이 언급했던 많은 부분들이 이제는 외교정책 과정에 대한 우리의 기초적인 이해에 수용되어 있기 때문이다. 그럼에도 불구하고 조직적 맥락에서의 의사결정에 관한 이러한 노력과 그 밖의 연구들(Braybrooke and Lindblom, 1963; Blau, 1974; Cyert and March, 1963; March, 1965; March and Simon, 1958; Simon, 1957; Thompson, 1967)은 하나의 중요한 기초를 제시하고 있다. 그런데 집단적 주체들의 맥락에서 취해지는 (인간의) 선택 과정의 중요성에 대한 기본적인 인식에도 불구하고, 그 연구들은 여전히 외교정책 연구에 충분히 활용되지 못했다.

조직적 행동에 대한 연구를 보완하려는 노력은 소집단의 의사결정의 연구로 나타났다. 과학적 연구의 이러한 광범위한 분야는 콜린스와 게츠코우(Collins and Guetzkow, 1964), 콜린스와 라벤(Collins and Raven, 1969), 켈리와 티보(Kelley and Thibaut, 1954, 1969) 등에 의해 잘 개관되어 왔다. 그러나 상대적으로 소집단을 의사결정을 위한 조직적 환경에 연계시키기 위한 노력은 별로 없었다. 다만 골렘비우스키의 연구(Golembiewski, 1965)가 이 과제에 대한 유용한 출발이었다. 데리베라(DeRivera, 1968)가 제안한 것처럼, 소집단의 의사결정에 대한 지식을 일반정치나 외교정책에 적용하면서 울머(Ulmer, 1960), 버바(Verba, 1961), 바버(Barber, 1966) 등의 전례를 따르려는 지속적인 노력도 없었다. 중요한 예외가 있다면 조지(George, 1974)와 재니스(Janis, 1972)의 경우다. 조지는 개인적·조직적 맥락뿐만 아니라 소집단의 정치적 의사결정에 대한 스트레스의 영향을 연구하면서 집단 과정의 중요성을 부각시켰다. 소규모 외교정책 집단들의 과도한 동일성 추구(concurrence-seeking)의 영향을 밝히려 했던 재니스(Janis, 1972)의 노력은 집단 과정들을 외교정책 행동에 분명하게 연계시켰다는 점에서 이 이론적 관점에 특히 중요하다.

외교정책 문제 영역의 논제는 의사결정의 구조와 과정들의 영향에 대한 연구와 관련해 또 다른 접근 수단을 제시해준다. 물론 문제 영역에 대한 모든 노력들을 이 연구에 적용할 수는 없다. 왜냐하면 어떤 사람들은 국제 재무정책, 무기 이전, 노동의 국가 교차이동과 같이 외교정책에서 방대한 실체적 문제 영역을 분류하는 데 주로 관심을 가지기 때문이다. 의당 중요한 실체적 문제 영역에 대한 이러한 관심은 절차적 문제 영역과 구별될 수 있다. 후자의 연구들은 참여자와 결정과정들이 한 유형에서 다른 유형으로 바뀔 수 있다는 가정을 기초로 한다. 그래서 절차적 문제 영역은 다양한 결정과정들을 연구해야 할 필요성을 강조함으로써 이 관점에 이바지한다. 달(Dahl, 1963)이 '뉴 헤븐(New Haven)'에 대한 연구에서 문제 영역 개념을 선도적으로 사용한 이래로 헌팅턴(Huntington, 1960), 로이(Lowi, 1967), 로즈노(Rosenau, 1967), 짐머만(Zimmerman, 1973) 등은 외교정책을 위한 절차적 문제 영역의 도식을 발전시켰다. 그러나 로이를 제외하면, 이를 정교하게 만들고 경험적 자료에 체계적으로 적용하기 위해 제안된 어떤 유형화에 몰두한 연구자는 별로 없었다.

이러한 모든 연구유형—관료정치, 조직적 의사결정, 소집단 행동, 절차적 문제 영역 등에 관련된—들은 이 이론적 관점이 기초하는 핵심적인 부분들을 보여준다. 이 장에서는 다음과 같은 문제들을 다룰 모든 자료들을 정리해 열거할 것이다. 오늘날 정부에서 발견되는 주요 외교정책 결정 구조의 특성들은 무엇인가? 어떠한 결정과정들이 각각의 구조 유형과 결합하는가? 구조와 과정들이 어떻게 외교정책의 본질에 영향을 미치는가?

관점의 개발

결정구조

조지(George, 1974: 179)가 "복잡한 정책 문제들에 대한 합리적인 결단의 추구가 가능하며 자주 추구되는 세 가지 맥락 또는 하부체계들"로 개인, 조직과 함께 소집단을 지목했던 것은 이미 언급한 바 있다. 허만과 브래디(C. F. Hermann and Bready, 1972) 역시 비슷한 분석 단위를 제시했다. 누구나 언뜻 보아도 이들 세 가지 범주들(독자적으로 행동하는 개별적 인간, 소집단, 대규모 조직)이 외교정책 결정과정의 주요한 변화들을 밝히기 위한 결정구조의 논리적 틀로서 기능을 할 것이라는 데 동의할 수 있다. 그러나 좀 더 살펴보면 그러한 분류가 오늘날 대부분의 정부 외교정책 선택의 다양한 측면들을 설명하는 데는 만족스러운 단위가 될 수 없다는 것을 알 수 있다. 이따금 대사는 자기 나라와 관련해 외견상 제한적인 중요성만을 갖는 문제들에 대해 신속한 결정을 요구받을 경우 독자적으로 행동할 수 있고, 국가 원수는 — 혼자서 쌍무적 협상에 임하거나 기자들의 질문을 받을 때 — 누구와도 상의하지 않고 그 문제를 결정할 수 있다. 그러나 작은 국가의 경우에서조차 사소하지 않은 문제가 일개인에 의해 취급되는 경우는 매우 드물 것이다. 따라서 어떤 개인들 간의 논의가 요구된다고 볼 수 있다. 협의는 체계적인 정부 차원의 재검토에서부터 결정 업무를 담당하는 개인 주변의 믿을 만한 막역한 친구 또는 개인(예를 들어 직계가족, 보디가드, 개인 비서나 협조자, 하부 참모 구성원 등)과의 지극히 우연한 교류에 이르기까지 광범위하다. 외교정책 의사결정의 부담을 오직 일개인이 떠맡는 경우는 매우 드물다.

다른 쪽의 극단, 즉 전체로서의 거대한 복합조직이 하나의 결정단위로 기능하는 것 역시 어렵다(모든 해외업무 담당자들을 국무성 대강당으로 소환해 그 집단을 하나의 결정단위로 삼아 회의를 주재하는 미국 국무장관의 모습은 현실에 별로 부합되지 않는다). 사실상 조직의 주요한 목적 중 하나는 분업과 전문화를 가능하게 하는 것이다. 조직의 한 부분 또는 다중조직의 대표는 특정 문제에 역점을 두는 반면, 그 관료조직의 구성원 대부분 또는 일련의 관료조직들은 다른 문제에 몰두한다. 전 세계 대부분의 외교정책 조직을 놓고 볼 때 선택의 구조적 단위들은 대조직에 속한 소집단들일 가능성이 높다. 어떤 문제를 다루는 과정에서, 이 문제는 같거나 다른 정부 조직들 내의 각기 다른 수평적·수직적 지점에 위치한 소집단에서 다른 소집단으로 옮겨갈 수 있다. 소집단에 의한 조직적 의사결정의 특별한 예외는 입법부(parliaments and national legislatures)에서 발견된다. 그러나 이러한 많은 회의체들(assemblies) 역시 소집단이 지배하고 있다. 요약하면 우리는 개인, 집단, 조직보다는 더 복잡한 유형화를 필요로 한다. 20세기 결정구조의 지배적인 형태로 보이는 다양한 소집단들을 더 정밀하게 설명하는 분류법이 필요한 것이다.

결정과정의 다양한 형태들을 제시하고 오늘날 정부에서 외교정책 선택을 담당하는 대부분의 단위들을 설명하기 위해 결정구조를 유형화할 필요가 있는데, 이 이론적 관점은 세 가지 차원에서 구조를 나누고 있다. 이들 차원 또는 구조적 특질은 물리적 규모, 세력 분포, 구성원의 역할 등이다. 결정구조의 규모는 참여자의 수를 말한다. 유형화를 위해 우리는 대집단과 소집단으로 구별하고자 한다. 데이비스(J. H. Davis, 1969: 4)에 따르면, 인적 집단은 "개인들의 집합으로서 …… 그들 간에는 정의를 내릴 수 있거나 관찰이 가능한 일련의 관계가 존재한다"고 정의할 수 있다. 예를 들어 토머스와 핑크(Thomas and Fink, 1963)가 요약한 것처럼 상당히 많은 문헌들이 소집단 연구의 범주에 속한다. 대단위와 소단위 사이에 정확한 분계선을 설정하는 것은 필연적으로 자의적이겠지만, 여기서 취하는 입장은 참여자의 수가 20~30명에 달할 때 생기는 것으로 본다. 정확한 수보다도 더 중요한 것은 ① 더 큰 집합 내의 하부집단들이 결정작업을 지배하기 시작할 때, ② 집단의 규모로 인해 개별적 참여가 엄격히 금해질 때, ③ 절차상의 규칙들이 집단 상호 작용을 지배하기 위해 급격히 늘어날 때 발생하는 집단 선택 과정에서의 변화다. 앞으로 '집단(group)'이라는 용어는 소집단의 줄임말이 될 것이며, '회의체(assembly)'는 대집단을 지칭하는 데 사용될 것이다.

또한 이 유형화는 결정단위 내의 세력 분포를 포함한다. 사회적 세력 또는 영향력은 의사결정에서 집중적으로 탐구되는 또 다른 개념이다(Collins and Raven, 1969의 설명 참조). 이번 장에서 세력 분포는 권위적 지도자의 존재 여부에 의해 표현될 것이다. 우리가 말하는 권위적 지도자란 다른 모든 구성원들의 반대에도 불구하고 결정단위를 구속할 수 있는 사람이다. 이러한 능력은 결정단위 내의 세력 분포 측면에서 극단적인 경우다. 우리는 개별 구성원들의 세력이 실제로는 서로 다를 수 있지만, 그 어떤 개인도 분포된 대로 세력을 행사할 수 없는 구조들에 대해 언급하게 될 것이다.

마지막 특질인 구성원의 역할은 결정단위 내의 개별 참여자들에게 그들이 원하는 어떤 입장을 취하는 것이 허용되어 있는가의 여부, 또는 그들이 자신이 대표하는 부서나 기관의 승인을 반드시 받아야 하는가의 여부를 말한다. 드럭맨(Druckman, 1976)은 대표자의 역할이 협상에 미치는 영향에 대해 의미 있는 개관을 했다. 앞으로 외부의 모조직(outside constituency)을 대표하는 구성원은 '대표자(delegates)'로 명명되고, 그렇지 않은 사람은 '자율적' 참여자('autonomous' participants)로 지칭될 것이다. 자율적 개인들은 정부 기관의 최고 권위자가 되어 자신들이 원하는 모든 입장을 채택할 재량권을 갖게 되거나 오직 그들 자신만을 대표한다. 단체들 속에는 흔히 자율적 역할과 대표 역할이 뒤섞여 있다. 만약 대표 역할의 구성원 수가 절대 과반수에 이른다면, 그들은 그 집단이 대표자들로만 구성된 집단처럼 행동하도록 요구할 것이다. 만약 대표자들의 구성 비율이 그들의 요구가 무시될 정도로 작다면, 그 집단은 오로지 자율적 구성원들로 이루어진 집단에 가깝게 될 것이다. 구조적 특질에 대한 설명을 마치기 전에, 대조직(large organization)이 소규모 결정구조들에 대해 가질 수 있는 영향력의 한 형태에 주목하자. 만약에 소집단의 어떤 구성원이 외부 대조직의 대표 역할을 맡고 있다면 그 대조직의 특징들(예를 들어 조직의 목적과 자원들)이 소집단의 선택 과정에 끼어들 수 있다.

이 세 가지 구조적 특질들—규모, 세력 분포, 구성원 역할—은 앞에서 설명한 바와 같이 양분법에 의거할 경우, <그림 4-2>에 그려진 것처럼 8개의 결정구조로 귀착된다. 이 장에서는 특별한 결정과정이 연관될 결정구조를 확인하기 위해 이 체계를 사용할 것이다. <그림 4-2>의

<그림 4-2> 삼분(三分)적 특성들에서 유래한 결정구조들

<table>
<tr><th rowspan="4" colspan="2"></th><th colspan="4">규모</th></tr>
<tr><th colspan="2">소집단</th><th colspan="2">회의체</th></tr>
<tr><th colspan="2">구성원 역할</th><th colspan="2">구성원 역할</th></tr>
<tr><th>자율적 구성원</th><th>대표자</th><th>자율적 구성원</th><th>대표자</th></tr>
<tr><td rowspan="2">세력 분포</td><td>지도자</td><td>1. 지도자-참모집단
2. 지도자-자율적 구성원 집단</td><td>3. 지도자-대표자 집단</td><td>8. 자율적 구성원 자문 회의체</td><td>9. 대표자 자문 회의체</td></tr>
<tr><td>분산</td><td>4. 자율적 구성원 집단</td><td>5. 대표자 집단</td><td>6. 자율적 구성원 회의체</td><td>7. 대표자 회의체</td></tr>
</table>

항목들을 보면 각 유형의 결정구조에 이름이 붙어 있다. 좀 더 자세히 살펴보면, 두 가지 다른 유형들이 <그림 4-2>의 좌측 상단 부에 있는 동일한 항목 안에 표시되어 있음을 알 수 있다. 결정구조에 대한 우리의 서술을 9개 유형의 구조가 되게 한 이 변칙집단부터 설명하겠다.

1. **지도자-참모 집단**(Leader-Staff Group): 이 범주는 권위적 의사결정자가 사실상 혼자서 행동하거나, 자신의 참모에 속한 소수의 인원 외에 다른 사람들과의 협의 없이 행동하는 경우를 말한다. 고문이나 보좌관은 현 지위의 유지를 위해서 의사결정자에게 완전히 예속되어 있으며, 어떤 독립적인 세력 기반도 갖고 있지 않다. 그들은 대외 문제에 대해 규칙적으로 정보를 취득하거나 그들이 보필하는 의사결정자와는 다른 관점을 가질 수 있게 하는 아무런 역할도 갖고 있지 않다.

매크리디스(Macridis, 1972: 101)는 다음과 같이 지도자-참모 집단의 예를 보여주었다.

> 드골 대통령 재임 시, 결정은 대통령과 측근 고문들에 의해서 이루어졌다. …… 드골은 외국 대표, 수상, 국가 원수와 직접 협상한다. 그는 때로 각료와 수상까지 깜짝 놀라게 하는 방식으로 정부 목표의 대강을 설정한다.

이스트(East, 1973b: 497)는 똑같은 양상의 의사결정이 아민(Amin) 치하의 우간다에서 자주 일어났을 것으로 주장했다.

<그림 4-2>에서 지도자-참모 범주는 잘못 분류된 것처럼 보이기도 한다. 어떤 의미에서 개인적 참모가 '자율적 구성원'이란 말인가? 핵심은 그들이 주요 의사결정자 외에는 아무도 대표하지 않는다는 것이며, 따라서 대표자가 아니라는 것이다. 이러한 결정단위는 독립적인 단일 실체로서 독자적으로 행동하는 의사결정자와 매우 흡사하다.

2. **지도자-자율적 구성원 집단**(Leader-Autonomous Group): 앞서의 범주와 마찬가지로 이 결정구조에는 일인의 권위적인 의사결정자(지도자)가 있다. 그러나 구성원은 지도자에게서 어느 정도 독립적인 개인들로 이루어져 있다. 지도자는 그들을 해임할 수 있다. 그러나 그럴 경우 상당한 정치적 대가를 지불해야 한다. 더구나 자율적 구성원들은 정치적인 기반뿐만 아니라 대외 문제에서 권위적인 의사결정자와는 다른 관점을 제공하는 정부 안팎에 어떤 직책을 가지고 있다. 그들은 정부 부처의 수장, 의원, 정당의 당수일 수 있다. 구성원 각자는 외부 단체의 승인을 받지 않고 어떤 입장을 취하거나 조언할 수 있다. 간단히 말해 그들은 대표자가 아니다. 어떤 유럽 의회체제의 내각이, 부처에 보직을 가지고 있지만 주요 신분이 의원(議員)인 참여자들과 강력한 수상에

의해 관장되는 경우, 지도자-자율적 구성원 집단의 예가 된다. 적어도 지금까지는 중국 공산당 정치국 상임위원회의 지도부 역시 그러한 예에 해당된다. 스칼라피노(Scalapino, 1963: 560)가 지적한 대로, 그곳에는 마오쩌둥(毛澤東)의 지배를 받으며 "오랫동안 공산당을 이끌어왔고 그들이 규정한 국가 공직에 재직하는" 7인방이 있었다.

3. 지도자-대표자 집단(Leader-Delegate Group): 이러한 형태의 결정구조 속에서 소집단은 권위적인 의사결정자와 대부분 어떤 집단을 대표하는 개인들로 이루어져 있다. 대표자는 당연히 자신의 조직을 위한 대변인이며, 그가 지도자에게 해주는 조언이 반드시 자신의 개인적인 견해는 아니다. 그보다 대표자는 자신이 대표하는 사람들의 공식적인 입장을 개진한다. 대표자는 모집단(home unit)과의 협의 없이 주장하는 입장을 변경할 수 없으며, 만일 독자적으로 행동할 경우 그 조직 내에서 앞으로의 입신이 어려워질 것이다. 대표자는 처음부터 그가 대표하는 집단이 존중하는 관점을 가지고 결정기구에 참여한다. 대표자의 임무는 그 관점을 보존하고 조장하는 일이다. 평균 15인으로 구성되는 영국의 국방 및 해외정책 위원회는 수상이 주재한다. 바이털(Vital, 1968: 60)은 이 위원회가 지도자-대표자 구조가 될 수 있었음을 시사하는 에피소드를 소개했다. 그는 1967년 말 남아프리카에 무기를 판매하는 문제를 검토하던 이 위원회의 모습을 "당 간(黨間), 그리고 당내(黨內) 갈등에 의해 부각되며 복잡해지고 강화된 부처 간 갈등의 전형적인 경우"로 묘사했다.

4. **자율적 구성원 집단**(Autonomous Group): 처음 세 가지 형태의 결정 집단들 속에서는 세력이 구성원들 사이에 불균등하게 분포되어 있었다. 권위적인 지도자는 다른 모든 구성원이 반대하더라도 정부의 행동노선을 통제할 수 있는 능력을 가지고 있었다. 자율적 구성원 집단에서는 어느 누구도 그러한 능력을 갖지 못하며, 비록 세력이 정확하게 균등한 경우가 좀처럼 드물고 지도자가 의장과 사회자의 형태로 존재하기는 하지만, 세력은 구성원들 사이에 비교적 균등하게 분포되어 있다. 전부 또는 거의 모든 참여자들은 스스로 행동하며 그들의 입장을 바꾸거나 결정구조 밖의 집단과의 협의 없이도 어떤 문제들에 대해 타협할 수 있다. 다시 말해 참여자들은 다른 사람이 아닌 자기 자신만을 대변하거나 아무런 협의를 하지 않아도 될 만큼 그들이 대표하는 조직 내에서 충분한 권위를 지닌다. 자율적 구성원 집단의 예는 스탈린 사망 직후의 소련 공산당 최고회의에 소속된 간부회의 집단지도체제 속에서 찾아볼 수 있다.

> 베리아(Beria)의 제거와 그의 비밀경찰 기구의 해체는 최고회의 내 다양한 파벌 간의 어려운 균형 문제를 제기했고, 그들 중 어느 누구도 나머지 사람들을 압도할 만큼 충분한 세력을 갖지 못했다(Aspaturian, 1972: 196).

마찬가지로 어떤 주도적인 인물이 없는 군사정권들은 흔히 자율적 구성원으로 이루어진 결정구조의 형태를 띠게 된다.

5. **대표자 집단**(Delegate Group): 이 결정구조는 대체로 대등한 세력을 가진 소수의 구성원으로 이루어져 있으며 그들 전부 또는 대부분은 결정집단 밖에서 이들이 관련을 맺고 있는 어떤 실체를 위해 지시를 받는 대표자처럼 행동한다. 참여자가 지시를 받는다고 말하는 것이, 그가 조금의 입장 변화도 취할 수 없고 심지어 주요한 타협이나 대안적인 입장의 창출에도 참여할 수 없다는 것을 의미하지는 않는다. 어쨌든 이들은 승인을 구하지 않은 채 그러한 변화에 자신이 대표하는 조직을 개입시킬 수 없다. 미국은 몇 년 동안 외교정책 활동의 지도를 위해 부처 간 모임(Interdepartmental Groups: IGs)을 활용해왔다. 대표자 결정구조의 실례가 되는 이들 집단은 통상적으로 국무차관보가 주재하며, 지역 또는 기능적인 문제와 관련 있는 다른 모든 정부 기구들이 파견한 대표들로 이루어진다. 부처 간 모임은 복합 조직을 위한 전형적인 조정과 결정의 고안 장치이며, 그런 의미에서 관료조직 내 또는 관료조직 간의 다양한 수준에서 많은 상대역을 발견한다. 거대 조직을 통해 외교정책을 수행하는 미국의 행정 부서와 여타 국가에서, 외교정책 문제는 다양한 결정 단계에서 일련의 대표자 집단들을 거치게 된다.

6. **자율적 구성원 회의체**(Autonomous Assembly): 이러한 형태의 결정구조 도입을 통해 우리는 소집단에서 대집단으로 옮겨갈 수 있다. 이 결정구조에는 토론의 형식을 갖추게 하는 일련의 정교한 규칙들 없이는 적당한 시간 내에 모든 참여자들이 자신을 표현하는(또는 자발적으로 표현하는) 의견 교환이 불가능할 정도로 참여자의 수가 많다. 또한 회의체 안에서는 하부 단위들이 생겨나기 시작한다. 자율적 구성원 회의체

는 큰 규모와 함께, 어떤 외부적 준거집단의 승인 없이도 행동할 수 있는 권한을 지닌 구성원들 간에는 세력이 대체로 균등하다는 특징을 가진다. 그 전형적인 형태가 그리스 민주주의이다. 그리스에서는 모든 개인들이 자신을 대표했지만, 대단히 많은 구성원을 가진 집단들(통상적으로 그들을 대표할 대표자를 선발하는)과 위계적으로 조직된 거대한 관료체들의 시대에서 전형적인 형태의 자율적 구성원 회의체를 발견하기란 힘들다. 1975년 국제 여성의 해 세계회의의 재정위원회는 멕시코 회기 중에 모든 참석자들에게 어느 누구의 대표도 아닌, 자신을 대표해서 참석하는 것을 허용했다. 유럽회의(The Council of Europe)는 자문 회의(the Consultative Assembly)라고 불렀던 조직체 속에서 또 다른 예를 보여주었다. 100명이 넘는 참여자가 회원국 정부에 의해 참석하도록 초청되었다. 그러나 참여자들은 "그들의 연설이나 투표를 통해서만 스스로 대표자가 된다"(Curtis, 1965: 30).

7. **대표자 회의체(Delegate Assembly)**: 이러한 형태의 결정구조에서도 결정단위 내의 세력에 상당한 편차가 있을 수 있지만 일인이 여타의 모든 사람들을 압도할 수 없는 한, 세력이 거의 대등한 구성원의 대집단으로 이루어진다. 대표자 회의체에서 참여자들은 결정구조 밖에 있는 집단들을 위한 대표자들이다. 그리고 에드먼드 버크(Edmund Burke)가 정연하게 주장했듯이, 대표자 회의체에서는 모(母)조직의 구성원들이 그들의 대표가 취하는 입장에 많은 통제를 할 수 없으며, 확실한 것은 지도자-대표자 집단이나 대표자 집단일 경우에 더욱 그렇다. 대표자들의 결정 재량권은 모조직의 규모가 커질수록, 그 구성원들을 하나로

통합된 구성체로 만드는 조직력이 미약할수록 더욱 증대된다. 대표자 회의체의 예로는 노르웨이의 많은 부서와 위원회를 들 수 있는데, 이것들은 정부에 의해 설치되며 각 부의 대표와 민간 이익단체의 대표들로 구성된다. 그런데 이러한 결정구조 속에는 대외 문제를 다루는 두개의 기구, 즉 무장해제 및 군비통제 자문위원회(The Advisory Committee on Disarmament and Arms Control)와 노르웨이 수출 평의회(The Norwegian Export Council)가 있다. 자세한 것은 오르비크의 저서(Orvik, 1972: 64~75)를 보기 바란다.

8~9. 자율적 구성원 자문 회의체와 대표자 자문 회의체(Consultative Autonomous Assembly and Consultative Delegate Assembly): 마지막 이들 두 가지 결정구조는 외교정책에 알맞은 대단히 효율적인 결정구조들은 아니지만 구색을 맞추기 위해 포함시켰다. 양자 모두 규모가 크며, 회의체의 권고를 무시할 수 있는 권위를 가진 지도자와 함께 하나가 되어 행동한다. 실제로 이 결정기구들은 기껏해야 자문 또는 심의 기구이며, 심할 경우에는 어디선가 만들어진 결정을 정당화해주거나 공표하기 위해 고안된 '고무인(rubber stamp)' 조직이다. 자율적인 구성원 자문 회의체는 외부의 모조직에 의한 공식적인 재심리 없이 행동할 수 있는 능력을 가진 구성원들로 이루어져 있는 반면, 대표자 자문 회의체의 구성원들은 그들이 대표하는 어떤 외부적 실체에 대해 책임을 진다. 스칼라피노(Scalapino, 1963: 561)가 "중국 외교의 이러한 (비공식적인) 면에 부응하기 위해" 고안되었다고 묘사한 중국인 친선협회(the Chinese Friendship Associations)를 자율적 구성원 자문 회의체로 볼 수 있다. 많은

국가들에서 적어도 외교정책과 관련해본다면 국회가 대표자 자문 회의체의 지위에 해당되는 것으로 보인다. 예를 들어 독립 후 의회를 통제해 온 인도의 의회당(the Congress Party)은 "실질적으로, 그리고 선의의 정치적인 이유로 긍정적인 입장이 취해지거나 지지가 요구된다면 수상의 결정을 부결시키지 않는 경향이 있다"(Park, 1972: 377). 소련 공산당 중앙위원회는 전국대표대회(The Party Congress)와 마찬가지로 대표자 자문 회의체로 볼 수 있다.

결정과정과 행동

앞에서 서술한 특성을 갖는 결정구조가 주어진다면, 이에 대응하는 결정과정은 무엇이며 그것은 어떻게 행동에 영향을 미치는가? 사실상 이 관점에서 사용되는 세 가지 결정단위의 특질들은 기본적으로 그리고 그 자체로서 결정과정을 규정하는 데 결코 충분해 보이지는 않는다. 그 단위의 영속성 및 다른 구조와 관련된 위치 등 그동안 고려하지 않았던 결정구조의 또 다른 특질들이 있다. 참여자들의 성격적인 특성과 같이 결정구조 이외의 요소도 결정과정에 영향을 미친다. 어쨌든 우리는 앞에서 개진한 결정구조의 세 가지 특질이 어떤 과정들이 주어진 구조와 함께 등장할 가능성을 증대시킨다고 주장할 것이다. 이번 절에서는 각 형태의 결정구조와 함께 사용될 가능성이 높은 과정들을 검토할 것이다. 우리는 각각의 전형적인 과정들을 서술한 후에 곧바로 지정된 결정과정에 주어질 가능성이 높은 것으로 가정되는 어떤 행동 특질들을 밝힐 것이다. 이 과정에서 확인된 결정과정과 행동은 해당 결정구조가 주어지기만 하면 언제나 등장하는 것으로 가정되지는 않는다는 점을 다시 한 번 말해두는 것이 좋겠다. 기대할 수 있는 것은 그러한 과정과 행동들이 등장할 가능성이 좀 더 크다는 것이다. 주어진 행동을 규정하기 위해 이들 변수들과 상호 작용하는 다른 요소들을 밝히는 핵심적인 작업은 후일로 미룬다.

1.1 양(陽)의 강화(Positive Reinforcement)[4]: 결정과정을 고찰하는 데 필요한 중심적인 두 가지 물음은 이런 것이다. ① 적절한 행위에 대한 평가가 참여자들 사이에서 다양한가? ② 만약 참여자들이 각기 다른 입장을 주장한다면 이러한 차이는 어떻게 해결되는가? 지도자-참모 결정구조에서 과정은 지도자와 참모 사이의 긴밀한 관계에 강한 영향을 받는다. 참모들은 지도자의 욕구와 능력, 지도자에 가해지는 압박과 감정이입하게 된다. 그들은 지도자의 세계관을 공유하며 대부분 동일한 정보 출처에 의존하고 있다. 따라서 적절한 행동에 대한 참모의 평가는 흔히 지도자의 평가와 비슷하다. 참모는 책임이 막중한 지도자의 어려움을 가중시킬 수 있는 상반된 견해들을 여과하거나, 지도자의 의사결정 과제를 만족시켜주거나 단순화시켜줄 정보를 강조하기 위해 꼭 의식적으로 '아첨꾼(yes men)'이 될 필요는 없다. 참모는 그 지도자의 행동에 대한 선호를 강화하는 경향이 있으며(또는 그들이 믿는 것은 그

04 이들 단락 앞에 있는 두 개의 디짓(digit)은 각기 다른 유형의 결정과정과 행동들을 적절한 결정구조에 관련시킨다. 첫 번째 디짓은 결정구조의 유형을 의미한다(<그림 4-1> 참조). 두 번째 디짓은 그 단락이 과정과 행동을 논하고 있음을 나타낸다. 과정은 a 1에 의해 표시되며, 행동은 a 2에 의해 표시된다.

지도자의 선호들이다), 그리하여 참모들은 지도자의 기존 성향에 양(陽)의 피드백을 제공한다. 참모들이 지도자와 다른 의견을 갖게 되면 그들은 비공식적인 설득을 시도할 것이다. 그러나 만약 지도자가 그들의 주장에 불쾌감을 표시하면, 그들은 단념하거나 자신들의 의사를 표현하는데 눈치를 보게 되고 우회적인 태도를 취할—지도자가 그들을 전적으로 무시하거나 잘못 이해하게 만들기 쉬운 과정—가능성이 높다.

1.2 **신속한/신중하지 못한 행동**(Quick/Nonconservative Behaviors): 방금 설명한 결정과정은 신속한 결정을 낳게 된다. 참모진은 물리적으로 근접해 있으며, 지도자가 조언을 구할 때 즉각적으로 응하도록 동기부여가 되어 있다. 더구나 지도자-참모 집단은 행동 요구에 대한 지도자의 해석을 확신함으로써(그리고 아주 제한적인 의미에서 결정에 대한 책임을 공유함으로써), 만일 지도자가 보좌관들과 협의하지 않았을 때 나타날 수 있는 결과보다도 덜 주의 깊고 덜 신중한 대응을 하도록 조장하는 경향이 있다. 참모진은 지도자의 세계관을 강화하고 확신을 더해준다. 이 절차는 사회심리학자들이 '모험성 이행(risky-shift)'이라고 부르는 것을 위한 조건을 조성하는 듯 보인다(Kogan and Wallach, 1964). 하지만 이 과정이 관점, 정보, 대안의 다양성 측면에서 지도자에 의해 이미 인식된 것을 뛰어넘을 수는 없을 것으로 보인다.

2.1 **자기주장**(Advocacy): 지도자-자율적 구성원 집단에서 의사결정 과정은 어느 정도 다양한 관점을 위해 변론을 경청하고 판결하는 재판관의 모습과 흡사하다. 이러한 구조 속에서는 집단 구성원들이 지도자

에게서 어느 정도 자율적이고, 그들 스스로의 판단과 전문가적인 판단(어떤 외부조직의 판단이 아니라)이 관여되기 때문에 신중한 논쟁을 벌일 유인이 높다. 법정 변호인처럼 그 집단의 자율적 구성원 각자는 오직 그들이 믿기에 지도자를 불쾌하게 할 만한 전술을 피하는 데 유의하면서, 확신을 가지고 자신의 입장을 주장할 수 있다. 결정구조 자체가 합의를 이루도록 하는 압력을 만들어내지는 않는다. 그러나 참여자들은 합의에 도달하기 위해 그들이 대표일 때보다 훨씬 더 쉽게 자신을 입장을 바꿀 수 있다. 이러한 의사결정 과정에서는 구성원들이 자기 의견을 말하기 때문에 가치 진술과 선호되는 목적에 대한 진술은 공통점을 갖기 쉽다. 자기주장 과정은 증거와 전문가적 평가의 도입으로 귀착되지만 반드시 균형 잡힌 방식으로 이루어지지는 않는다(George, 1972: 759 참조).

2.2 혁신적 행동(Innovative Behavior): 논의 과정에서 자기주장 과정은 가치 주장이 부각되어 목적과 가치 기준을 재평가하는 행동을 유발할 수 있다. 혁신적 행동은 구성원들이 다양한 관점들을 자유롭게 표현할 수 있고 자신의 입장을 바꾸고 새로운 아이디어의 장점을 인정할 때 나타나는데, 이러한 재평가의 가능성은 혁신적 행동의 더 큰 성향의 일부가 된다. 다양한 행위들에 대한 찬반 주장 역시 그 행동이 적정화된 용어(qualified terms)로 표현될 가능성을 높여주며, 추구되는 어떤 행동 노선의 강점뿐만 아니라 약점에 대해서도 더 많이 알게 해준다. 이러한 성과는 널 신중하고 더 극단적인 행위로 밀어붙이는 경향이 있는 양(陽)의 강화 과정과는 매우 대조적이다.

3.1 설득(Persuasion): 결정구조가 지도자-대표자 집단일 때, 집단 구성원 대부분의 두드러진 행동은 자신의 모조직이 선호하는 입장을 관철시키는 것이다. 그렇게 하기 위해 대표들은 모조직의 입장이 정부에 최상의 이익을 가져다준다는 점을 가지고 지도자를 설득해야 한다. 최소한 이것은 권위적인 의사결정자에 의해 이루어지는 바람직하지 못한 결정들을 방지하는 것을 의미한다. 이를 위해서는 두 가지 전술이 가능해보이며 두 관점 모두 같은 결정구조에서 이루어질 수 있다. 지도자의 바람직하지 못한 선택을 방지하는 하나의 수단은 지도자가 집단 과정에 들어가기 전에 구성원의 전부 또는 대부분이 연합을 형성하는 것이다. 만약 그러한 연합이 형성될 수 있다면, 그 지도자는 오로지 하나의 단결된 행동노선에 직면하든가 그 행동노선이나 지극히 매력 없도록 작성된 '극단적인' 몇 가지 대안들 중에서 선택을 해야 하는 상황에 놓일 것이다. 만약 연합이 불가능하거나, 몇몇 대표들이 지배연합에 의해 주장된 입장이 그들 조직의 이해에 별로 도움이 되지 않는다고 생각한다면, 불만스러운 대표들은 자신들의 견해와 다른 사람들의 견해차를 극대화할 것이다. 이 방법은 그들 입장의 장점과 반대자들 입장의 약점을 과장하는 역할을 해줄 경쟁적인 대변인들을 필요로 한다. 그 과정은 지도자-자율적 구성원 집단의 자기주장 과정과 비슷하지만, 참여자들이 대표자들이기 때문에 전략적 행동과 양보를 위한 기동성은 떨어진다. 입장은 경직되기 쉬우며 혁신을 위한 유인은 감소한다. 총체적 연합 또는 차별 극대화 과정 여부에는 관계없이 관점의 비융통성이 그 과정의 특성이 되기 쉽다. 정보 왜곡의 가능성도 증대한다. 그래서 지도자는 오직 하나의 행동노선만이 합리적이라는 견해로

뭉친 집단이나, 양편으로 철저하게 분리되어 자기들의 입장이 적용되지 못했을 경우의 부정적인 결과를 과장하는 집단들만을 가지기 쉽다.

3.2 **무조건적인 현상유지 행동**(Unconditional Status Quo): 만약 지도자가 통일된 집단의 입장을 받아들이거나 (만약 경합적인 입장들이 생겨났을 경우) 경합하는 입장 중에서 하나를 수용하도록 설득되었다면, 그 결과로 나타난 행동은 무조건적이거나 적정화되지 못한 용어로 진술될 가능성이 높다. 이러한 특성은 대안들이 단점의 인식은 어렵게 하며 장점은 과장하는 분위기 속에서 만들어졌기 때문이다. 이러한 과정 속에서는 각 대표들이 자기 모조직의 입장과 정책들을 보존하려 할 것이기 때문에 그 결과 산출되는 정책행동이 과거의 답습에서 극적으로 변화될 가능성은 적다. 말하자면 현상유지가 재확인되는 것이다. 대표들에 의해 과거의 정책들과는 다른 행동노선에 대한 합의가 이루어지는 경우에도 그 행동은 의견의 불일치가 드러나지 않도록 광의적이고 모호한 용어들에 의해 진술될 가능성이 높다.

4.1 **집단유지**(Group Maintenance): 앞에서 설명된 세 가지 결정과정들은 결정구조 내의 지도자의 지배적 위치에서 유래하는 어떤 특징을 공유하고 있다. 그러나 이제부터 소개하는 결정과정들은 결정단위에서 어떤 일개인도 집단의 선호를 압도할 세력(또는 이를 행사할 엘리트 계층)을 갖지 못한 경우에 알맞다. 예를 들어 자율적 구성원 집단에서는 그 결정단위의 성과에 대한 책임이 집단 전체에 의해 공유될 가능성이 높다. 장기간에 걸쳐 다양한 문제에 관심을 가져온 집단에서는 이러한

결정 책임이, 장래에 생겨날 문제들에 대한 지지를 얻기 위해 다른 집단 구성원에 대한 존중이 필요하게 될 것이라는 인식과 결합하고, 그 결과로 집단 안녕(group welfare)에 관한 관심은 더욱 높아질 수 있다. 개인적으로 적대감을 일으키거나 소수의 입장을 표명하는 구성원들을 몰아붙이는 것은 공격을 받은 개인으로 하여금 당면 결정에 대한 책임감을 약화시키고 장래의 복수심을 증대시킨다. 이러한 바람직하지 못한 결과를 피하기 위해 자율적 구성원 집단은 집단결속을 강화하고 어떤 구성원이 최종 결정에서 '패배자(loser)'의 입장에 놓이는 것을 피하는 결정과정을 채택하는 경향이 있다. 자율적 구성원 집단에서는 토의를 통한 합의의 도출과 집단의 결속 유지를 위한 호소에 상당한 노력이 모아질 것이다. 집단의 결속에 대한 호소가 차이점들을 해결하는 데 실패할 경우에는 몰개인적인 결정 규칙들(impersonal decision rules)이 적용된다. 그러한 결정 규칙들은 '타협을 하거나' 선택을 외부적인 사태 발전에 맡길 수 있다(예를 들면 "만약 X가 발생하면 우리는 당신의 계획을 따를 것이다. 그러나 만약 Y가 일어나면 우리는 우리의 것을 따를 것이다"). 이러한 결정 규칙들을 합당하게 만들기 위해서는 흔히 실제 상황을 무시하거나 이에 관한 정보를 왜곡할 필요가 있다.

4.2 단호한/높은 개입 행동(Assertive/High Commitment Behavior):

재니스(Janis, 1972)는 집단적 동일성 추구(group concurrence-seeking)가 과도해지면 결정수행의 질이 현저하게 떨어진다고 주장한다. 그가 언급한 8개의 징후들 가운데에는 불가침에 대한 집단적 환상(group illusions of invulnerability),[5] 상충된 정보에 대한 집단적 평가절하, 상대편의 지도자를 악마로 보는 판에 박힌 견해, 판단에 대한 전원 합의의 환상 등이 있다. 비록 이 모든 결함이 밖으로 드러나는 것은 아니지만 집단의 안녕이 효과적인 문제 해결에 우선될 때 문제가 발생한다. 다른 사람들을 설득하는 과정에서 자신이 제안하는 대응방안의 불리한 부분을 평가절하하면서 정보를 왜곡할 수 있는데, 그 집단이 당면한 문제는 새로 생겨난 집단선호나 적용하는 결정 규칙의 적절성에 맞추기 위해 단순화될 수 있다. 단순화와 고정관념화는 상황에 대한 제로섬적인 해석을 가능하게 하며, 집단의 입장을 선한 것으로 묘사하는 반면 집단에 반대하는 사람들을 악한 존재로 인식하게 한다. 그 결과 강한 개입을 수반하는 대단히 단호한 행동이 나타난다. 간단히 말해 이것은 행동 방침이 불가피하며 옳다고 확신하는 결정단위의 행동 표명이다.

5.1 협상(Bargaining): 대표자 집단의 참여자들은 (자율적 구성원 집단에서와 같은 이유로) 결정구조에 대한 충성과 자신들이 대표하는 조직에 대한 충성 사이에서 엇갈린 압력을 받기 쉽다. 보통 일차적인 개입(the primary commitment)은 자신의 모조직에 대해 이루어진다. 자율적 구성원 집단에서처럼, 대표자 집단 역시 사실상 선택을 할 권위적인 지도자가 없으므로 그 결정과정은 대안의 선택을 위한 집단적인 수단을 갖추지 않으면 안 된다. 대표자 집단에서 일차적인 의사결정 과정은 이

05 역주_ 다른 집단보다 부정적인 사건을 경험할 가능성이 적다는 믿음을 가지고, 외부의 우월한 힘에 대해 둔감하며 과도한 낙관주의와 위험 감수(risk taking)의 성향을 보인다.

의사결정 집단에 대한 충성을 호소하거나 현실을 개조하기보다는, 집단 구성원 간의 점진적 협상이 이루어지는 것이다. 이것이 점진적인 이유는 구성원들이 새로운 입장을 제안하거나 이에 동의하기 전에 그들의 모기관(母機關, home agencies)과 협의해야 하기 때문이다. 각 대표는 아마도 다른 구성원들이 자신의 모조직을 계속 지지하도록 아주 작은 단계들 속에서 양보하거나 수정할 것이고, 다른 구성원들 역시 양보하고 있다고 단정하기 쉽다. 대표자 집단에서는 의사결정 과정이 완만해서 새로운 정보와 증거가 심의될 가능성이 증대된다. 이때 교량(trade-offs), 협력, 타협 등이 협상의 탁월한 수단이 되곤 한다. 대개의 경우 대표들은 의사결정 집단보다는 자신의 모조직에 더 충성할 것이기 때문에, 의사결정 집단의 안녕을 위해 과반수 동의를 호소하는 방법은 대표와 그의 모조직의 구성원들이 강렬하게 느끼는 주요 문제의 경우에는 성공할 가능성이 별로 없다.

5.2 느린/타협 행동(Slow/Compromises): 방금 설명한 과정을 활용하는 결정구조의 행동은 점진적인 경향이 있다. 문제에 대한 신속한 대응은 극단적인 행위나 기존 정책의 중대한 반전을 포함하는 행위와 마찬가지로 별로 가능성이 없다. 협상 과정이 이루어질 때 생기는 타협 행동은 흔히 몇몇 대표들의 초기 입장 일부를 포함하게 된다. 절충 행동은 극단을 피하게 할 뿐만 아니라 일관적인 논리가 결여된 것처럼 보일 수 있다. 어떤 대표들의 동의를 얻고 그들의 소속기관의 이해를 보호하는 데 필요한 중요한 제한 조치(또는 제한적 조건의 구체화)는 행동을 통해 명확해지는 경향이 있다. 교섭을 통해 해결될 수 없는 쟁점의

기본적인 결과는 결정을 미루거나 문제의 해결되지 않은 부분을 다른 결정구조에 이관하는 것이다. 따라서 어떤 문제에 대한 반응이 행동으로 나타나지 않는 경우가 많아진다.

6.1 **연합투표**(Coalition Voting): 이제 집단을 위한 결정과정에서 회의체의 결정과정으로 화제를 바꿔보겠다. 회의체의 커다란 규모는 기본적인 결정과정으로 정식 투표를 사용하게 될 가능성을 증대시킨다. 투표는 투표 절차의 다양한 측면을 지배하는 확립된 규칙들, 예를 들어 언제 투표가 시행되며 투표에 실린 비중은 무엇이고 누가 투표를 하게 되며 무엇이 성공적인 투표를 가늠하는가 등을 수반한다. 이러한 투표 규칙의 특성은 투표 과정 다음에 어떤 다른 의사결정 과정들이 뒤따르게 될 것인가에 상당한 영향을 미친다. 어쨌든 다른 결정구조의 속성들(예를 들어 세력 분포나 구성원의 역할)이 의사결정 과정에 미칠 수 있는 영향을 간단히 언급할 수 있다. 자율적 구성원 회의체에서는 참여자들이 선호하는 성과가 받아들여질 기회를 높이기 위해 연합을 형성할 가능성이 높다. 구성원들은 그들 자신을 대표하거나 그들이 속한 외부 조직에서 상당한 결정 재량권을 가지고 있기 때문에, 그 연합들은 문제 특정적(problem specific)이기 쉬우며 문제가 해결된 후에는 재편되는 경향이 있다.

6.2 **온건한 일시적 행동**(Moderate Transitory Behaviors): 그러한 연합들은 타협을 조장하는데, 타협은 다시 입장의 완화를 증대한다. 최종적인 행동은 이러한 경향을 반영할 것으로 기대된다. 자율적 구성원 회의

체의 참여자들은 (대표자의 경우에 비해) 입장 변화에 별로 제약을 받지 않고 문제에 따라 일관적인 자세를 유지하는 데에도 별로 압력을 받지 않기 때문에 쟁점에 따른 행동의 반전이나 비일관성이 자주 발생한다.

7.1 블록투표(Bloc Voting): 대표자 회의체의 구성원은 자율적 구성원 회의체의 구성원보다 다양한 문제에 걸쳐 상대적으로 안정적인 이해관계를 갖기 쉽다. 이렇듯 이해관계의 안정을 이룰 수 있는 것은 자신이 대표하는 실체에 대한 각 구성원들의 친화 때문이다. 그러한 실체는 독립적인 개인에 비해 관심 영역에 상대적으로 더욱 경직된 개입을 보이기 쉽다. 결과적으로 대표자 회의체의 구성원들에 의해 형성된 연합은 자율적 구성원 회의체에서 형성된 문제 특정적 연합보다 더 강한 내구성을 지닌다. 대표자 회의체 연합은 다소 지속적인 투표 블록이나 분파를 갖게 된다.

7.2 이념적 행동(Ideological Behaviors): 그러한 블록투표에 의해 나타나는 행동은 앞서 지적한 변화와 반전이 적다. 더구나 만약 하나의 블록이나 연합이 회의체를 장악하면 행동의 절제를 수반하는 타협 가능성은 더 적어진다. 하나의 연합이 대표자 회의체를 장악하고 있는가의 여부와는 관계없이 다소 항구적인 블록들이 어떤 이데올로기를 개발하게 되는데, 이 이데올로기가 회의체 구성원들을 결속시키고 이 블록들이 회의체에 적용시킨 행동들의 특성을 가늠 짓는다. 이데올로기는 적절한 목적과 행동 프로그램, 환경의 관련 국면에 대한 일련의 신념을 의미한다. 이러한 목적과 프로그램은 혹시 변하더라도 점진적인

경향이 있으며, 그것을 성취하기 위한 행동 역시 잘 변하지 않는다.

8.1 결의 형성(Resolution Formation): 자율적 구성원 자문 회의체나 대표자 자문 회의체 모두 지도자에게 그들의 결정을 받아들이도록 요구할 만한 힘을 갖고 있지 못하다. 따라서 그들의 결정과정은 권위적인 의사결정자가 그들의 입장을 받아들이도록 설득하는 데 맞추어져 있다. 간단히 말해 자문 회의체는 권고 기관이다. 만약 회의체가 분열되면, 지도자는 그러한 분열을 분별 있는 사람들 간의 합의가 결여되었음을 지적하는 데 이용함으로써 그들의 영향력에서 벗어날 수 있다. 이에 따라 양 유형의 회의체가 갖는 일차적인 과정은 그들의 전체 구성원에 의해 가결되는 만장일치(또는 거의 그러한)의 결의를 통과시키는 것이다. 또한 그들은 권위적인 의사결정자에게 자신들의 입장을 뒷받침하는 연설이나 진술을 할 수 있다. 흔히 이러한 공개적 진술은 도덕적인 기조로 이루어지거나, 지도자가 당면 쟁점에 관한 자신들의 입장을 받아들일 경우에 한해 다른 분야(재선과 같은)에서 지도자를 지지하겠다는 점을 분명히 할 것이다. 후자의 전략은 배후 세력이 있는 자율적 구성원 자문 회의체보다는 장래에 지도자를 지지하는 데 모조직의 구성원들을 동원할 수 있는 대표자 자문 회의체에서 더욱 효과적이다.

8.2 만장일치의 결의 행동(Unanimous Resolutions): 우리가 보아온 것처럼 자율적 구성원 자문 회의체와 대표자 자문 회의체 모두는 만장일치의 결의를 통해 권위적인 지도자를 설득하려고 시도한다. 만장일치로 결의하려는 노력은 그러한 행동에 두 가지 특성을 부가하기 쉽다. 첫째,

〈표 4-1〉 결정구조의 유형들과 관련된 결정과정 및 행동 경향

결정구조		결정과정		행동 경향	
1.0	지도자-참모 집단	1.1	양의 강화	1.2	신속한/신중하지 못함
2.0	지도자-자율적 구성원 집단	2.1	자기주장	2.2	혁신적
3.0	지도자-대표자 집단	3.1	설득	3.2	무조건적인 현상유지
4.0	자율적 구성원 집단	4.1	집단유지	4.2	단호한/높은 개입
5.0	대표자 집단	5.1	협상	5.2	느린/타협
6.0	자율적 구성원 회의체	6.1	연합투표	6.2	온건한 일시적
7.0	대표자 회의체	7.1	블록투표	7.2	이념적
8.0	자율적 구성원 자문 회의체 대표자 자문 회의체	8.1	결의 형성	8.2	만장일치의 결의

주: 번호는 텍스트에서 사용된 번호들을 붙이고 있다. 앞 번호는 결정과정의 유형을 나타내고(<그림 4-2> 참조) 뒷 번호의 경우 1은 과정을, 2는 행동 경향을 나타낸다.

만장일치 결의들은 광범위한 일반화로, 또는 불일치의 소인이 될 수 있는 세부사항에 대한 언급을 배제한 원칙으로 진술되기 쉽다. 회의체는 하나의 기구로서 회의체가 결의한 권고를 이행할 권한이 없기 때문에, 세부사항이나 심지어 일반적인 이행 가능성에 대해서조차 관심을 가질 필요가 없는 것이다. 둘째, 전원 합의의 결의는 특정 유형의 행동에 반대하는 소극적인 입장이나 상태를 나타낸다. 그래서 회의체의 참석자는 적극적인 행동을 요하는 대안에는 서로 동의할 수 없을 만큼 반대 세력과의 입장 차가 크더라도, 결의를 지지하는 데는 함께 할 수 있다.

요약: 우리는 마지막 두 결정구조—자율적 구성원 자문 회의체와 대표자 자문 회의체—를 위한 한 가지 유형의 결정과정과 연관 행동을 밝혔다. 그러므로 이 장의 전체 단락 속에서 고유한 결정구조 9개에 대한 총 8개의 결정과정과 행동을 설명한 셈이다. <표 4-1>은 이러한 내용

을 요약한 것이다. 사려 깊은 독자는 이미 행동을 묘사하는 절들이 그 절의 단일 문구 표제어가 묘사하는 행동 특성보다 더 다양한 특성들을 제시하고 있다는 것을 알아차렸을 것이다. 더구나 행동 특성들은 그것들 간의 비교를 용이하게 하는 방법으로 진술되지도 않았다. 행동 특성들을 비교가 용이하도록 진술하는 노력은 명제를 다룬 절을 통해서 이루어질 것이다.

정부의 구조와 과정에 대한 관찰

이 관점은 이 책의 다른 관점들에서와 마찬가지로, 경험적 연구를 위한 기초를 마련하기 위해 구상되었다. 더 정확하게 말하면 구조, 과정, 행동 간의 가설적인 관계가 확증될 수 있을지의 여부를 검증하기 위해 체계적인 국가 교차적 연구를 도입하는 것이다. 그러나 심지어 가장 개방적인 정부조차 결정구조와 그들이 특정 문제를 다루는 데 사용하는 절차를 밝히는 경우는 드물다는 사실을 분명히 해두지 않으면 안 된다. 그러한 정보가 제공되었던 몇 안 되는 경우는 국가적으로 대단히 중요하거나 특별한 성격을 가진 문제에 국한되는 경향이 있었다. 심지어 보고의 표본은 주로 미국과 같은 몇몇 서구 국가에 한정되어 무작위적이지 못했다. 의사결정에서 사용된 구조와 과정을 탐지해내야 하는 문제는, 비교 기준에 입각해 외교정책을 설명하면서 내부적인 의사결정을 사용하는 경우에 분명 중요한 장애가 되어왔다.

이 문제는 극복될 수 없는 것인가? 외교정책에서 구조, 과정, 행동 간의 관계를 연구하는 데는 세 가지의 방법이 가능할 것으로 보인다. 이 방법들은 모두 중요한 한계를 지니고 있다. 그러나 방법들이 서로 결합해 사용될 경우, 이론적 관점의 유용성을 점검하는 데 적절한 수단을 제공해줄 수 있다. 그 세 가지 방법은 사례 연구, 실험 실습과 모의실험, 그리고 우리가 간접적이고 관찰 가능한 지표들을 통한 연구라고 불러야 하는 것 등이다. 현재 외교정책 의사결정에 관해 우리가 가진 지식의 대부분은 사례 분석에서 온 것들이다. 페이지(Paige, 1968)와 러셋(Russett, 1970)이 주장한 바와 같이 좀 더 나은 사례 분석, 특히 ① 공통의 분석 틀을 사용해, ② 일정 범위의 국가와 시간 주기를 조사하며, ③ 비교 가능한 문제들에 역점을 두어 다루는 분석의 모집 기법을 사용한 사례 분석이 필요하다. 소집단의 의사결정에 관한 우리의 체계적인 지식 대부분은 (각기 다른 유형의 집단적 의사결정을 그 결과로 나타난 집단적 행동에 관련시키는 데 특별한 관심을 두지 않았던) 사회심리학자와 사회학자의 실험 연구에서 빌려온 것들이다. 지금까지는 게임과 모의실험을 사용하는 몇몇 제한적인 연구(Kirk, 1974; C. F. Hermann, 1969a)만 수행되어왔을 뿐, 외교정책에서의 이러한 연계를 밝히기 위해 실험 연구를 활용하자는 바버(Barber, 1966)의 제의를 따랐던 연구자는 거의 없었다. 게임 및 모의실험과 함께 의사결정에 대한 모든 주요 연구 전략들은 실험실 환경 속에서 고안된 것에 전적으로 의존하기보다는 실제 결정단위들에 대한 준실험적인 연구를 포함해야 한다. 정부의 외교정책 기구의 일부가 아닌 자연 발생적인 의사결정 단위들은 비교적 접근이 쉬우며, 증거와 통찰력의 소중한 원천으로 입증될 수 있다.

이러한 방법들과 함께 연구자는 외교정책에 관한 공개적인 정보를 이용할 수 있다는 점에 착안해야 한다. 이것은 어떤 구조와 과정의 존재 가능성을 암시하는 추론을 구성할 수 있게 해준다. 이 절차는 일련의 단서로 사건을 구성하기 위해 탐정이 사용하는 절차나, 무슨 일이 일어났는지 추론할 수 있는 증거자료나 문화 유물을 함께 짜 맞추어 과거를 재구성하기 위해 역사가나 고고학자가 사용하는 절차와도 다르지 않을 것이다. 정부의 구조와 과정을 연구하기 위해서는 어떤 정부적 절차와 연관되는, 간접적이지만 관찰 가능한 지표들에 주의를 기울여야 한다.

근본적인 문제는 어떤 관찰 가능하고 규칙적인 현상들이 다양한 구조와 과정을 위한 지표 또는 인과적인 조건으로 작용하느냐일 것이다. 이러한 이론적 관점의 경우 우리는 세 가지 구조적 특질, 즉 물리적 규모, 세력 분포, 구성원 역할의 간접적인 지표에 관심을 집중시켜야 한다. 이러한 구조적 특질의 간접 지표 중에서는 두 가지 유형이 유망하다. 관찰 가능한 하나의 지표는 정부의 일반적인 운영에 관련되며 따라서 국가에 따라 달라진다. 또 하나의 지표는 어떤 구조와 과정을 특정 상황 속에서 더 가능하게 만드는 특별한 문제 상황들에 관련된 것이다.

다음 <표 4-2>는 각각의 세 가지 구조적 특질을 추론하기 위해 사용될 수 있는 정부적 변수와 상황적 변수를 열거한 것이다. 이 목록이 결코 완벽한 것은 아니다. 이러한 변수의 요건은 ① 그 변수가 사실상 오늘날 모든 국가의 정부나 상황을 신빙성 있게 평가할 수 있다는 것, 그리고 ② 그 변수가 관련된 결정의 구조나 과정과 높은 상관관계가 있다는 것이다. 절차적 문제 영역(이전의 연구에 관한 절에서 논의된)이 이러한 기준에 부합되고 그 결과 나타나는 정부의 행동과는 상관없이 확인될 수 있다고 가정하면, 절차적 문제 영역은 결정의 구조나 과정의 유망한 간접 지표가 될 수 있을 것이다.

〈표 4-2〉 선정된 세 가지 구조적 특질을 추론하기 위한 정부적·상황적 지표들

	정부적 조건	상황적 조건
	결정구조의 특질과 동시에 발생할 수 있는 특정 정부의 특성들	어떤 결정구조 특질의 가능성을 증대시킬 수 있는 특정 문제 유형의 특성들
규모	(1) 외교정책에 적극적인 국회: 정의상 그러한 회의체는 거의 확실히 규모가 크고, 만약 국회가 외교정책에 규칙적으로 참여한다면 더 큰 결정단위를 자주 기대할 수 있다. (2) 국가 원수와 외무장관의 스타일: 다른 정책 활동을 위해 대규모의 단체를 소집하는 경향과 입법부나 다른 회의체에 자문하는 것은 대규모 결정구조를 암시하는 지표인 반면, 개인적 외교는 소규모의 결정구조를 암시하는 지표다.	(1) 문제 복잡성: 문제가 복잡할수록 더 많은 사람들의 역량이 투입될 가능성이 그만큼 커진다. (2) 자원 배분: 만약 중요한 자원들이 투입되면 더 많은 기관들이 그 산출에 이해관계를 가지고 있다고 느낄 것이다. 말하자면 참여를 모색하는 기관들로 결정단위의 크기가 증대될 것이다. (3) 위협: 문제에 의해 부과된 위협이 광범위하게 인식될수록 더 많은 개인들이 관련될 것이다. (4) 결정 시간: 결정 시간이 길어질수록 더 많은 사람들이 연루될 것이다. (5) 수도로부터의 이격성: 정부 관서에서 떨어진 곳에서 생기는(특히 짧은 결정 시간을 가진) 결정기회는 결정 규모를 축소시킬 것으로 예상된다.
권력 분포	(1) 외교 문제에 강한 개인적 관심을 가진 국가 원수: 국가 원수가 대외 문제에 관심을 가질수록 그의 참여 가능성도 그만큼 더 커진다(국가 원수가 권위적 지도자라고 가정할 경우). (2) 강력하고 독립적인 외무장관 또는 대외 문제를 감독하는 대리역의 존재: 만약 대외 문제를 책임지는 장관이나 고위 당국자가 폭넓은 권한을 가지고 국가 원수의 신임을 받고 있	(1) 의례적·의전(儀典)상황: 이러한 상황에서는 상징적 이유에서 권위적 지도자의 존재가 요구될 수 있다. (2) 위협: 국가적 목표 또는 지도자의 재임을 위협하는 상황은 그를 관여시킬 가능성이 높다. (3) 비일상적인 일: 여느 때와 다르거나 기습적인 상황들은 확립된 전례에 의해 쉽사리 처리되기 어렵다. 그래서 권위적인 의사결정자가 요구될 수 있다.

	다면 의사결정구조에 권위적 지도자가 존재할 가능성이 커진다. (3) 정식으로 대외 문제를 다루는 것으로 알려진 기관의 수: 기관 간의 갈등 빈도는 그 수가 많아지면서 증대될 가능성이 있으며, 따라서 국가 원수나 권위적 의사결정자에 의해 해결되어야 하는 상황들은 더 많아진다.	(4) 개인적으로 관심을 갖는 이슈: 만약 어떤 문제가 권위적 의사결정자가 특별히 관심을 갖고 있는 주제에 관련된다면 그가 관여할 가능성은 그만큼 더 높아진다.
역할	(1) 정식으로 외교정책을 다루는 것으로 알려진 기관의 수: 기관들이 많아질수록 통합적인 과제를 수행할 대표들이 요구될 가능성도 그만큼 더 커진다. (2) 많은 수의 정치적 임명직: 개인들이 권위적 의사결정자의 의지에 따라 재직할 경우, 그들은 다른 어떤 조직을 대표하기보다는 그에게 충성할 가능성이 높다. (3) 정부적 참여자들의 수준: 결정구조에 참여하고 있는 고위관리가 하위관리보다 자신을 대표할 가능성이 더 높다.	(1) 위협: 위협이 클수록 자신을 대표하는 고위관리가 참여할 가능성이 더 높아진다. (2) 결정 시간: 결정 시간이 짧을수록, 출국 허가서를 얻을 기회가 그만큼 적고, 따라서 대표가 파견될 가능성은 적어질 것이다. (3) 문제 복잡성: 복잡성이 증대함에 따라, 대표들에게 처음에 부여될 수 있는 역할의 조정을 요구하면서 다수의 기관이 개입할 수 있다.

우리는 중요한 이유에서 이 책의 다른 관점보다 구조와 과정을 조작하는 문제에 훨씬 더 많은 관심을 쏟았다. 이 이론적 관점을 위한 주요한 쟁점 중 하나는 대부분의 국가들이 외교정책 결정에 실제로 어떤 구조와 과정을 사용하는지 정확하게 확인할 수 있을까 하는 점이다. 사례 연구 및 실험 연구와 함께, 우리는 이러한 변수의 본질이 다른 관찰 가능한 지표에서 추론될 수 있다고 주장했다.

선정된 가정들

이 관점이 근거하고 있는 많은 가정들은 이미 개진되었다. 이 관점에 대한 표현의 본질적인 국면들을 요약하는 수단으로써, 그리고 다음 절의 명제들을 준비하기 위해 우리는 몇몇 필요 조건들을 열거할 것이다. 이 관점을 위해서는 이러한 진술들이 필요하겠지만, 우리는 이것들만 가지고 충분히 모든 명제들을 도출할 수 있다고 주장해서는 안 된다는 점을 강조해두고 싶다.

가정 4.1 오늘날 모든 정부는 어느 정도 지속적인 외교정책 문제의 불확실성과 복잡성에 직면해 있다.

가정 4.2 여러 외교정책 문제들이 만약 부적절하게 취급될 경우, 그 문제들을 취급하는 사람들과 정부 전체, 그리고(또는) 행위국가 내부와 외부의 다른 사람들의 가치 박탈을 야기할 것이다. 반대로 만약 적절하게 취급된다면, 그 결과는 개인과 집단 모두 또는 그 일부에 의해 추구되는 가치들을 증대시킬 것이다.

가정 4.3 어떤 정부 관리들은 독자적으로 어떤 대응을 결정할 권위를 갖고 있음에도 불구하고 불확실성, 복잡성, 결정의 중요성 때문에 대개는 대응을 용이하게 하기 위해 다른 사람들이 포함된 결정구조들을 만들어 활용하게 된다.

가정 4.4 다양한 사람들이 불확실한 조건하에서 복잡한 문제를 취급하는 결정구조의 참여자가 되었을 때, 상황에 대한 해석과 적절한 대응에 대한 대안적 평가가 서로 다를 가능성이 커진다.

가정 4.5 결정구조의 선택은 획일적이지 않으며, 정부 지도자의 선호, 체제, 정부적이거나 국가적인 전통, 정부가 직면하고 있는 상황의 유형을 포함한 수많은 변수들에 따라 달라질 수 있다.

가정 4.6 결정구조의 다양한 형태들은 ① 그 문제를 바라보는 각기 다른 관점들에 대한 인식과 표현, ② 대안들이 표현되면서 수반되는 성격과 설득력, ③ 제안된 대안들을 선택하는 수단 등에 영향을 미치는 동시에 참여자가 활용하는 과정에도 강력한 영향을 미친다.

가정 4.7 결정단위의 규모, 세력 분포, 집단 구성원의 역할 등은 모든 결정구조에서 발견되는 특성으로, 다른 과정들보다 특정한 과정이 사용될 가능성을 강하게 증대시킨다.

가정 4.8 결정단위에 의해 사용되는 결정과정의 다양한 형태들은 선정되는 외교정책 행동에 영향을 미친다.

이러한 가정들에 대해서는 약간의 언급이 필요하다. 첫째, 세 가지 구조적 특질의 다양한 결합에서 유래하는 특정 결정과정들(예를 들어 설득, 양의 강화, 협상 등)은 가정으로 취급된다. 그러나 그것들은 검증 가능한 가설로 취급될 수도 있다. 우리가 비록 구조적 특질 각각의 결합과 특정 과정의 가정된 관계를 열거하지 않았지만, 독자들은 좀 더 포괄적인 일람표를 위해 그 관계들을 이 가정의 목록에 포함시켜야 한다. 둘째, 어떤 결정과정과 외교정책 행동의 관계는 이론적 관점을 통해 개발하고자 하며, 다음 절에서 예시될 경험적으로 검증 가능한 가설이기 때문에 이 가정의 목록에는 포함시키지 않았다.[6]

06 언급된 어떤 가정도 결정구조와 결정과정의 효과를 경험적으로 탐구하기 위한 방법론을 취급하지는 않았다. 어떤 방법론은 이번 장에서 주장된 긴 섭적인 지표체계를 포함하는 그 자체의 가정의 틀을 내포하고 있다. 결정구조와 결정과정의 효과를 경험적으로 탐구하기 위한 절차에 관한 기본

예시적 명제들

명제 4.1 양(陽)의 강화 과정을 활용하는 지도자-참모 집단은 다른 결정구조들에 비해 결정 시간을 적게 필요로 하는 반면, 연합투표 과정을 거치는 자율적 구성원 회의체와 협상 과정을 활용하는 대표자 집단은 가장 많은 결정 시간을 필요로 한다.

외교정책 문제에 대한 대응에서, 대응에 요구되는 시간이 지연될 경우 흔히 외부세력의 행동으로 상황이 악화되기 때문에 시간은 결정적으로 중요한 요소가 된다. 다른 경우에는 상황이 전개되도록 시간을 허용하는 것이 그 문제에 직면한 정부에 이득이 될 수도 있다. 그러나 신속한 대응이 요구될 때는 양(陽)의 강화 과정이 가장 빠르다. 그 주된 이유는 적절한 행위에 대한 지도자의 견해에 강한 도전이 없으며 개인적 참모 구성원들이 자문에 손쉽게 활용될 것이기 때문이다. 다른 한 극단에서, 대표자 집단은 합의를 이루거나 막다른 국면에 이를 때까지 구성원들이 연쇄적으로 알맞게 양보하는 점진적인 협상을 해나가야 한다. 이와 마찬가지로 자율적 구성원 회의체에서는 연합이 형성되어야 하며 투표 인원으로 볼 때 승리연합이 출현할 때까지 세력 재편을 계속해야 하기 때문에 — 특히 새로운 문제에 부딪혔을 경우 — 신속하지

적인 가정은 다음과 같이 언급될 수 있다. 일반적으로 선정된 결정구조(결정과정)들과 동시에 나타나는 것으로 알려져 있는 상황들, 정부 조직들, 절차적 문제 영역의 선정된 특질에 대한 관찰 가능한 지표가 존재하면, 우리는 이와 관련된 지표들을 통해 관찰되지 않은 결정구조(과정)들의 존재를 추론할 수 있다.

못하다. 우리는 그간 모든 장에 걸쳐 의사결정의 선택 단계에 관심을 집중해왔다. 따라서 시간의 전체 양은 결정의 이러한 국면에 사용된 과정뿐만 아니라 다른 모든 단계에서 사용되는 과정들에도 의존한다는 것을 다시 한 번 말해두고 싶다.

명제 4.2 양(陽)의 강화 과정을 거치는 지도자-참모 집단과 집단유지 과정을 거치는 자율적 구성원 집단은 다른 결정구조들에 비해 더 강한 개입 행동을 산출하는 경향이 있는 반면 협상 과정을 활용하는 대표자 집단과 연합투표 과정을 이용하는 자율적 구성원 회의체는 다른 결정구조들에 비해 약한 개입 행동을 산출하는 경향이 있다.

개입은 정부와 그 국가의 장래를 어떤 식으로든 다른 실체와 결부시키는 어떤 행동노선에 구속시키는 것을 의미한다. 그런 의미에서 개입 행동들은 정부의 가장 현시적인 행동(revealing acts)을 연출하는데, 그것은 개입 행동들이 대개 현재 또는 장래에 자원들이 사용된다는 것을 의미하며, 그 가치들이 국가에 가장 중요한 국제 문제 영역들을 설정하기 때문이다. 많은 결정구조와 과정의 결합은 이따금 높은 개입을 수반하는 행동을 산출한다. 지도자-참모 집단과 자율적 구성원 집단은 다른 구조들보다 더욱 강도 높은 개입 행동을 주도할 것으로 가정된다. 이 구조에서는 개입에 반대하기 위한 정보 수집이나 견해의 표현을 어렵게 만드는 과정이 채택되기 때문이다. 지도자-참모 결정구조 속에서 자주 발견되는 양의 강화 과정은 그러한 도전을 방해할 뿐만 아니라 지도자에 대해 양의 피드백을 제공함으로써 자신의 판난이 옳다는 확신을 강화할 수 있게 한다. 그 때문에 개입은 지도자가 완전히 혼자서, 누구와의 협의 없이 행동할 때보다 더욱 확대될 수 있다. 집단의 안녕을 일차적인 가치로 여기는 경향이 있는 자율적 구성원 집단은 그들이 의도하는 선택에 의문을 제기하거나 개입을 감소시키는 경합적인 정보를 가혹하게 취급할 뿐만 아니라, 제안된 행위의 정당성과 관련해 서로를 강화시켜 지도자-참모 집단에서와 같이 결정을 신중하지 못한 쪽으로 이행시키는 경향이 있다.

다른 쪽 극단에서, 대표자 집단과 자율적 구성원 회의체 두 곳의 과정에서 두드러지는 내부 협상은 많은 참여자들이 개입을 적절한 것으로 간주하는 경우에도 흔히 강한 개입에는 제동을 건다. 만약 한 조직이 그러한 구속 행위를 피해야 한다고 주장하는 대표자에 의해 대표된다면 그 대표자 집단의 최종 선택은 틀림없이 그러한 입장을 어느 정도 고려하게 되는데, 그렇게 하지 않을 경우에는 그 대표자가 속한 조직의 지지를 상실하게 될 것이다. 이와 마찬가지로 자율적 구성원 회의체의 독립적인 개인들 사이에서 승리연합을 구축하기 위해서는 보다 적은 개입을 원하는 필요 성원(the needed members)에 대한 양보가 자주 이루어져야 한다.

명제 4.3 자기주장 과정을 활용하는 지도자-자율적 구성원 집단은 다른 결정구조들에 비해 정부의 이전 입장의 변화를 내포하는 행동을 더 자주 선택하게 될 것이다. 반면 설득 과정을 거치는 대표자 집단과 블록투표 과정을 활용하는 대표자 회의체는 다른 결정구조들보다 변화를 내포하는 행동을 덜 선택하게 될 것이다.

변화 또는 혁신적인 행동, 계속성 또는 현상유지 행동은 흔히 정부 외교정책의 중요한 특성으로 인식되어왔다(Waltz, 1967 참조). 외교정책 행동을 끊임없이 변화시키는 정부는 그 정부를 상대해야 하는 국가들을 곤혹스럽게 만들 것이다. 그러한 정부는 일관성이 없거나 믿을 수 없다는 낙인이 찍히게 될 것이다. 다른 쪽 극단의 경우, 변화하는 환경이나 실패한 정책에 대응해 변화에 실패한 정부 또한 손실을 면하기 어려울 것이다. 지도자-자율적 구성원 집단의 자기주장 과정은 새로운 관념의 도입과 그에 대한 평가를 촉진한다. 더구나 권위적 지도자의 관여는 정부의 이전 입장이 이미 부적당한 것으로 판명되는 경우 그 입장을 파기하거나 개정할 권한을 부여한다. 두 가지 대표자 결정구조 — 선택단위의 밖에 존재하는 조직들의 대표를 갖는 — 모두 그것들이 채택하는 과정에 의해 변화를 위축시킨다. 대표자가 대표하는 대부분의 조직들은 최소한의 전략으로 조직들이 현재 가지고 있는 프로그램과 협정을 보존하는 데 관심을 갖기 쉽다. 그 구조의 대표자들은 모든 사람들이 이익을 얻는 새로운 선택지를 발견하기 위한 노력과 창의성은 어렵다는 것을 조만간 알게 될 것이다. 이 과정에서 변화에 대한 편견이 생겨나게 된다. 대표자 회의체의 블록투표 과정은 이념적 입장의 형성을 유발한다. 이념을 변화시키는 것은 그 연합이나 정파를 해체할 위험을 낳는다. 따라서 이 과정 역시 행동의 변화를 지체시킨다.

명제 4.4 집단유지 과정을 이용하는 자율적 구성원 집단과 결의형성 과정을 이용하는 자문 회의체(대표자와 자율적 구성원 양자)는 다른 결정구조에 비해 강한 감정을 그들의 행동 속에 표현하는 경향이 있는 반면, 협상 과정을 이용하는 대표자 집단과 연합투표 과정을 이용하는 자율적 구성원 회의체는 다른 결정구조들에 비해 온건하거나 중립적인 감정을 그들의 행동 속에서 표현하기 쉽다.

감정은 어떤 실체에 대한 지지나 적대감의 표명이며, 정부가 어떤 대상이나 행위에 대해 느끼는 유쾌함 또는 불쾌감의 지수다. 이것은 그 자체로 갈등이 야기되는 외교정책의 영역이다. 흔히 말과 행동을 통한 정부의 감정 표현은 부드러우며 중립적인 경향이 있다. 그렇지 않을 경우에는 격렬하고 강한 우호나 적대감을 드러낸다. 앞서 지적한 것처럼, 자문 회의체의 두 유형은 감정을 표현하는 경향이 있을 뿐만 아니라 특히 부정적 감정을 드러내기 쉽다. 그러한 자문기구가 상당한 힘을 가진 결의를 채택하는 데 필요한 만장일치는 특정한 찬성 제안보다는 반대의 일반적 진술을 통해 훨씬 손쉽게 달성된다. 자율적 구성원 집단은 강한 부정적 감정이나 긍정적 감정을 갖는 행동을 야기할 수 있다. 강한 감정은 상대를 선 또는 악(지지적 또는 적대적)으로 보는 고정 관념적인 평가에서 유래한다. 또한 강한 감정은 그 집단의 입장과 다른 집단에 대한 그 집단의 평가를 적격하게 하고, 그렇게 해서 집단 결속을 위협할 수 있는 정보의 여과 처리 경향에 의해 조장된다. 앞서 지적한 것처럼 대표자 집단과 자율적 구성원 회의체 양자는 적절한 결정에 관한 합의에 이르기 위해 구성원들 간에 타협이 이루어져야 한다. 대표자들을 가진 어떤 집단이 다양한 이해에 연루되어 있다고 가정해보자. 이때 어떤 실체를 강력히 비난하거나 칭찬할 것을 주장하는 대표들이 있는가 하면, 그 실체에 대해 신중하거나 온건해야 할 이유를 가진 또 다른 대표들이 있기 마련이다. 물론 언제나 이런 이해의 균형이 생겨나는 것은 아니지만 대표자들이나 대규모의 자율적 구성원을 가진 구조에서 그럴 가능성이 높다. 자율적 구성원 회의체에서는,

참여자들이 대표자는 아니더라도 대규모의 사람들이 참여하는 관계이므로 고려해야 할 이해들도 다양할 가능성이 높다. 왜냐하면 어떤 필요성원은 그들의 견해를 바꾸도록 설득될 수 없기 때문이다. 더구나 양결정구조에는 권위적인 지도자가 없기 때문에 감정적으로 부드럽거나 온건한 행동에서 타협하는 경향이 있다.

명제 4.5 **자기주장 과정을 이용하는 지도자-자율적 구성원 집단은 다른 결정구조들에 비해 특이성이 큰 행동을 주도하는 경향이 있는 반면, 협상 과정을 이용하는 대표자 집단과 결의 형성 과정을 이용하는 대표자 자문 회의체는 다른 결정구조들에 비해 특이성이 적은 행동을 주도하는 경향이 있다.**

행위자 행동의 특이성은 그 행동의 수용자가 경험한 불확실성의 정도에 영향을 미친다. 물론 하나의 행동에 대해 수용자가 느끼는 불확실성은 많은 정보 출처에 기인하지만, 행동의 주도자가 통제할 수 있는 부분이 특이성이다. 특이성의 정도는 그 행위에 내포되어 있는 정보—특히 행위자의 의도와 기대들에 관한—의 양이다. 특이성이 적은 행동은 모호하다고 말한다. 이것은 수용자로 하여금 정확하게 무엇이 왜 행해졌으며 그 다음에는 무엇이 기대되는지를 확신할 수 없게 만든다. 지도자-자율적 구성원 집단은 몇 가지 이유에서 좀 더 특이성 있는 행동을 보여주게 된다. 자기주장 과정은 어떤 다른 절차 속에서 통상적으로 행해지는 것보다 심의 과정에 더 많은 정보를 유입해 들인다. 더욱이 정보는 어느 정도 더 냉정하게 평가될 수 있다. 그래서 특이성을 위한 역량은 더 증대된다. 더 나아가 권위적 지도자가 존재한다는 것은 의견의 불일치를 야기하는 문제점들을 은폐하기 위해 일을 얼버무려 처리하지 않아도 선택이 이루어질 수 있음을 의미한다. 대표자 집단과 자문 회의체 양자가 직면하는 문제는 바로 이러한 문제다. 이 구조들은 '특이성의 부재'와 '광범위한 일반화'가 '필요한 합의를 이루어내는 수단이 되는' 그러한 선택 과정들을 채용하는 경향이 있다.

요약

1965년 로빈슨과 스나이더(Robinson and Snyder, 1965: 456)는 한 논문에서 다음과 같이 결론지었다.

> 의사결정 과정에 관한 연구의 주된 목적은 의사결정 과정이 결정의 결과에 영향을 미치는가의 여부와 그 방법을 밝히려는 것이다. 의사결정 과정은 결정의 내용에 어떤 차이를 낳는가? 다른 종류의 결정과정은 다른 종류의 결과를 도출하는가?

이 이론적 관점은 이러한 물음에 긍정적인 답변을 제시할 수 있는 방법을 제시했다. 문제 해결 집단을 개관했던 연구자들(Hackman and Morris, 1975: 46)은 그러한 집단의 구조에 관한 퍼즐에 주목했다. 예를 들어 어느 한쪽 극단에서는, 집단 구성원들이 함께 일하는 데 서툴러 당면한 문제에 대한 중요한 정보를 혼자만 알고 서로 공유하지 못할 수도 있다. 이 경우 집단 성과의 질은 틀림없이 떨어질 것이다. 다른 한쪽에서는 한 구성원의 설명이 다른 구성원의 신속하고 혁신적인 반응을 불러일으키고, 그런 다음 제3자로 하여금 앞의 두 사람의 생각을 결합시켜 이해하도록 함으로써 집단 구성원들은 높은 조화 속에서 일할 수 있다. 이 경우에 진정으로 창조적인 성과가 나타날 수 있다.

이 장에서 제시된 이론적 관점은 집단 성과에서의 그러한 차이들이 결정구조의 다양한 측면들(예를 들어 물리적 크기, 세력 분포, 구성원의 역할)에 일부 기인할 수 있으며, 결정구조의 다양한 측면들이 이번에는 결정과정에 영향을 미쳐 행동에도 영향을 준다고 주장한다. 우리는 결정과정의 한 국면, 즉 행동 방침(또는 행동하지 않기)의 선택에 초점을 맞추어왔다. 제시된 아홉 가지 유형의 결정구조 중 하나가 존재한다는 것을 밝히고 가정된 과정과 행동의 결과가 어떠할지를 규정하는 것은, 특히 국가 교차적인 기초 위에서는 어려울 것이다. 그러나 우리는 그것이 가능하다고 주장해왔다.

이 장에서 충분히 다루지 못한 문제는 결정단위가 수행한 성과의 상대적인 질이다. 간단히 말해 구조와 과정이 어떻게 결합되었을 때 '최상의' 결과를 산출하는가 하는 점이다. 성과의 질에 대한 전반적인 평가는 진정으로 이 관점을 통해 접근할 수 있는 과제다. 어쨌든 공인되지 않은 것처럼 보이는 이러한 판단은 이 장에서 취한 제한적 고찰에 기초하고 있다. 그러한 결론을 이끌어내기에 앞서 몇 가지 분야가 개발되어야 한다. 여기에는 경험적 조사, 선택 단계의 구조와 과정에 영향을 미칠 수 있는 방법과 함께 결정과정의 다른 단계들을 검토하는 것, 마지막으로 다른 이론적 관점의 변수들이 영향을 미칠 가능성에 대한 검토 등이 포함된다. 이 책의 다른 장들이 기여할 수 있는 부분이 바로 마지막 과제다.

05 정치 레짐과 외교정책

바버라 G. 샐모어, 스티븐 A. 샐모어

이 장에서는 한 국가의 국내 정치구조가 외교정책의 주요 결정 요소라고 주장할 것이다. 우리가 관심을 집중시킬 국내 정치의 특별한 국면은 레짐(regime)의 구조와 환경이다. 레짐은 권위적 정책 결정의 권한이 부여된 국가 정치체제 내의 역할 또는 역할의 집합으로 정의된다.[1]

---

01 독자들은 레짐과 정부에 대한 우리의 정의가 그 용어를 사용하는 다른 학자들, 특히 로즈(Rose, 1969, 1971)의 정의와는 정반대라는 것에 유의해야 한다. 로즈(Rose, 1971: 26)는 국가 또는 정부 내의 상설 기관이라는 견지에서, 정부를 그 '레짐' 내에서 중요한 위치를 점유하고 있는 일단의 사람들로 정의했다. 본문에 기술된 대로, 이 두 용어에 대한 우리들의 정의는 정확히 그 반대다. 흔히 말할 때 레짐들은 일반적으로 인물과 관련되기 때문에[예를 들면 트루히요 레짐(the Trujillo regime)과 같이] 우리도 이러한 입장을 선택했다. 보통 레짐이라는 용어를 그렇게 사용하는 것은 권위적인 지도자들과 관계가 있다. 우리는 '레짐'이라는 용어를 사용하면서 이것을 권위적인 지도자에 한정시키지 않고 구조에 대응시켜 정치체제 내

레짐의 구조가 외교정책에 미치는 영향을 검토하면서 우리는 합리적 의사결정 모델을 적용했다. 우리는 레짐의 주요 목적이 정치적 지지, 즉 궁극적으로는 권력의 극대화라고 주장할 것이다. 레짐의 성원들은 레짐에 대한 지지를 이끌어내고 이를 지속시키기 위한 정책을 주창한다. 국가 지도자들은 대개 자체의 고유한 가치 때문이 아니라, 레짐의 정치적 운명에 어떤 영향을 미치게 될 것인가의 견지에서 전쟁 또는 평화, 무역관계, 데탕트, 그 밖의 행동들을 선택한다.

관점의 개관

외교정책 수단은 아마도 다른 어떤 정책 영역의 수단보다도 행정부에 배타적으로 집중되어 있다. 흔히 외교정책은 국방 또는 국가의 기본 주권에 중요한 의미를 갖기 때문에 국민들은 이에 대해 한 목소리를 내는 것이 바람직하다고 말한다. 레짐이 외교정책 영역에서 누리는 이러한 상대적인 독립성 때문에, 레짐은 지지의 확대와 강화를 위해 외교정책 영역을 사용하는 경향이 매우 강하다.

그러나 모든 레짐들이 외교정책을 결정하고 이행할 때에는 반드시 어떤 제약이 따르게 마련이다. 이러한 제약의 성격은 레짐의 유형과 그 레짐이 처해 있는 더 큰 환경에 따라 달라진다. 레짐은 자체의 내부구조와 레짐이 활동하게 되는 일반적인 국내 정치체제, 양측 모두에게서 구속받는다. 한편 레짐이 외교정책을 산출하는 데 영향을 미치

의 모든 유형의 국가 지도자에게까지 확장시켰다.

게 될 세 가지 폭넓은 변수 집합들이 있다. 그 변수 집합들은 레짐이 외교정책 수행을 위해 재량하에 둘 수 있는 자원의 양, 정치적 구속에 의해 자원에 부과된 제약, 레짐의 재량에 위임된 자원을 이용하는 레짐의 성향 등이다.

레짐이 활용할 수 있는 정치적 자원은 헌팅턴(Huntington, 1968)이 제도화 또는 통치 영역(scope of government)이라고 명명했던 요소들의 징후군에 의해 조건 지어진다. 잘 정비되고 사회의 다른 부문으로부터 자율적이며 많은 사회적 자원을 관리하는 레짐은 그렇지 못한 레짐에 비해 행동이 더 자유스러울 것이고, 더 많은 정책 대안을 가지게 될 것이다. 더 보편적인, 그러나 적지 않게 현실적인 또 하나의 요소는 레짐이 향유하는 일반적인 사회적 지지의 정도다. 여론, 자발적 희생, 레짐에 대한 일반적 지지의 그 밖의 징후들, 레짐의 정당성에 대한 승인 등은 레짐이 행동의 자유를 얻는 데 중요한 것들이다.

레짐이 가진 자원에 관계없이, 정부의 행동을 구속할 수 있는 또 다른 요소들이 있다. 자원의 사용에 제약을 가하는 그러한 구속들은 레짐의 내부와 그 레짐이 놓여 있는 더 큰 환경에서의 레짐의 통합 또는 분열과 관련된다. 만약 그 레짐을 구성하는 행위자들(권위적 정책입안자들)이 대체로 단합되어 있고 확고한 권위를 행사한다면 그 레짐은 그렇지 못한 경우에 비해 구속을 덜 받게 될 것이다. 예를 들어 통합된 일당체제는 연립정부에 비해 행동이 좀 더 자유스럽다. 말하자면 통합된 군사내각은 군부 간의 경쟁이나 중요한 정책적 불일치에 의해 분열된 경우에 비해 구속을 덜 받게 될 것이다. 그러한 요소들은 레짐 내적인 응집성이나 분절과 관련된다. 이러한 내부적 구속 외에, 레짐 자체에 대한 외부 지지의 정도를 제기하는 또 다른 요소들이 있다. 레짐들은 광범위한 대중에 대한 설명 의무(accountability)의 정도가 각각 다르다. 설명 의무는 그 정치체제의 참여와 공개 경쟁의 수준, 정치 게임의 일반적인 규칙에 의해 측정된다. 참여와 경쟁은 국회의원, 관료와 같은 레짐 밖의 정부 구성원들과 폭넓은 대중들에 대한 각기 다른 차원과 종류의 설명 의무로 귀착된다. 또 다른 흥미 있는 요소는 각기 다른 정체성을 가진 대중들과 그들을 레짐으로 포섭하는 정도에 의해 표시되는 레짐에 대한 지지의 대의성(代議性, representativeness)이다. 고도로 분절된 사회에서는 그러한 대중들 간의 지지 기반의 본질이 레짐의 행동의 자유를 규정하는 데 중요하다.

존재하는 정치적 자원의 양과 정치적 지지의 분절과 함께 제3의 변수 집합은 자신의 뜻대로 권력을 행사하거나 자원을 이용하는 레짐의 성향이다. 이러한 일련의 요소들은 지도 정향(leadership orientation)이라고 부를 수 있다. 지도 정향은 대내외적인 활동 무대를 망라한 레짐의 모든 정치행동에서 드러난다. 두 레짐이 유사한 자원을 보유하고 비슷한 구속을 받고 있는 경우에도 자원을 사용하는 성향은 다를 수 있다. 그러한 성향의 강도와 방향은 이념적 성향, 사회화 경험 또는 레짐 지도자의 그 밖의 특성 등에 의해 조건 지어진다. 그리하여 생존과 성공이라는 목적을 추구하기 위해 레짐이 가질 수 있는 행동 대안들은 레짐 내부와 그 레짐이 속한 정치체제 내부 양측의 정치 현실에 따라 조건 지어지는 것이다.

물론 레짐의 관점에서 외교정책의 산출을 살펴보는 것은 국가의 대외적인 행동을 설명하는 단 한 가지 방법에 불과하다. 국가 속성의 영향; 지도자의 개성, 관료구조 등과 같이 국가의 내부적 특성에 관심을 집중하는 다른 접근법들 또한 레짐적인 관점에 밀접하게 관련되어 있다. 예를 들어 지도자의 개성과 결정의 구조와 과정의 차이에 기인하는 행동은 그들이 활동하는 레짐의 성격에 의해 상당한 영향을 받는다. 이와 마찬가지로, 어떤 국가 속성(사회의 완만한 변화 양태)은 레짐이 이용할 수 있는 물질적 자원의 양과 통치 영역에 상당한 영향을 받는다. 약간 거리가 있긴 하지만 국제체제의 형태 또한 레짐의 행동에 대한 구속으로 인식될 수 있다. 더구나 상황적인 관점은 레짐의 차이들이 가장 두드러져 보이는 조건들을 구체화할 수 있다.

이전 연구들과의 관계

이 절에서도 다루게 되겠지만, 외교정책과 국제관계에 관한 그간의 많은 연구들은 레짐들 간의 차이가 대외적인 행동에 미치는 영향을 평가절하거나 소홀히 취급해왔다.

국가 속성과 외교정책에 대한 많은 논의에서, 규모, 경제적 발전, 세력, 능력 등 다른 내부 속성들에 쏟았던 관심에 비해 정치적 요소들에 기울인 관심은 너무나 적었다(Morgenthau, 1967; Wilkinson, 1969). 더구나 학자들은 내부의 정치체제가 대외적인 행동에 미치는 영향을 각기 다른 이해의 바탕 위에서 연구해왔다. 이러한 문헌에 대한 개관에 따르면, "학문적 해석에 대한 기존의 통념은, 공정하게 말해 외교정책은 엘리트 과정이며 행정부에 의해 지배된다는 정도에 머물러 있다"(W. Wallace, 1971: 40). 말하자면 이러한 주장은 대내정책에 비해 외교정책 분야에서는 행정부 의사결정자들이 다른 정치기구들과 대중들에게 덜 민감하며, 실패하거나 '잘못된' 결정의 결과에 별로 구애받지 않고 자유롭게 행동한다는 것이다.

외교정책은 대중들에 대한 특정 레짐의 설명 의무 또는 레짐의 내부 응집성과 같은 다른 국내적 요소들의 다양한 측면들에 관계없이 행정부가 지배한다는 것이 많은 사람들의 견해다. 예를 들어 엡스타인(Epstein, 1964: 93)은 수에즈 위기 동안의 영국 외교정책에 대해 다음과 같이 주장한다. "수에즈 개입이 공식적이거나 비공식적인 의회의 사전승인 없이 작성된 행정부의 결정이었다는 것은 분명하다. 이것은 심지어 내각 전체의 결정이라기보다는 이든(Eden)의 개인적인 결정이었을 수도 있다." 스칼라피노(Scalapino, 1967: 300)는 일본 집권당이 "선거가 주로 쟁점에 기초해, 특히 외교정책의 쟁점에 기초해 판가름 나지 않는다는 것을 잘 알고 있다"고 말했다. 프랭클(Frankel, 1963: 20)은 다음과 같이 주장함으로써 이러한 견해를 요약했다. "잘 정비된 민주주의체제에서조차 (대표자 회의에 공개적으로 호소할 수 있고 최후의 수단이 유권자들에게 주어지는) 공개정치의 개념이 외교정책을 충분히 지배하지는 않는다."

만약 개방적인 레짐을 염두에 두고 이러한 주장을 한 것이라면, 폐쇄적인 레짐의 경우에는 훨씬 더할 것이다. 클라인(Klein, 1962: 121)은 중국 외교정책이 "정치국 내부의 핵심부에 달려 있으며" 중국 외교부와 당전국대표대회는 최고위 당의 지령에 전적으로 추종한다고 주장한다. 아스파투리안(Aspaturian, 1972: 191)은 소련의 제도들에 대해 "상대적으로 잘 바뀌지 않는 인물들에게 종속되어왔으며 의사결정 과정의 제도적 국면들은 의례적인 것에 지나지 않았다. 의사결정은 본질적으로 인물 중심적이었다"고 잘라 말했다.

이러한 행정부 지배 상황이 어떻게 개방체제하에서도 일어나는 것일까? 이와 관련해 일반적으로 두 가지 주장이 제기된다. 첫 번째 주장은 일반적으로 대중들은 국내 문제에 비해 대외 문제에 대해서는 관심과 지식이 부족하며, 여론이 대외 문제에 개입하는 경우도 드문데 그럴 경우 대개는 '부정적인' 방법으로 개입한다는 것이다. 민주정치와 외교정책을 연구하는 많은 사람들은 여론의 기대 효과에 관심을 가져왔다. 예를 들어 토크빌(de Tocqueville, 1944: 234~235)은 "민주주의체제는 주요 사업의 세부사항을 규제하고 정해진 구상을 유지하며, 심각한 장애를 극복하고 이를 집행하는 데 언제나 큰 어려움을 겪는다. 수단을 선택할 때도 비밀이 유지되기 어려우며 인내를 가지고 그 결과를 기다릴 수도 없다"라고 기술했다. 그와 마찬가지로 리프먼(Lippmann, 1965: 20)은 다음과 같이 주장했다.

> 대중여론은, 무엇이 현명했었고 더 필요했으며 더 적절했었는지를 알고 있었던 정부를 너무 적으면서 너무 늦거나, 너무 많으면서 너무 길게, 평화 시에는 너무 평화적이고 전시에는 너무 호전적으로, 협상에서는 너무 중립적이거나 유화적으로 또는 너무 비타협적으로 만들어버린다. 대중여론은…… 사활이 걸려 있을 때 위험스럽게 결정을 주도해나간다.

그 후 개방체제에서 외교정책에 미치는 여론의 영향에 관한 많은 경험적인 연구들이 이러한 주장들을 어느 정도 뒷받침해주었다. 그들의 확고한 입장은, 어떤 정책이 커다란 희생을 치렀으면서도 오랫동안 바라던 결과를 가져오는 데 실패한 경우를 제외하면, 평상시 대외 문제들은 대중의 여론을 움직이는 쟁점이 아니라는 것이다(Rosenau, 1964: 36). 어쨌든 궁극적으로는 외교정책의 쟁점이 대중들의 의식을 일깨울 수는 있겠지만, 심지어 폭넓게 형성된 부정적인 의견들조차 행정부의 조치에는 거의 영향을 미치지 못한다. 예를 들어 1960년대 중반, 베트남전을 둘러싼 미국 내의 격동을 묘사하면서 왈츠(Waltz, 1967: 291)는 다음과 같이 주장했다. "존슨 대통령은 분명 그가 무릅썼던 국내의 정치적 위험을 직시하고 있었다. 선거가 무서워 정책을 바꾸었더라면 명예스럽지 못했을 터였다." 마찬가지로 영국에서 일관되게 부정적이었던 여론 조사 결과도 유럽 공동시장 가입을 위한 보수당의 계획을 저지하지 못했으며, 동방정책(Ostpolitic)에 대한 서독의 협상을 막지도 못했다. 미국, 영국, 독일의 대중여론이 국가적인(또는 준국가적인) 선거를 통해 이러한 결정들을 심판할 기회가 있었지만 선거를 통한 제재는 결코 단호하지 못했다. 그보다는 인종 관계나 경제와 같은 다른 쟁점들이 아마도 더 중요했을 것이다.

행정부가 외교정책을 지배한다는 두 번째 주장은 대중의 영향보다 체제의 통치제도 내의 조직화된 반대 세력의 전략을 다룬다. 특히 월리스(Wallace, 1971: 10)는 다음과 같이 말했다.

> 거의 모든 민주정부 내에는, 거칠고 뒤범벅인 국내 논쟁에서 외교정책이 격리되어야 하며 정부와 반대 세력은 초당적인 정치를 해야 하고 정치는 국경(water's edge)에서 멈추어야 한다는 신념이 널리 확산되어 있다. 말하자면 외교정책에서 계속성은 가능한 한 어느 곳에서든 정부가

교체되는 경우에도 보장되어야 한다고 믿는 것이다.

이렇게 다소 관념적인 이유들과 함께 외교정책의 쟁점은 정치권력을 획득하고 상실하는 것과는 무관하다고 주장된다. 왈츠(Waltz, 1967: 287)는 미국에 대해 다음과 같이 주장했다. "양당은 외교정책을 처리할 능력이 있는 것으로 존중되며 …… 양당 대표들이 집권해 국제적인 사건들을 졸속하게 처리했다고 해서 어떤 정당도 그 결과로 깊은 정치적 손상을 입지는 않았다는 것이 많은 조사를 통해 밝혀졌다." 한편 바이털(Vital, 1968: 72)은 영국의 관점을 보여주었다.

> 정부가 첫 번째 할 일은 생존을 확고히 하는 것이다. 국가가 외국 세력에 의해 전복될 우려가 있는 곳을 제외하면, 집권하고 있는 집단이나 당의 정치적 생존은 거의 전적으로 국내적 요소에 달려 있다.
>
> 대외 문제들이 영국의 국내 정치 — 공식적인 권력의 추구와 그 결과로 일어나는 갈등으로 인식되는 — 에서 매우 한정된 역할만을 담당할 뿐이라는 것은 의심의 여지가 별로 없다.

만약 이러한 견해들이 사실이라면 조직화된 반대 세력, 심지어 지배 연합의 명목상의 구성원인 '야당(the outs)'도 외교정책이 아닌 다른 문제를 놓고 다투게 될 것이다. 그렇게 해서 외교정책에 대한 국내 정치구조의 영향은 거의 소멸되고, 이에 대해 행정부가 확고한 통제력을 갖게 되었다. 이런 상황 때문에 외교정책 연구는 관료적 의사결정 유형이나 지도자의 개성처럼 행정 부서에 대해 내적이거나, 권력 역량

(power capabilities)처럼 국가 정치체제에는 내적이지만 행정부에는 외적인 국내 요소들에 관심을 기울이게 되었다.[2]

우리는 외교정책 연구에서 레짐 요소들을 제외하는 것은 현명하지 않다고 믿는다. 민주적인 유권자가 투표장에 갈 때, 또는 설명 의무가 적은 레짐을 지지하는 집단들이 그들의 이해가 충족되었는지 평가할 때, 국내적인 고려가 더 부각되는 것은 당연하다. 그러나 외교정책은 통치 레짐과 국내 지지집단 양측에 의해 그들의 권력 유지의 관건인 활동의 일부로서 인식되며, 레짐 내부의 차이가 정부가 추구하는 정책의 유형에 영향을 미친다는 증거들이 있는 것처럼 보인다. 따라서 이러한 증거들은 고려되지 않으면 안 된다.

이 문제의 연구가 어려운 것은 문헌들을 통해 나타나는 체제의 개념과 레짐의 개념을 혼동한 데서 어느 정도 기인한다. 국가 정치체제라고 말할 때 그것이 의미하는 것은 역할과 레짐을 구성하는 역할 점유자 이상의 어떤 상호 작용이다. 정치문화의 유형들, 요구의 종류와 범위, 지지 집단, 그 밖의 다른 많은 요소들이 정치체제를 구성한다. 레짐이나 권위적 정치 지도력은 분명히 정치체제의 부분집합이다. 국내적 정치 변수와 대외적 행동의 관계에 대해 연구해왔던 많은 학자들은 국내적 변수를 레짐에 기초한 것이기보다는 체제적인 것으로 개념화해왔다. 예를 들어 럼멜(Rummel, 1963)과 탠터(Tanter, 1966)는 대내적 갈등 수준과 대외적 갈등 수준의 가능한 연계를 검토해왔다. 개념적으로 이러한

02 이 책의 3장, 4장, 6장 참조.

연계는 대중의 불만에 대한 레짐의 반응을 포함하고 있으나, 럼멜과 탠터는 그들의 연구에서 대내적 갈등에 대한 레짐의 각기 다른 유형의 반응들을 구별하려 하지 않았다. 이들이 갈등의 두 가지 유형 사이에서 아무런 관계도 발견하지 못했던 반면, 레짐의 유형들이라고 이름 붙일 수 있는 그 무언가에 따라 국가를 구분했던 윌켄펠드(Wilkenfeld, 1968, 1969)는 동일한 문제에 대한 연구를 통해 어떤 유형의 레짐의 경우에는 대내적 갈등으로 대외적 갈등 행동을 예측할 수 있다는 것을 발견했다. 그에 대한 증거는 시리아의 대내외적인 갈등에 대한 버로우스와 스펙터(Burrowes and Spector, 1973: 316n)의 장기적인 연구에서도 발견된다.

역시 레짐과 체제를 혼동하면서 '국내생활과 국제생활의 상호 의존성'에 관해 연구했던 로즈노(Rosenau, 1970: 1~2)는 적응(adaptation)을 "어떤 정부가 받아들일 수 있는 한도 내에서 본질적인 구조들을 유지하는 데 기여하는 외부환경의 변화에 대처하거나 이를 고무할 때 …… 정부에 의해 취해진 어떤 대외적인 행동"이라고 정의한다. 그리하여 로즈노는 외교정책 활동을 레짐이 집권하는 데 이바지하는 행동으로 보지 않고, 전체 사회 또는 정치체제가 붕괴되는 것을 막는 데 이바지하는 행동으로 보는 것처럼 여겨진다. 이 개념은 레비(Levy)와 알먼드(Almond)와 같은 체제 정향적인 기능주의 학자들과도 관련이 있다. 실제로 로즈노(Rosenau, 1970: 22)는 "적응이라는 관점에서 정책 입안 과정의 형태는 정치구조의 본질적인 차원으로 간주되지 않는다"고 말했는데, 정치구조는 그가 네 가지의 본질적 구조들 중 하나로 정의하고 있는 것이다. 따라서 분명한 것은 국내 정치 요소가 대외적인 행동에 미치는 영향에 대한 많은 연구들이 각별히 레짐을 다루기보다는 일반적으로 국가 정치체제에 더 밀접하게 관련되어 있다는 점이다. 그리고 훨씬 많은 연구들이 민주적 정책 입안에 미치는 여론의 형태와 영향을 다루고 있다. 그러나 대중여론은 레짐의 구조에 어쩌다 영향을 줄 뿐이며 특정 정책을 분명하게 요구하는 경우는 드물다. 하물며 여론의 영향을 미약하게 받는(또는 전혀 받지 않는) 많은 국가들과는 별로 관계가 없다.

상당히 연구가 진척된 다른 분야는 소위 '민주'체제와 '독재'체제 또는 '개방'체제와 '폐쇄'체제를 다룬 경우다. 이러한 용어들은 대개 애매하게 정의되며, 다른 많은 유형의 체제들이 하나로 분류된다. 예를 들어 일당 동원체제와 협소한 기반을 가진 준봉건체제는 분명한 차이에도 불구하고 모두 '폐쇄'체제로 간주된다. 마찬가지로 불안정한 다당연합과 '지배적 일당체제'도 만약 두 국가가 경쟁선거를 치르면 모두 '민주'체제로 간주된다. 이런 것들이 우리가 다음 절에서 다루려는 문제들이다. 그러나 당분간 '개방-폐쇄'라는 분류를 받아들이면서 문헌들을 검토해보면, 그러한 체제에 대한 가설들은 그러한 국가 내에서의 외교정책의 적응성과 안정성 또는 계속성이라는 두 가지 문제에 대한 체제의 영향에 모아지는 경향이 있음을 알 수 있다(예를 들어 Brady, 1971; Butler and Taylor, 1975 참조). 이러한 가설에 대한 실험은 제한적인 존재만큼이나 일반적으로 오직 예로서만 존재하며, 국가 교차적인 경우는 드물다. 더구나 그 가설들은 흔히 모순된다. 정책 안정성에 대한 설명 의무의 기대 효과에 관해 여러 나라를 상대로 경험적으로 실시한 실험들(예를 들어 Brady, 1971)에서는 중요한 차이를 발견해내지 못했다. 현재 가용한 자료에 근거해 우리는 스프라우트 부부(Sprout and Sprout,

1962: 212)와 동일한 결론에 이를 수 있다. 즉, "어떤 형태의 정부가 오늘날 모든 정부가 직면하는 대단히 복잡한 문제들에 대처하는 경우, 조금이나마 또는 가장 적합한가에 대해 현저한 의견 불일치가 존재하고 있다."

관점의 개발

문헌 검토를 통해 우리가 확신할 수 있는 것은 외교정책에 영향을 미치는 레짐적 요소에 대해 좀 더 주의 깊은 설명이 반드시 필요하다는 것이다. 기본적인 정의에 따르면, 레짐은 권위적인 정책을 입안하는 권한을 지닌 일련의 역할들이다. 레짐의 변화는 역할의 점유자가 교체되거나 그렇지 않더라도 역할 자체가 변할 경우에 일어난다. 후자의 경우는 일반적이지는 않지만 가능하며, 프랑스에서 4공화국이 5공화국으로 바뀔 때 그러했다. 국가 간 레짐들의 차이와 국가 내 레짐들의 변화는 외교정책 산출 유형을 설명하는 데 중요한 것으로 가정된다. 더구나 지지의 변화와 같은 레짐 내적 구조의 변화는 외교정책에 현저한 영향을 미칠 수 있다. 따라서 다른 조건들이 같다면 정책은 레짐 내에 변화가 없을 때 안정적이며 변하지 않을 가능성이 높다. 외교정책 변화는 새로운 레짐의 집권과 관련된 변화의 양에 직접적으로 관련된다. 만약 새로운 레짐이 이전과 동일한 지지 집단, 그리고 아마도 심지어 동일한 인원의 누군가로 이루어진다면 변화의 가능성은 적을 것이다. 신구(新舊) 레짐의 공통점이 적으면 적을수록 더 많은 정책 변화가 이루어질 것이다. 다른 사정이 같다면, 각기 다른 국가들 내의 두 레짐이 비슷할수록 그들의 외교정책은 그만큼 비슷해진다. 첫 번째 절에서 시작될 레짐에 대한 구속에 관한 논의는 이 주장을 명확히 하는 데 도움을 줄 것이다. 레짐에 대한 구속들은 ① 가용 자원의 차이, ② 자원 사용에 대한 제한, ③ 자원 사용의 성향 등에 기인한다.

자원 가용성

가용 자원의 차이는 레짐의 통제하에 있는 사회적 활동의 범위, 레짐의 정치 제도화의 정도, 레짐에 대한 대중의 지지나 승인 수준 등에 기인한다. 사회적 활동의 범위는 외교정책 행위에 관련될 수 있는 사회적 자원들에 대해 레짐이 갖는 통제력의 정도를 말한다. 여기에는 천연자원, 여론, 인적 자원, 산업 생산의 규모와 방향, 그 밖의 경제적 국면들에 대한 통제와 같은 분야들이 포함된다. 광범위한 통치 영역을 가진 레짐은 그것이 지닌 자원 덕택에 행동을 하거나 높은 수준의 개입을 수반하는 조치를 취하는 데서 더 자유롭다. 자원 기반의 규모와 그러한 자원을 조작할 수 있는 레짐의 능력을 구별하는 것이 중요하다. 상대적으로 적은 자원 기반을 갖고 있지만 이에 대해 절대적인 통제력을 가진 레짐은 자원이 풍부한 사회에 있으면서 그러한 자원을 쉽게 제어할 수 없는 레짐에 비해 행동이 훨씬 자유롭다.

이와 마찬가지로 높은 수준의 정치제도화(political institutionalization)는 레짐에 행동의 자유를 부여한다. 고도로 제도화되어 있는 정치 레짐—말하자면 사회 내 다른 권력의 중추부로부터 자율적이며 복합적이고 효율적인 관료조직의 맥락 속에서 활동하는, 잘 확립된 구조적 장치와 의사결정 과정을 구비한 레짐—은 이러한 이점을 향유하지 못하는 레짐에 비해 행동하기 유리하다.

마지막으로 레짐이 자원을 얼마나 자유롭게 활용할 수 있는가는 당연히 궁극적으로 그 레짐이 이끌어낼 수 있는 사회적 지지의 수준에 달려 있다. 만약 그 레짐이 진정으로 행동의 자유를 누리려면 그러한 지지가 높은 수준의 통치 영역과 정치제도화에 수반되지 않으면 안 된다. 복잡한 관료제는 원할 경우에 형식적 절차에 결정을 얽매이게 할 수 있다. 생산 관리자들은 할당액을 조작할 수 있다. 레짐에 대한 진정한 승인에 의해서가 아니라 강압과 무관심으로 침묵하는 대중들은 자신들에게 요구되는 것보다 적게 행동할 수 있는 방법을 쉽사리 찾아낸다. 간단히 말해 레짐의 행동이 진정으로 자유스러운 정도는 결국 대중의 믿음과 지지 수준과 관련된다.

정치적 구속

레짐의 재량하에 있는 자원의 종류가 정해지면 이들 자원의 사용에 가해질 정치적 구속을 파악하는 것이 중요하다. 그러한 구속들 중 세 가지가 결정적이다. 그것은 레짐 자체 내의 그리고 레짐과 다른 정부기구들 간의 응집이나 통합의 정도, 레짐의 설명 의무의 본질과 범위, 그리고 레짐이 좀 더 광범위한 사회를 대표하는 정도 등이다.

어떤 레짐에도 적든 많든 내적인 구속—말하자면 레짐 자체에서 연유하는 지도력 행사에 대한 구속들—이 있기 마련이다. 한 정당이 전체 행정부를 구성할 정도로 강력한 의회체제 내의 내각으로 이루어진 지배집단은 집권과정에서 정부의 존립을 위협할 정도의 논쟁은 회피하는 연립정부에 비해 내부적으로 받는 구속이 적다. 군사정부 또는 단일정당 국가 내의 일당 레짐은 교의상의 차이나 그 밖의 다른 차이로 분열될 수도 있고 그렇지 않을 수도 있다. 레짐이 이러한 종류의 분열이나 불화에 의해 구속되는 정도는 가용한 자원을 사용할 수 있는 체제 능력의 범위를 정하는 측면에서 중요하다.

또 다른 종류의 구속으로는 설명 의무의 구속이 있는데, 이것은 레짐 자체에서 보면 외적이지만 범위가 더 넓은 국내 정치과정에서 보면 내적이다. 설명 의무는 정치적 '게임 규칙', 특히 정책 시행 및 정권 획득과 유지를 위한 사실상·법률상의 절차와 관계되는 규칙을 말한다. 게임 규칙들은 적어도 세 가지 차원을 갖는다. 그것은 정치적 경쟁의 범위, 정치적 참여의 범위, 정치 지도력 또는 레짐을 지지하거나 교체하는 방법 등이다. 유효한 정치적 경쟁이 있는 분위기에서 활동하는 레짐의 구성원들은 공개적인 경쟁이 없는 곳에서 행동하는 사람들이라면 겪지 않아도 될 많은 것들에 의해 구속된다. 경쟁이란 의회 투표나 선거 결과에 따라 레짐 구성원들의 운명이 좌우됨을 뜻하며, 외교정책 행동은 이러한 사실을 염두에 두고 취해져야 한다. 실제로 어떤 행동이 취해지기 전에 레짐 외곽 집단들의 승인이 필요하게 될지도 모른다. 정치참여의 범위 또한 레짐의 행동의 자유에 영향을 미친다. 참여 기반이 좁으면 좁을수록 레짐이 만족시켜야 하는 이해는 적어질 것이며, 행동의 자유는 그만큼 더 커진다. 마지막 설명 의무의 변수는 레짐 구성원에 대한 지지나 교체를 다루는 것으로 참여와 경쟁에 어느 정도 관련된다. 종신 임기를 기대할 수 있는 세습 군주는 정책적 행동이 자신의 신분을 종식시킬 염려를 거의 하지 않는다. 처음부터 고정적인 임기를 가지고 시작하는 대통령과 각료는 터무니없거나 최악의 실패한 결정이 아니라면 대중의 마음속에 결코 오래 기억되지 않을 것이라고 생각하며 행동할 수 있다. 약간 더 취약한 것은 의회에 기초한 레짐으로, 보궐선거나 신임투표에 종속될 수도 있다. 이보다도 더 취약한 것은 파당화된 다수 정당의 지도자들이나 오랫동안 일반에게 수용되고 정식화된 지도자 선출과정을 갖지 못한 불안정한 군사정권이다.

끝으로 어떤 조건에서는 레짐이 대표할 수 있는 다양한 사회적 이해들이 행동에 대한 구속으로 작용할 수 있다. 상대적으로 동질적인—인종적으로, 종교적으로, 이념적으로—정치체제에서는 이러한 대표성(representativeness) 문제가 생기지 않을지도 모른다. 그러나 첨예한 이해를 가진 강력한 하나 또는 다수의 집단들이 존재하는 경우, 이러한 이해들이 행동의 자유를 방해할 수 있다. 하나의 강력한 집단이 레짐으로 하여금 이론적으로 가능한 수많은 정책 대안들을 채용하게 하거나 무시하게 만들 수 있다. 다른 쪽 극단에서는 반대 이해를 가진 다양한 집단들이 정책 결정을 총체적으로 마비시킬 수도 있다.

자원을 사용하는 성향

우리는 레짐이 전개할 수 있는 자원의 범위와 그러한 전개에 부과될 수 있는 객관적 구속에서 차이가 있을 수 있다고 말했다. 지도자들의 외교정책 행동과 관련된 마지막의 변수 집합은 그러한 자원들을 실제로 사용하는 그들의 성향이다. 그러한 성향은 일반적으로 대내외적 부문에서 취할 수 있는 지도자의 정책적 입장 또는 정책 유형으로 볼 수 있다. 두 차원이 이러한 정책적 입장을 구성하는데, 하나는 규칙 변화 정향(rule change orientation)이고 다른 하나는 자원 변화 정향(resource change orientation)이다.

규칙 변화 정향은 레짐이 권력 획득과 정책 시행을 위해 게임의 정치적 규칙을 기꺼이 바꾸는 정도를 말한다. 최소주의 레짐(Minimalist regimes)은 보편화된 규범에 따라 공직을 추구하며 그러한 규범에 따라 정책을 집행한다. 그들은 현상을 방어하는 자들이다. 온건 레짐(Moderate regimes)은 확립된 과정을 통해 보편화된 규범 내에서 공직을 추구하거나 변화의 이행을 꾀한다. 온건 레짐이 수용할 만한 전략들은 설명 의무가 있는 정체의 경우 참정권을 법적으로 확대시키는 것이고, 설명 의무가 적은 정체의 경우는 군의 원로 또는 당중앙위원회에서 권위를 위임받는 절차를 바꾸는 것이다. 과격주의 레짐(Maximalist regimes)은 집권 또는 정책 시행을 위해 확립된 관행을 기꺼이 뒤엎거나 무시한다. 그러한 전략들 중에는 쿠데타나 내란을 고무하고 헌법적인 기구나 법적인 요건을 회피하는 것 등이 있다.

자원 변화 정향은 레짐이 사회의 자원 기반과 그 자원에 대한 통제를 확대하려는 정도를 다룬다. 레짐은 천연자원의 발견과 이용, 대중교육, 산업생산, 과학적 연구, 커뮤니케이션과 정보기구 같은 통치 활동의 확대를 선택할 수도 있다. 더 나아가 레짐은 세무정책, 규제정책, 검열, 국가예산의 배분, 국유화와 같은 장치를 통해 이러한 자원들에 대한 통제권을 추구할 수도 있다.

자원 변화 정향에서는 팽창주의(expansionist) 유형인 지도자가 규칙 변화 정향에서는 과격주의자가 아닐 수도 있다. 그러나 경험적으로 이들 정향은 병행될 가능성이 높다. 왜냐하면 레짐의 자원들에 대한 통제의 확대는 곧바로 다양한 종류의 제도적 반대에 부딪힐 가능성이

〈그림 5-1〉 레짐의 변화 정향의 유형

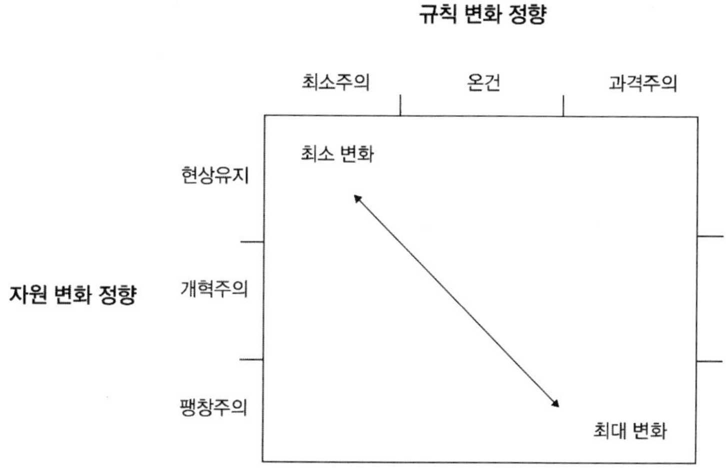

높기 때문이다. <그림 5-1>은 규칙 변화 정향과 자원 변화 정향 사이에 가능한 관계를 보여준다. 그림의 좌측 상단부에 있는 레짐들은 게임의 정치적 게임 규칙이나 사회의 자원 기반, 그리고 이에 대한 레짐의 통제 모두에서 변화를 거의 추구하지 않는다. 그림의 우측 하단에 위치한 레짐들은 이들 영역에서 많은 변화를 추구한다. 우리는 그러한 지도 유형들이 레짐의 대외적 행동에 그대로 나타난다고 가정한다. 최소주의, 현상유지 레짐들은 전임자의 외교정책 또는 레짐의 과거 행동과 비슷한 외교정책을 추구할 가능성이 높다. 과격주의, 팽창주의 레짐은 외부 환경을 크게 바꾸려고 할 가능성이 높다.

외교정책에 대한 영향

외교정책을 설명하는 데 레짐 접근법이 갖는 유용성을 경험적으로 증명하기 위해서는 두 가지 전략이 사용될 수 있다. 첫째는 각종 레짐의 활동에 수반되는 구속들이 어떻게 외교정책 행동의 차이를 야기하는지를 보여주는 것이다. 둘째는 레짐의 지도자들이 집권이라는 목표를 위해 어떤 방법으로 외교정책을 조작할 수 있는지를 보여주는 것이다. 이제 이것들을 차례대로 간단히 고찰해보자.

구속의 영향을 연구하는 한 가지 방법은 레짐들이 외교정책의 주요 변화를 주도하거나 이끌어내는 데 얼마나 성공했는지 서로 비교하는 것이다. 여기서 제시된 관점에 따르면 통합된 레짐(unified regimes)이 좀 더 성공적일 것이다. 분절된 레짐(fragmented regimes)은 실패할 가능성이 높다. 이와 관련된 경험적인 예는 많은데, 알제리에서의 프랑스의 경험이 적절한 예가 될 수 있다. 제4공화국은 이러한 문제를 처리하는 데 실패해 결국 무너지고 말았는데, 주로 프랑스의 알제리 정책에 대해 날카롭게 대립했던 좌익과 우익의 '부정적인 다수파(negative majority)' 때문이었다. 프랑스가 알제리 위기를 성공적으로 헤치고 제4공화국의 허약한 연립정부의 동요에서 빠져나올 수 있었던 것은 오로지 과반수 일당에 의해 지지되는 강력한 행정부가 조직되었던 제5공화국에서였다. 드골 치하 제5공화국의 정책적 정향은 전임 레짐에 비해 과격주의적이었고, 의회체제에서 대통령 레짐으로 이행되어 설명 의무는 다소 줄어들었다.

다른 예로는 존슨, 닉슨, 포드 대통령의 외교정책 활동에 대한 비교가 있다. 존슨은 임기 말에 동남아시아 정책에 대한 광범위한 국민적 반대에 부딪혔다. 그러나 그는 계속해서 의회 내의 다수파를 장악하고 있었기 때문에 인도차이나에 대한 자신의 정책을 시행할 수 있었다. 대중이 선거를 통해 이를 심판하려 하자 존슨은 재선을 포기할 수밖에 없었다. 한편 닉슨은 대중들이 재임 초부터 대외 문제 처리에 높은 지지를 보내고 있었음에도, 그가 의회의 다수를 장악했더라면 하지 않았을 방법으로 아시아에 대한 미국의 개입을 끝낼 수밖에 없었다. 임기 시작부터 이렇다 할 선거인의 지지가 없었고 여론 조사에서 인기도는 떨어지고 있었으며 의회의 소수만을 장악하고 있던 포드는 중동, 동남아시아, 소련에 대한 정책 등에서 더욱 구속받을 수밖에 없었다. 게다가 포드는 전임자들에 비해 훨씬 더 최소주의적인 정책 정향을 보이고 있었다. 다른 예로는 살바도르 아옌데(Salvador Allende)의 과격주의 레짐을 들 수 있다. 그가 칠레의 대통령으로 선출되자 공산권 국가들은 외교적으로 이를 승인했고, 카스트로가 그를 방문했다. 그러나 칠레의 '동방(eastward)' 조치들은 가톨릭계 유권자(vocal center)와 의회를 지배하고 있던 우익과 군부의 반대로 제한될 수밖에 없었고, 결국 그 때문에 그의 레짐은 전복되고 말았다.

양분된 레짐이 하나의 통합된 레짐 없이도 중요한 외교정책 조치들을 수행했던 경우에도 그 과정은 위태로웠다. 빌리 브란트(Willy Brandt)의 '동방정책'은 서독의 외교정책에서는 급진적 이탈이었으나 사회민주당의 연정 파트너였던 자유민주당(Free Democracy)의 묵인 덕분에 성공할 수 있었는데, 그 당시 자유민주당의 동요가 그 정책에 대한 판단을 손쉽게 해주었던 것이다.

레짐과 그 레짐에 대한 국내 지지구조의 변화는 덜 '개방적'이거나 선거에 기초하지 않은 체제에서도 역시 분명했다. 브레진스키와 헌팅턴(Brzezinski and Huntington, 1964)은 소련에서 레짐 지도자들의 운명은 외교정책 쟁점을 포함하는 그들의 정책적 입장과 함께 부침했다고 지적했다. 실제로 이들은 레짐의 변화가 가져온 소련 외교정책의 상당한 변화를 관찰했다. 흐루쇼프의 집권은 동서관계에 엄청난 '해빙(thaw)'을 가져왔다. 그러나 그는 군부와 비밀경찰과 기술자처럼 자기주장이 강하고 비교적 응집력 있는 이익집단의 충고에 주의를 기울이지 않아 그들의 정치적 자각을 제고시켰고 결국 그 과정에서 권력 기반이 침식되었다(Stern, 1968: 93). 지난 20년간 루마니아, 폴란드, 체코슬로바키아에서 여러 차례에 걸쳐 지도자의 교체로 생겨났던 정책 변화 역시 잘 알려져 있다. 근래에 이라크, 리비아, 예멘과 같은 비공산 '폐쇄' 국가에서 국가들이 서구적인 태도에서 벗어나 중립적이거나 반서구적인 태도로 이행한 것은 레짐의 변화와 동시에 일어났다.

레짐에 대한 구속에 의해 외교정책 행동에 부가된 한계를 언급하면서 우리는 지도자들이 그들의 집권을 영속화하기 위한 수단으로 외교정책을 의식적으로 이용해왔다고 말한 바 있다. 그렇게 하는 주요한 방법 중의 하나는 레짐의 강력한 지지자들에게 호소력 있는 정책 대안들을 채택하는 것이다. 예를 들어 흔히 사회 내의 중요한 인종집단은 다른 지역에서 진행 중인 분쟁과 중요한 이해관계를 가진다. 그러한 집단에게서 호의를 얻는 비교적 '값싼' 방법은 국내 유권자들이 지지하는 분쟁 당사자를 레짐이 지지한다고 말하는 것이다. 이와 마찬가지로 중요한 실업계, 노동계, 문제-정향적인 집단들은 자기 나라의 외교정책이 다른 나라와의 협정에 호의를 보이는지에 관심을 가지고 지켜본다. 예를 들어 중동과 국제 노동기구에 대한 미국의 정책, 남아프리카 공화국과 로데시아에 대한 영국 양당의 각기 다른 입장들이 이러한 고려에 근거하고 있음은 지극히 당연하다.

또한 지도자들은 그들 자신의 위신을 높이기 위해 외교정책 추진전략을 이용한다. 정상회담에서 구체적인 성과를 얻는 경우는 지극히 드물다. 그러나 그로부터 얻어지는 지도자의 위신은 대단한 것이다. 닉슨의 중공 방문, 다나카의 소련 방문, 아데나워-드골(Adenauer-DeGaulle) 회담과 같이 잘 알려진 일들은 국내 지지를 공고히 하기 위해 외교정책을 이용했던 중요한 예로서 대표적인 것들이다. 그러한 기법과 유사한 것으로는 레짐 지도자가 수사학적인 성명과 값싼 자원을 이용하는 활동을 통해 지역적이거나 다른 범국가적인 세력 기반의 대변인이 되려고 시도하는 경우다. 나세르(Nasser)와 카다피(Khadaffi)는 반이스라엘 행동을 통해 아랍 세계의 수석 대변인이 되려고 했으며, 세계 지도자로서의 그들의 지위를 통해 자신의 국내적 지위도 확고히 했다. 피델 카스트로(Fidel Castro)와 그의 레짐의 다른 구성원들은 제3세계 일반에서, 특히 라틴 아메리카에서 그와 유사한 지위를 추구했다. 엥크루마(Nkrumah), 아민(Amin), 생고르(Senghor), 셀라시에(Selaissie) 등은 모두 검은 아프리카의, 사실상 전 세계 흑인들의 수석 대변인이 되려고 했다.

레짐의 국내 지위를 공고히 할 목적으로 외교정책을 이용하는 또 다른 일반적인 예는 레짐의 견고성을 위협할 수 있는 국내 문제에서 대중들을 격리시킬 목적으로 가상적인 외부 위협을 만들어 이에 대해 관심을 집중시키는 것이다. 이것은 특히 혁명이나 분열적인 쿠데타 후에 레짐 지도자들이 대중을 동원하기 위해 사용하는 일반적인 방식이지만, 다른 환경 속에서도 이용된다. 여러 번의 집중적 호소를 통해 국내 경제문제와 워터게이트 폭로보다는 국제적인 안전이나 국방의 문제에 미국인의 관심을 집중시키려 했던 닉슨의 경우가 이에 해당된다.

다른 변수들에 대한 관계

이 절에서 소개된 레짐의 관점을 요약해보자. 어떤 레짐이든 레짐은 권력과 지지를 유지하기 위해 행동한다. 그렇게 하면서 레짐은 재량하에 있는 자원, 이들 자원에 대한 구속, 가용한 자원을 사용하는 성향 등에 의해 제약을 받는다. 이들 특성의 각기 다른 결합은 레짐의 행동의 자유에 각종 제약을 만들어낸다. 최대의 행동 자유를 누리는 레짐은 아마도 큰 통치 영역, 높은 수준의 제도화, 강한 대중적 지지, 국내적 통합, 낮은 설명 의무, 팽창주의적이며 과격주의적인 지도자 유형을 가질 것이다. 그러나 레짐의 이러한 측면들과 좀 더 큰 국가 정치체제와의 관계는 공백 상태에서 작용하는 것이 아니라는 점을 직시해야 한다. 체제 자체와 국제체제에서의 그 체제의 위상과 관련된 다른 변수들이 레짐 구조와 외부적 행동을 매개한다. 특히 중요한 변수 집합 두 개는 불변의 또는 준불변의 국가 속성 변수와 환경적 구속이다.

첫 번째 변수 집합은 규모나 경제개발 수준과 같이 체제 재량하의 물질적 자원의 양과 관계가 있는데, 이 두 요소는 국제관계와 외교정책 분야에서 특별한 관심의 대상이었다(Rosenau, 1975; S. A. Salmone, 1972). 이들 변수들은 결합해서 흔히 체제 권력이나 체제 능력의 지표로 간주된다. 이들 변수들은 레짐에 부가된 정치적 구속들과 서로 영향을 미친다. 물질적 자원들이 국가에 행위능력을 부여한다면, 레짐의 유형은 국가 행동의 자유를 규정한다.

레짐의 행동에 영향을 줄 수 있는 레짐 외적인 또 하나의 변수 집합은 앞서 레짐들이 외부적 실체에 행했던 과거 정책들과 이전의 개입들을 포함한다. 몇몇 국내 정책분야에 대한 연구는 이전의 행동이 미래 행동의 예보자임을 보여주었다. 좀 더 구어적으로 말하면, 이것은 '오늘 있었던 것과 똑같은 내일'이라는 식의 '기상(氣象)' 이론으로 불릴 수 있다. 게다가 레짐의 행동에 영향을 줄 수 있는 환경적 구속의 유형은 국제체제에서 국가의 위치, 다국적 조직에서 회원의 지위와 같은 국가 체제 외적인 조건들을 포함한다.

선정된 가정들

앞 절에서 논의된 관점은 통치 레짐을 지도하는 사람의 행동에 대해 중요한 가정을 하고 있다. 이 관점은 지도자들이 위에서 설명한 구속의 유형들을 인식하며 그에 따라 행동한다고 가정한다. 이러한 일련의 가정들은 정치 지망자의 합리적 행동에 대한 논의를 통해 다운스(Downs, 1957)가 개발한 '합리성' 가정과 많은 공통점을 가진다.

가정 5.1 정치 지도자는 소정의 목적을 성취하기 위해 자원들을 효율적으로 사용한다는 점에서 합리적이다. 정치 지도자가 바라는 목적은 권력과 지지를 획득하고 공고히 하는 것이다. 합리적으로 행동하지 못했다는 것은 그러한 목적이 이루어지지 않았음을 뜻한다.

가정 5.2 통치 레짐의 지도자, 또는 국가를 대표하거나 외교정책 행동에 국가를 개입시킬 수 있는 집단은 그들이 통제할 수 있는 자원을 이용함으로써 자신들의 권력을 유지하기 위해 행동한다. 그들에게 가용한 자원은 국가체제에 가용한 것에 한정되어 있다. 체제에 따라서는 부, 도덕, 여타의 가치들에 대한 권한과 같이 중요한 많은 자원들이 부분적으로 또는 전적으로 통치 레짐 밖의 부문이나 인원에 배분되어 있을 수 있다.

가정 5.3 레짐이 전적으로 또는 부분적으로 사용할 수 있는 가장 결정적인 자원 중의 하나는 정부를 행동에 개입시키는 능력으로 정의되는 공공정책의 입안이다. 외교정책도 그러한 정책 중의 하나다. 사실상 외교정책은 통치 레짐이 가장 배타적으로 통제할 수 있는 것이다.

가정 5.4 레짐의 지도자는 권력 유지 가능성을 극대화하는 방향으로 외교정책을 집행할 것으로 기대된다. 우리가 바로 앞 절에서 논의했던 구속들이 작용하게 되는 것이 바로 이때다.

가정 5.5 만약 레짐이 레짐 내적인 구속에서 자유로워지고 레짐 외적인 국내적 구속에서도 자유로워진다면, 레짐은 외교정책 결정들이 레짐의 집권 중에 미치게 될 국내적 영향에 대한 고려 없이도 행동할 수 있다. 그러나 반대로 그 구속이 클 경우 레짐은 분열된 레짐 내의, 또는 더욱 광범위한 사회 내의 불화를 야기시키지 않을 외교정책 대안들(이 대안들은 수가 훨씬 더 적다)을 선택할 것이다.

예시적 명제들

레짐 관점을 기초로 한 이러한 가정들의 논의에서 많은 단순 이원변량 명제들(二元變量 命題, bivariate propositions)이 도출될 수 있다. 우리는 앞서 명백히 시석했던 매개 변수들이 이러한 명제들에 설명력을 더해줄 수 있다고 생각한다. 이 책에서 논의된 모든 관점에서 도출된 가설에 대한 앞으로의 검증은 외교정책 행동과 관련해 더 완벽하고 납득할 만한 설명을 이끌어내지 않으면 안 된다. 그러나 여기에 소개된 가설들은 직관적으로 납득되거나, 어떤 경우에는 외교정책 사건 자료들에 대한 예비분석(Salmore and Salmore, 1970, 1972)에 의해 이미 뒷받침된 것들이다.

명제 5.1 높은 구속 레짐들은 낮은 구속 레짐들에 비해 외교정책 활동의 양이 적을 것이다.

이 명제는 높은 구속 레짐과 낮은 구속 레짐 간의 행동의 양을 그저 측정해보는 것만으로도 검증될 수 있다. 우리가 제시한 관점에 따르면, 더 많은 행동의 자유를 가진 낮은 구속 레짐들이 실제로 훨씬 더 자주 행동하게 될 것이다.

명제 5.2 높은 구속 레짐의 외교정책은 낮은 구속 레짐의 외교정책에 비해 좀 더 낮은 차원의 개입만을 나타내게 될 것이다.

높은 구속 레짐은 레짐의 집권을 지탱해주는 대중여론과 경쟁적 정파들의 깨어지기 쉬운 지지 기반을 보존하기 위해, 가능한 한 '이례적이지 않은' 방식으로 행동할 것으로 기대된다. 따라서 높은 구속 레짐이 자원 개입이 낮은 행동에 자주 가담할 것으로 기대할 수 있다.

명제 5.3 높은 구속 레짐의 외교정책 행동은 낮은 구속 레짐인 경우에 비해 더 상호 의존적이며 덜 독립적이다.

높은 구속 레짐은 낮은 구속 레짐에 비해 독립적인 행동은 보다 적게, 상호 의존적인 행동은 더 많이 할 것으로 기대할 수 있다. 2장에서 정의한 대로 독립적인 행동은 주도권을 행사하고 다른 실체와는 별개로 행동하는 것을 말하며, 상호 의존적인 행동은 다른 실체들의 주도권에 반응하면서 생긴 협력적 반응(다수의 행위자들을 포함하는)이다. 다른 국가와 함께 행동하는 것은 그 레짐 활동의 책임을 혼자서 떠맡지 않는 일종의 보장책이 될 수 있다. 독자적으로 취한 행위를 포함하는 정책 행동과, 다른 국가들과의 협조 속에서 행해진 행위를 포함하는 정책 행동의 비교가 가능하며, 국제적·지역적·기능적 조직들의 맥락에서 발생하는 정책 행동들과의 비교도 가능하다. 더구나 높은 구속 레짐들은 파벌 문제 때문에 다시 또 그만큼의 주도권을 행사하거나 그들 자신이 조율한 정책을 따르기보다는 대부분의 대외적 행동을 다른 국가의 행동에 반응하는 데 한정시킬 것이다. 낮은 구속 레짐과 비교해 볼 때, 높은 구속 레짐의 행동은 다른 실체에 대한 일관된 정책을 암시하는 행동보다는 그러한 실체에 의해 유발된 행동이 많은 부분을 차지할 것으로 예상할 수 있다.

명제 5.4 높은 구속 레짐은 외교정책 행동을 통해 덜 강한 감정을 표현할 것이며, 낮은 구속 레짐에 비해 부정적인 감정을 표현할 가능성이 적다.

이것은 아마도 레짐이 구속되는 정도는 감정의 성향(긍정적·중립적·부정적)과 감정의 강도(부드러운 표현 또는 강렬한 표현)와 관련이 있는 듯하다. 일단 구속된 레짐의 특성이 주어지면, 레짐은 자신을 불안정하게 할 수 있는 어떤 대내외적인 적대감을 유발시키지 않도록 적의와 우의를 중립적으로 또는 부드럽게 표현하는 자세를 취할 것이다. 다시 말해 높은 구속은 강도에 역으로 관련될 것이다. 더구나 높은 구속 레짐은 적대적인 행위(부정적인 정서)에 가담하기보다는 우의적이고 중립적인 활동에 참여할 가능성이 높다. 낮은 구속 레짐은 높은 구속 레짐보다 더 강렬한 감정을 표출하게 되며, 또한 더 부정적인 감정을 드러내게 될 것이다.

명제 5.5 **높은 구속 레짐은 낮은 구속 레짐보다 목적 선언에 덜 관여할 것이다.**

제시된 관점에 따르면 높은 구속 레짐은 레짐을 구성하고 이를 지탱하고 있는 정파들 간에 갈등을 일으킬 소지가 있는 특정 목적을 가진 행동은 취하려 하지 않을 것이다. 그래서 높은 구속 레짐들은 낮은 구속 레짐들에 비해 적은 목적들만을 선언할 것이다.

요약

우리는 국가 내부, 그리고 국가 간 레짐의 유형과 변화의 영향에 관한 연구가 외교정책 행동의 변화를 설명하는 관점의 설명력을 높일 수 있다고 주장했다. 레짐의 지도자에 의해 외교정책이 취급되는 용도, 레짐의 특성에 의해 부가된 외교정책 행동에 대한 구속, 레짐을 내포하고 있는 국내 정치체제 등이 외교정책 행동을 설명하는 중요한 개념이 될 수 있다. 우리는 이 관점을 위해 여러 사례 분석을 통해 얻은 증거들을 인용했다. 국가 교차적인 맥락에서 그러한 관점을 검증하려는 시도는 매우 적었지만, 앞으로의 연구를 진작시킬 만큼 충분한 증거들이 있다.

우리는 이미 한 가지 유형의 외교정책 행동인 대외적 갈등과 대내적 갈등의 관계가 레짐의 유형에 따라 달라지는 것을 보여주는 윌켄펠드(Wilkenfeld, 1968, 1969)의 중요한 연구에 대해 언급한 바 있다. 우리는 초기 연구(Salmore and Salmore, 1970)를 통해 설명 의무가 있는 레짐이 설명 의무가 없는 레짐에 비해 대외적 영역에서 좀 더 협력적이며 일반적으로 덜 활동적이라는 것을 알았다. 각기 다른 일련의 자료들을 통해 이러한 가설은 재확인되었다(Salmore and Salmore, 1972). 동일한 자료에 대한 예비분석 또한 통합된 레짐과 분절된 레짐이 각기 다른 행동 양상을 띤다는 것을 보여주었다. 우리가 예견할 수 있는 것은 통합된 레짐이 분열된 레짐보다 국제체제 내에서 훨씬 더 갈등적이며 활동적이라는 것이다. 또한 레짐의 변화는 일관적으로 행동의 총량, 갈등 행동과 협력 행동, '구두(word)' 행동과 '실행(deed)' 행동 차이의 50~60%를 설명해준다. 대조적으로 규모와 발전의 차이는 동일한 이들 변수 간의 차이의 겨우 18~28%만을 설명해줄 수 있을 뿐이다. 정치 지도자의 행동 자유가 갖는 특출성 또한 국가 교차적 맥락에서 대내외적인 정책을 설명하려는 시도의 초점이다(Russet and Monsen, 1975). 외교정책 행동과 레짐의 구조에 대해 좀 더 복합적인 지표를 구성하는 능력은 장래에 확장된 연구를 할 수 있도록 해준다. 우리는 외교정책 행동에 대한 다중 인과적 설명이 개발되고 정교해짐에 따라 레짐이 계속 중요한 역할을 담당할 것으로 기대하고 있다.

06 국가 속성과 외교정책

모리스 A. 이스트

국가 속성과 외교정책의 관계에 대한 연구는 외교정책 분석의 훌륭한 전통이다. 이론가와 실무자 모두 오랫동안 인구, 지리, 군사적 능력, 기술 수준 등과 같은 변수들이 외교정책에 영향을 미친다고 가정해왔다.

이 장에서는 외교정책 행동을 설명하는 주요 설명 요소로서 국가 속성(national attributes)에 초점을 맞추고 있다. 논의 과정을 통해, 우리는 무엇이 국가 속성이라고 불리는 그토록 폭넓고 엉성하게 정의된 일련의 변수를 구성하는지 밝힘으로써 우리의 관심 영역을 분명하게 하고자 한다. 그런 다음 전부는 아니더라도 외교정책에 관련될 경우 대부분의 국가 속성을 통합하는 구성개념으로서 '행위능력(capacity to act)'의 개념을 담고 있는 이론적 틀을 제시할 것이다. 행위능력은 국가가 가진 자원의 양과 이러한 자원을 활용하는 능력을 말한다. 규모와 사회 조직화 수준은 행위능력의 두 가지 차원으로 꼽힌다. 이 장에서는 이들 두 차원과 외교정책 행동의 이론적 관계를 논의하게 된다. 간단히 말해 우리는 어떤 국가의 행위능력의 차이가 국가 외교정책 행동의 차이와 연관된다고 주장할 것이다. 마지막으로 이러한 관점을 뒷받침하는 몇몇 기본적인 가정들을 제시하고, 이러한 관점을 이용해 수행할 수 있는 연구유형의 예로 선정된 몇 가지 명제들을 제안할 것이다.

관점의 개관

이번 장에서 개발될 국가 속성 관점은 국가 속성의 차이가 외교정책 행동 유형의 차이와 관련이 있다는 중심적인 개념에 기초하고 있다. 국가 속성은 다양한 방법으로 국가가 가진 자원의 양과 이들 자원을 활용하는 능력에 영향을 미친다. 후자의 두 개념은 국가의 행위능력을 구성한다. 국가 속성이 국가마다 다르다면, 우리는 외교정책 행동의 차이와 관련되는 국가 행위능력의 수준 차를 밝혀낼 수 있을 것이다.

이러한 간단한 개요를 가지고, 우리는 국가 속성 관점의 몇몇 요소들에 대한 면밀한 검토에 착수할 수 있다. 이에 대한 검토를 시작하자마자 바로 분명해지는 것은 매우 다양한 요소들이 '국가 속성'으로 언급되어 왔다는 사실이다. 그 개념의 폭이 넓다는 것은 아마도 국가 속성을 "전체로서의 국가(a nation as a whole)에 적용할 수 있고, 국가들을 비교할 수 있는 기초로서의 어떤 경험적 개념"으로 정의하는 럼멜(Rummel, 1965: 131)에 의해 가장 잘 설명될 수 있다. 그러나 이러한 정의는 너무 포괄적이어서 유용성이 떨어진다. 왜냐하면 정의가 보는 것을 담고 있기 때문이다. 그러나 럼멜의 정의를 이번 관점에서 사용될 개념인 국가 속성의 특징적인 성격에 대한 논의의 출발점으로 삼을 수는 있다. 이러한 논의를 통해 우리는 국가 속성과 외교정책의 설명으로 제시되어왔던 그 밖의 다양한 유형 요소들의 몇 가지 차이점을 도출해 낼 것이다.

국가 속성은 일반적으로 구별되는 특성 세 가지를 가진다.

1. 국가 속성은 국가 내부의 하부 단위의 특성이 아니라 전체로서의 국가 단위의 특성을 지칭한다.
2. 국가 속성은 국가 외부의 실체들에 관계없이 개념화되고 측정될 수 있는 특성이다.
3. 국가 속성은 시간의 경과에 비해 비교적 안정적인 특성이다.

첫 번째 특성은 '전체로서의 국가에 적용할 수 있는' 개념으로, 럼멜의 정의에 분명하게 언급되어 있다. 이러한 특성을 요구함으로써 국가 속성의 개념을 각 정당의 이념적 정향이나 각기 다른 이익집단의 강도, 다양한 정부 기관의 규모 등과 같은 다양한 구성 요소, 또는 국가 하부 단위를 묘사하는 다른 속성 개념들과 구별할 수 있다. 이러한 구별에서 우리가 말하려는 것은 국가 하부 단위가 외교정책에 영향을 미치지 않는다는 것이 아니라, 정의상 그것은 국가 속성이 될 수 없다는 것이다. 그러나 실제로는 국가 하부 단위에 준거하는 국가 속성도 있을 수 있다. 예를 들어 어떤 국가의 정당의 총수효를 측정하는 변수는 국가 속성으로 간주될 수 있다.

두 번째 특성—이 변수를 외부적 실체들과 관계없이 개념화하고 측정할 수 있는—은 국가 속성을 외부적 변수(Harf et al., 1974)로 취급해온 것과 구별할 수 있게 해준다. 양자 모두 국가를 분석 단위로 삼지만, 외부적 변수는 외부적 실체 또는 준거, 말하자면 물리적인 분석 단위인 국가 영역 밖에 위치한 준거에 관련해 국가 특성을 이끌어내는 것이다. 외부적 변수의 예를 들면 다음과 같다.

1. 국가가 속한 동맹의 수
2. 국가가 속한 정부간국제기구(Intergovernmental Organizations)의 수
3. 소련으로부터의 항공마일(air miles) 거리
4. UN에서 미국을 지지하는 투표국 수

이 모든 것들은 외교정책 행동에 영향을 미치는 것으로 가정될 수 있으며, 분석 단위가 전체로서의 국가이긴 하지만 외부적 실체와 관련되기 때문에 국가 속성에 대한 우리의 개념화에서는 제외되었다. 간단히 구별하면 국가 속성은 외부적(external) 변수가 아니라 내부적(internal) 변수다.

세 번째로 구별되는 특징은 국가 속성이 시간 경과에도 비교적 안정적인 가치를 지닌다는 것이다. 우리는 국가 속성이 국가 특성의 그날그날의 변동에 대한 묘사가 아니라 지속적인 유형에 대한 묘사라고 가정한다. 국가 속성은 며칠이나 몇 주가 아니라 몇 년 또는 몇십 년이 지나야 변할 것으로 기대된다. 물론 단기간에 철저하게 변화될 가능성도 얼마든지 있다. 예를 들어 영토의 크기나 인구는 평화조약을 통해 근본적으로 변경될 수 있다. 그러나 그러한 변화는 자주 일어나지 않는

것으로 가정된다. 또한 국가 속성들은 다른 유형의 변수들이 작용하는 매개 변수들로 간주될 수 있다. 예를 들어 한 국가의 레짐 내에서의 변화는 국가 속성의 변화를 반드시 수반하지 않고도 일어날 수 있다. 이를 다른 관점에서 보면, 경제발전 수준을 높이기 위한 시도처럼 레짐은 국가의 매개 변수를 변화시키기 위해 노력할 수 있다. 그러나 이것은 더디고 힘든 작업이다.

지금까지 국가 속성 개념의 이론적 범위를 설명했으므로 이제 국가 속성이 외교정책 행동에 영향을 미칠 것으로 생각되는 세 가지 방법을 구체화할 수 있다.

1. 국가 행위의 수행에 사용될 수 있는 자원의 양에 영향을 미치는 요소로서
2. 국가 목적을 추구하기 위해 자원을 활용하는 능력에 영향을 미치는 요소로서
3. 어디에 어떻게 국가의 자원을 활용할 것인가에 대한 국가 지도자의 성향에 영향을 미치는 규범 형성(norm-shaping) 요소로서

특정 국가 속성이 한 가지 이상의 방법을 통해 외교정책에 영향을 미칠 가능성은 충분하다.

첫 번째 범주를 뒷받침하는 가정은 모종의 자원이 모종의 국가 활동에 필수적이라는 것이다. 그렇다면 가용할 자원의 양이 제한되어 있다는 것은 필연적으로 국가가 얼마나 효과적으로 일련의 행동 과정을 수행할 것인가에도 엄격한 제한을 가할 것이다. 영토의 총량, 경작지의

총량, 군대의 규모, 인구와 같은 변수들은 모두 자원의 양으로 개념화되는 국가 속성의 예들이다. 적어도 이러한 총체적 관점의 호소력과 중요성은 이러한 일부 가정의 강력한 특성에서 기인한다.

그러나 가용한 자원의 양보다 그러한 자원들을 활용하는 방법이 더 중요할 수도 있다. 예를 들어 1960년대 아랍세계에 대항해 중동에서 주도적인 위치를 유지할 수 있었던 이스라엘의 능력을 생각해보자. 이러한 관점은 국가 속성이 외교정책 행동에 영향을 미치는 수단의 그 다음 범주를 시사한다. 이러한 두 번째 범주는 외교정책 과제에 적절한 형태로 자원을 바꾸는 국가능력을 말한다. 말하자면 한 국가가 단지 자원을 보유하고 있다는 것만으로는 충분치 않다. 그 국가는 이들 자원을 추출하고 개발하며, 양성하고 제조하고 전달하는 능력을 가져야 한다. 한 국가의 경제개발 수준, 주민의 교육 수준, 기술 수준, 조직능력 등을 측정하는 변수는 모두 국가 속성이 외교정책에 영향을 미치는 과정에 관한 지표의 예다.

제3의 범주로서 국가 속성이 갖는 효과가 아마도 가장 복잡할 것이다. 이 경우 이들 속성은 외교정책 영역에서 정책 입안자가 자원을 배분하는 방식에 영향을 미치는 수단에 초점이 맞추어져 있다. 한 가지 예는 국가의 인종적 구성이다. 다인종의 주민으로 구성된 국가의 외교정책 지도자가 유사한 인종으로 구성된 다른 국가들과 밀접한 관계를 모색하는 성향을 갖는 것은 당연하다. 세 번째 범주는 하나의 중요한 측면, 즉 국가 속성이 지도자에 의해 정의되는 국가의 목적에 직접 영향을 미친다는 점에서 다른 두 범주와 구별된다. 앞의 두 범수에서 국가의 목적은 국가 속성과는 독립적으로 존재하는 '주어진 것'으로 간주된다.

이상의 개관을 요약해보면 우리는 국가 속성의 세 가지 특징적 성격을 제시했고, 이러한 속성이 외교정책에 영향을 미치는 세 가지 수단을 검토했다. 국가 속성은 국가 목적을 추구하기 위해 국가가 가진 자원의 양에 영향을 미치는 요소로 작용한다. 그것은 또한 보유 자원을 활용하는 국가의 능력에도 영향을 미치는 요소다. 마지막으로 국가 속성은 어디서 어떻게 자원을 활용할 것인가와 관련된 지도자의 성향에 영향을 미치는 요소가 될 수 있다.

이전 연구들과의 관계

이러한 관점에 관련된 문헌들을 검토하면서 분명해지는 사실은 한 국가의 자원의 양을 나타내는 국가 속성들이 외교정책 전문가와 일반인 모두의 상당한 관심을 불러일으켜 왔다는 것이다. 능력 분석(capabilities analysis)이라고 불리는 연구가 특히 여기에 잘 들어맞는다. 많은 학자들은 능력과 능력이 외교정책 행동에 미치는 영향을 평가하기 위해 다양한 국가 속성을 검토해왔다. 모겐소(Morgenthau, 1967)는 국가의 '세력(power)'에 대해, 그리고 세력이 어떻게 다양한 국가 속성에 관련되는지에 주로 관심을 가졌다. 오간스키 부부(Organski and Organski, 1961)는 국가 속성으로서의 인구와, 인구가 어떻게 외교정책 행동에 관련되는지에 대해 뛰어난 논의를 보여주었다. 크노어(Knorr, 1956)는 군사적 능력, 특히 핵무기를 논하고 이러한 요소를 국가 행위에 관련시켰다. 스프라우트 부부(Sprout and Sprout, 1962)는 천연자원과 지형 모두를 포함하는 국가의 지리적 국면을 외교정책과 관련시켜 논했다.

몇몇 연구자들은 자원을 변화시키고 자원을 활용할 수 있는 국가의 능력에 영향을 미치는 국가 속성을 고찰했다. 더 훌륭한 논의 중 하나는 푸찰라(Puchala, 1971: 178~179)의 것으로, 그는 "언제나 직접적으로 국제정치에서의 국가의 행위능력에 국가의 '크기'를 결부시킬 수는 없다. …… 가장 중요한 것은 …… 외교정책의 과제에 대한 자원의 직접적인 가용성이다"라고 주장했다. 그는 자원을 통제하고 활용하는 능력에 영향을 미치는 요소로서 산업화, 주민의 교육 수준, 사회 조직의 능률성을 들었다. 이와 마찬가지로, 국가의 잠재력을 자원의 양에서 추론하는 문제를 논했던 도이치(K. W. Deutsch, 1968: 27)는 주장을 개진하기 위해 돌진하는 코끼리의 이미지를 사용했다. 코끼리는 커다란 장애물을 박살낼 수 있지만 자신의 행동을 충분히 통제할 수 없기 때문에 실을 꿸 수는 없다. 도이치는 비슷한 이미지가 국가에도 들어맞는다고 주장했는데, 국가의 잠재적인 힘은 자원의 크기와 자원을 통제하고 변환시키며 배분하는 능력 모두에 기초하고 있다는 것이다.

초크리와 노스(Choucri and North, 1975)는 대외 문제에서 모종의 방식을 통해 행동하는 국가 지도자의 일반적인 성향에 국가 속성이 영향을 미칠 수 있다고 주장했다. 그들의 개념적 틀에 따르면, 어떤 국가 속성 조합 — 증가하는 인구, 선진 차원의 기술, 감소하는 자원 기반 — 을 가진 국가는 횡적 압력(lateral pressure)을 보이는 경향이 있는데, 이것은 국가 영역을 넘어 국가 활동을 확장하는 과정이다. 푸찰라(Puchala, 1971: 184~185)는 국가의 목적이 자원 소요(resource requirements)를 규정하는 다양한 방법을 논의한 후, 다음과 같이 주장했다.

목적과 자원의 관계에 대한 또 다른 중요한 차원이 있다. 그것은 자원 가용성이 국가의 국제정치적 목적의 선택에 영향을 미치거나 심지어 규정할 수도 있다는 것이다. 정부가 목적에 맞게 조정된 자원을 요구하기도 하지만, 목적이 정부에 가용한 자원에 맞게 조정되는 경우도 흔하다.

또한 우리는 성향에 영향을 미치는 다른 요소들과 아주 비슷하게 보이는 것으로 윌킨슨(Wilkinson, 1969)에 의해 제시된 바 있는 '의지(will)' 또는 V 복합체(V complex) 개념을 간단히 검토해야 한다. 윌킨슨의 틀에서 — 의지와 결단력(Volition)을 뜻하는 — V 복합체는 외교정책을 설명하는 데 사용된 세 가지 주요 요소들 중 하나를 구성하며, 능력 요소 다음으로 중요하다. 그러나 이 요소에 대한 설명에서 분명한 것은 윌킨슨이 이것을 전체로서의 국가적 실체의 특성이 아니라 국가 정치 지도자의 특성으로 간주하고 있다는 점이다. 이러한 이유 때문에 V 복합체는 국가 속성으로서의 자격을 갖추지 못한 것으로 보인다. 윌킨슨의 요소들과 매우 비슷한 요소들이 정치 지도자 개인의 특성으로(3장), 또는 특정 정치체제의 정향으로 이 책의 다른 부분에서 검토되고 있다.

경험적인 연구 결과들로 돌아가 볼 때, 국가 속성과 외교정책 행동의 관계에서는 무엇이 발견되었는가? 몇 가지 이유에서 이러한 질문에 대답하기는 어렵다. 첫 번째 이유는 우리가 앞서 지적했듯이 국가 속성 개념이 각기 다른 종류의 많은 변수들을 포함하고 있을 정도로 광범위하게 사용된다는 점이다. 두 번째 이유는 뒤에서 지적하겠지만, 이러한 다양한 변수를 사용하는 경험적 분석들이 혼란스럽고 상충되는 결과들을 낳았다는 것이다. 세 번째 이유는 국가 속성을 한두 가지의 개별적 변수가 아니라 하나의 변수 집합(a class of variables)으로 취급하는 경험적 연구가 거의 없었다는 점이다. 그러나 국가 속성을 분석하려고 시도했던 몇몇 연구들이 있었는데, 이제 그것들을 살펴보겠다.

로즈노(Rosenau, 1966)는 외교정책의 예비 이론을 제시해 국가 속성과 그것이 외교정책 행동에 미치는 영향에 상당한 이론적 관심을 불러일으켰다. 그러한 예비 이론을 통해 그는 세 가지 변수(규모, 경제개발 수준, 정치적 설명 의무의 정도)에 따라 국가 유형을 분류했다. 그는 각기 다른 유형 국가의 외교정책 행동은 각기 다를 것이며, 비슷한 유형의 국가 행동은 비슷할 것이라고 주장했다. 로즈노에 의해 사용된 세 가지 변수들 중 적어도 두 가지(규모와 경제개발)는 국가 속성에 대한 우리들의 개념 정의에 정확히 들어맞는다. 세 번째로 정치적 설명 의무는 몇몇 학자들에 의해, 국가 속성으로 보기에는 불안정한 측정 단위이며 너무 빠르게 자주 변한다고 생각되어왔다(Salmore, 1972; Kean and McGowan, 1973).

또한 로즈노는 같은 논문에서 외교정책에 영향을 미치는 모든 요소들을 다섯 가지 변수 집합의 하나로 범주화할 수 있는 도식을 제시했다. 그것은 개인적 특성, 역할, 정부, 사회, 국제체계 변수 집합이다. 그의 예비 이론이 제기한 주요 과제는 국가 유형에 따라 외교정책을 설명하기 위해 이들 집합 각각의 상대적 잠재력을 검토하는 것이다. 예를 들어 국제체제적 요소의 경우 큰 국가보다 작은 국가의 외교정책 행동을 설명하는 데 더 중요할 것이라고 그는 주장한다. 로즈노의 다섯 가지 변수 집합들을 면밀히 검토해보면, 적어도 그것들 중 두 가지(정부적인 것과 사회적인 것)는 국가 속성의 기준에 부응하는 변수들을 포함하고 있음을 알 수 있다. 로즈노의 예비 이론의 다양한 국면을 검토하려는 여러 시도들이 있었지만(Moore, 1970; Salmore, 1972), 국가 속성을 다른 유형의 변수들과 직접 비교하는 데 초점을 맞춘 경우는 없었다.

이스트와 그레그(East and Gregg, 1967)는 국제적 분쟁 행동과 협력 행동을 설명하기 위해 내부적 변수와 외부적 변수가 갖는 상대적 잠재력을 측정하려고 했다. 그들의 내부적 변수 집합이 — 경제발전, 정치적 안정, 정치적 자유, 인종적 이질성 — 모든 면에서 국가 속성 정의에 들어맞지 않을지도 모르지만, 그들의 연구 결과는 이러한 내부적 변수들이 국제적 분쟁이나 협력의 각기 다른 모습들을 설명하는 데 외부적 변수만큼 중요하지는 않다는 것을 보여준다.

럼멜(Rummel, 1969)의 연구 역시 외교정책 행동에 영향을 미치는 요인으로 국가 속성에 초점을 맞추었다. 럼멜과 그의 동료들은 외교정책 행동의 근본적인 차원을 발견하려는 시도를 통해 국가 속성으로 간주될 만한 몇몇 요소들을 일관성 있게 제시했다. 경제적 발전과 규모의 요소는 소여(Sawyer, 1967), 러셋(Russett, 1968), 럼멜(Rummel, 1969)과 그 밖의 다른 사람들의 연구에서 중요한 국가 속성으로 확인되었다.

럼멜은 1968년에 출간한 논문에서 국가 속성 변수는 대외적 분쟁 행동과의 상관관계가 매우 낮다고 주장했다. 럼멜(Rummel, 1968: 312)은 다른 사람들의 연구와 함께 요소 분석이 동반된 이전의 자신의 경험적 연구에 기초해, 다음과 같이 주장했다.

> 대외적 분쟁 행동의 가정된 상관 현상(the hypothesized correlates), 말하자면 단독으로 또는 조합을 통해 또는 통제된 다른 변수들의 효과와

함께 작용하는 국가 속성은 국가의 대외적 분쟁 행동과는 거의 관련이 없다.

이에 기초해 럼멜은 속성이론(attribute theory)에 대비되는 장이론(場理論, field theory)을 개발했다. 그는 속성과 대외적 분쟁 행동의 상관관계가 낮게 나왔던 이유는 속성이론에서는 속성의 크기만을 고려했지만 정작 국가들의 행동에 영향을 미쳤던 것은 바로 이러한 차원에서 생기는 국가들 간의 상대적 거리감이었기 때문이라고 주장했다. 장이론에서는 국가들 간의 상대적 거리감이 이론의 주요한 역동적 요소로 간주된다.

국가 속성 관점에 대한 럼멜의 도전은 몇 가지로 정리해볼 수 있다. 첫째, 개별 속성들과 외교정책 행동의 상관관계가 낮다는 이유로 국가 속성의 관점을 포기하는 것은 정당하지 못하다. 분쟁은 외교정책 행동의 단 하나의 형태에 불과하다. 만약 더 폭넓은 외교정책 행동을 분석했더라면 국가 속성은 당연히 다른 행동 차원과 높은 상관관계를 가졌을 것이다.

둘째, 럼멜의 초기 연구는 국가 속성에 관한 어떤 이론적 개념화나 국가 속성이 외교정책에 영향을 미치는 방법에도 기초하지 않았다. 이 연구는 선정된 한두 가지 외교정책 행동 국면을 분석하면서 매우 다양한 내부적 변수들을 독립적 요인으로 사용했다. 국가 속성과 외교정책 행동 변수 양자의 선택은 체계적이지 못한 방법으로 이루어졌다.

간단히 말해 우리는 국가 속성의 관점을 거부하는 것은 너무 성급하다는 입장이다. 럼멜이 최초로 제공한 이후로 글레디시(Gleditsch, 1970)와 빈센트(Vincent, 1974)에 의해 수정된 국가 속성 관점과 다양한 장이론

모두 외교정책 분석 방법으로 사용될 여지는 있어 보인다.

맥고완과 사피로(Mcgowan and Shapiro, 1973)는 외교정책의 경험적 비교연구에 대한 개관을 통해, 다양한 유형의 요소들을 외교정책 행동에 관련시키는 명제 목록을 만들었다. 또한 그들은 자신들이 '확신하는' 명제들을 제시했는데, 이 명제들은 성공적으로 반복되어왔거나 이에 필적하는 연구 설계들의 지지를 받을 수 있는 것들을 의미한다. 명제의 정치적·경제적·사회적·문화적 범주는 일반적으로 국가 속성의 명제를 위한 기준에 부합된다.

맥고완과 사피로가 '확신하는' 정치적 범주의 유일한 명제는 다음과 같다. "한 국가의 군사력과 대외적 분쟁 행동은 양(陽, positive)의 관계에 있다"(McGowan and Shapiro, 1973: 95). 그러나 그들이 이 명제를 확신한다고 적시한 후에도, 그들은 이와는 모순되는 럼멜(Rummel, 1968)과 위드(Weede, 1970)의 연구를 인용하고 있다. 맥고완과 사피로(Mcgowan and Shapiro, 1973: 105)는 정치적 범주에 속하는 자신들의 연구를 요약하면서 다음과 같이 지적했다.

> 이 분야에는 훌륭한 연구들이 많이 있지만, 반복해서 입증되는 빈도가 매우 적어 우리는 어쩔 수 없이 타당성에 대한 판단을 유보할 수밖에 없다. …… 사용된 변수의 다양성이 우리의 확신을 제한한다. 이들 각각의 변수들이 몇몇 연구들에 의해 비로소 확증된 별도의 명제들 속에서 자리 잡을 때까지, 여기서 개관된 연구의 유용성은 여전히 제한될 것이다.

맥고완과 사피로(Mcgowan and Shapiro, 1973: 107~116)는 경제적 변수

의 범주에서 자신들이 확신하는 몇 가지 명제들을 소개했다. 그중 경제체제의 유형과 체제의 경제적 능력을 전쟁의 개입에 관련시키는 명제들이 상당한 증거에 의해 뒷받침되고 있다. 더구나 경제적으로 발전한 국가들이 UN의 유지에 별로 도움이 되지 못하는 투표 행태를 보여주는 등 경제개발 수준이 UN에서 그 국가의 투표 행태와 관련이 있음을 보여주었다. 또한 국가의 경제개발 수준과 국가 대표가 UN 관리로 선출되는 빈도 사이의 양(陽)의 관계를 보여주는 명제가 뚜렷한 증거에 의해 뒷받침되고 있다. 마지막으로 한 국가의 국제무역과 여타 국제적인 활동에의 개입 사이에는 강한 양의 관계가 있다.

맥고완과 사피로(Mcgowan and Shapiro, 1973: 40)는 사회적 변수들을 "사회구조, 광범위하게 정의되는 국내 사회의 측면들"로 정의했다. 이들은 경험적으로 강력히 뒷받침 받는 것으로 추정되는 사회적 변수들을 포함하는 오직 두 개의 명제만을 제시했다. "국가의 규모와 외교정책 활동의 일반적 수준은 양의 관계에 있다. …… 인구 규모, 규모의 변화, 국가의 대외적 분쟁 행동 사이에는 양의 관계가 있다"(McGowan and Shapiro, 1973: 118). 그들은 인구와 관련된, 그래서 측정하기 쉬운 변수가 아닌 다른 사회적 변수를 포함하는 연구가 부족하다는 점을 반복해서 언급했다.

문화적 변수를 외교정책에 관련시키는 명제의 경우, 맥고완과 사피로는 그들이 확신하는 것을 전혀 열거하지 않았다. 그들은 종교적 가치, 이데올로기, 민족주의, 언어 유사성, 커뮤니케이션 등과 같은 변수를 사용하는 수많은 별개의 연구들을 지적했는데, 그렇게 했던 이유는 이 분야에서 이루어진 연구가 부족했기 때문이었다.

국가 속성 관점에 관련된 문헌들을 요약하면서, 우리는 먼저 겨우 몇 편의 연구만이 이론과 경험 양 측면에서 국가 속성을 하나의 변수 집합으로 취급하려 했다는 것을 알게 되었다. 그렇게 했던 연구들도 외교정책 설명에 대한 국가 속성의 중요성에 결정적인 증거를 제공해주지는 못했다. 둘째로 경험적 연구에 대한 개관은 중요해보이는 두 가지 일반적 유형의 국가 속성 변수가 있음을 보여주고 있다. 그것은 ① 국가의 일반적인 세력 기반을 측정하는 변수들(인구의 규모, 군사력, 경제적 능력), ② 국가의 사회경제적 개발 수준을 측정하는 변수들(1인당 국민총생산, 산업화 정도, 1인당 전화 대수)이다. 이들 두 가지 유형의 변수는 앞 절에서 확인했던 첫 번째의 두 가지 범주에 아주 밀접하게 대응된다. 우리는 국가 속성 관점을 개발해가면서 이 변수들을 더 깊이 있게 고찰할 것이다.

관점의 개발

이제 우리의 과제는 국가 속성을 외교정책에 관련시키는 설명 논리를 자세히 설명하는 것이다. 우리는 경험적 연구 결과에 대한 개관을 통해, 두 가지 유형의 국가 속성 변수가 외교정책 행동과 관련 있는 것으로 밝혀졌다고 말했다. 그것은 ① 국가의 일반적인 세력 기반을 측정하는 변수, ② 국가의 사회경제 개발 수준을 측정하는 변수다. 이들 두 가지 유형의 변수는 함께 작용해 국가의 대외 문제에서 행위능력을 구성한다. 다시 말해 국가의 행위능력은 자원의 양(일반적 세력 기반)과 그 자원을 활용하는 능력(일반적인 사회경제 개발 수준)의 함수다. 행위능력의 개념

〈그림 6-1〉 국가 속성의 외교정책 행동에 대한 관계

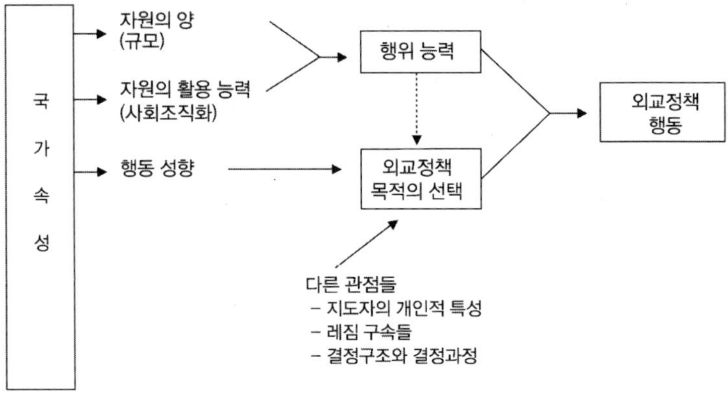

은 뒤에서 훨씬 더 자세하게 논의하겠지만, 이 관점의 일반적인 설명 논리를 이해하는 데 필요하기 때문에 여기서 소개했다.

국가 속성과 외교정책 행동 간에 존재하는 것으로 추정되는 관계들은 <그림 6-1>에 나타나 있다. 자원의 양과 그 자원을 활용하는 능력에 영향을 미치는 국가 속성들이 결합해 행위능력을 이룬다. 반면 국가 지도자의 성향에 영향을 미치는 속성은 외교정책 목적의 선택과 연계되고 있다는 점에 주목하자. 다양한 과제에 행위능력이 배분되는 과정에서, 목적과 행위능력이 결합해 직접 국가의 외교정책에 영향을 미치게 된다. 행위능력에서 외교정책 목적으로 이어지는 점선의 화살표는 자국의 행위능력에 대한 지도자의 인식과, 선택된 외교정책 목적들의 관계를 나타내고 있다. 또한 <그림 6-1>은 다른 이론적 관점들이 외교정책 목직의 선택에 영향을 미치는 방법을 보여준다.

요약하면, 국가 속성이 외교정책 행동에 영향을 미치기 위해서는

거쳐야 하는—개념적으로 구분되지만 서로 관련된—두 가지 인과적 기제가 있다. 그것은 행위능력과 외교정책 목적의 선택이다. 국가 속성 관점의 개발을 통해 두 인과적 기제들을 포함하는 설득력 있는 사례를 만들 수 있지만, 우리는 우리의 관심을 행위능력에 국한시킬 것이다. 여기에는 실제적인 이유와 이론적인 이유가 있다. 실제적으로 명백히 다른 이들 두 원인 기제의 성격이 이번 장의 범위 내에서 양자를 적절하게 다루기 어렵게 만든다는 것이다. 이론적 관점에서 우리는 국가 속성이 자국의 행위능력에 대한 지도자의 인식을 통해 국가 외교정책 목적의 선택과 형성에 영향을 미쳐, 인식에 영향을 미치는 다른 이론적 관점의 요소들과 함께 작용한다고 가정하고 있다. 즉, 국가 속성이 국가의 목적에 영향을 미치는 한, 그 효과는 정치 지도자, 관료 일원, 정치 레짐의 구성원 등의 순으로 목적성 있는 인간 행위자를 통해 전도된다(Sprout and Sprout, 1965 참조). 정치 지도자가 외교정책의 목적과 목표를 선택하는 데 영향을 미치는 요소를 이해하기 위해서는 한 가지 이상의 이론적 관점을 고려할 필요가 있다. 그러나 이번 장의 목적이 단일 관점에서 외교정책을 검토하는 것이기 때문에, 우리는 행위능력에 관심을 집중하기로 했다.

논의를 더 진전시키기 전에 '행위능력'의 정확한 개념을 밝힐 필요가 있다. 이 이론적 구성개념은 대외 문제에서 국가가 사용할 수 있는 자원과 각종 외교정책 목적의 달성에 이들 자원을 활용하는 능력을 나타낸다. 여기서는 '자원'이라는 용어가 핵심 개념이다. 이 개념은 가장 폭넓은 의미로 물적(非人的) 요소들뿐만 아니라 인적(人的) 요소까지 지칭하기 위해 사용되었다. 우리가 자원에 관해 이야기할 때, 이

용어가 다음 중 어느 하나를 지칭할 수 있다는 점을 지적해두는 것이 좋겠다.

1. 국내 사회에 존재하는 자원의 총량
2. 국내, 국제 양자를 포함하는 국가적 목표(국가 하부적 또는 사적인 목적과 대조되는)의 추구를 위해 통제되고 변환되고 배분될 수 있는 사회 내의 자원
3. 외교정책 목적을 위해 정부가 사용할 수 있는 사회 내의 자원

이들 세 가지 진술은 계서적인 관계에 놓여 있다. 이론적으로, 그리고 행위능력의 견지에서 우리가 가장 관심을 갖는 것은 세 번째 수준의 자원이다. 그러나 우리가 먼저 각각의 수준을 차례로 살펴본다면 관점이 더욱 명료해지고 경험적 준거도 분명해질 것이다.

자원의 첫 번째 수준을 나타내는 국가 속성은 규모 요소로 언급될 수 있다. 그러한 요소는 국가의 자원 기반에 대한 한계를 설정함으로써 국가 행위능력에 직접 영향을 미친다. 규모를 나타내는 척도에는 총인구, 국민총생산, 영토의 총면적, 군사력 등이 있다. 이러한 척도들은 국가의 '세력 기반(power base)' 또는 '잠재 세력(power potential)'의 척도로 지칭되어왔으며(K. W. Deutsch, 1968), 그 척도들은 다양한 요소분석 연구에서 '규모'라는 분류표가 붙은 요소에 높게 부하(負荷)되는 변수들과 똑같지는 않더라도 비슷하다. 럼멜(Rummel, 1969)은 규모(세력) 요소에 높게 부하되는 변수로 국민총생산, 인구, 연간 국민소득, 에너지 생산량×인구를 지적했다. 러셋(Russett, 1968)은 국제 지역에

대한 연구를 통해 규모(세력) 요소에 높게 부하되는 요소로 총인구, 국민총생산, 면적, 국민총생산에 대한 백분율로서의 방위비, 국민총생산에 대한 백분율로서의 대외무역 — 이는 음적(陰的)으로 부하된다 — 등을 제시했다. 비슷한 규모 요소는 베리(Berry, 1960), 커텔과 고서치(Cattell and Gorsuch, 1965), 소여(Sawyer, 1967)의 연구에서도 등장한다.

자원의 두 번째, 세 번째 수준은 모두 사회의 총자원이 통제되고 변환될 수 있는 정도에 초점을 맞추기 때문에 일반적으로 서로 비슷하다. 자원을 변환시키고 통제하는 과정은 우리가 국가 사회의 사회 조직화 수준으로 부르게 될 그 무엇에 달려 있다. 사회 조직화는 두 가지 차원으로 이루어져 있다. 그것은 근대화 수준과 사회적 긴장의 수준이다. 근대화 수준은 각기 다른 국가적 과제에 자원을 배분하고 재배분하는 국가 지도부의 능력을 나타낸다. 이것은 행위능력에 양적(陽的)으로 관련되는 것으로 추정된다. 근대화는 앞에서 언급된 자원의 두 번째 수준을 나타낸다. 사회적 긴장 수준은 정부가 처리해야 하는, 그러나 단기적으로는 해결하기 어려운 사회의 고질적인 문제들을 포함한다. 긴장은 행위능력에 음적(陰的)으로 관련되는 것으로 가정된다. 고도의 사회적 긴장이 자원을 대외 문제에서 대내 문제로 전용하는 한, 이러한 차원은 앞에서 지적한 자원의 세 번째 수준을 가리킨다.

사회 조직화의 한 차원으로서 근대화는 경제개발보다 더욱 광범위하며, 도이치(K. W. Deutsch, 1961)가 사회적 동원(social mobilization)이라고 불렀던 많은 것들을 포함한다. 국가 속성의 견지에서 근대화는 경제개발, 기술 수준, 사회의 커뮤니케이션 수준, 대중의 교육 수준, 사회의 조직화 수준, 관료제 규모 등의 지수로 나타낼 수 있다. 그런데 일반적으로 근대화 수준이 높은 국가는 자원에 큰 통제력을 가지며, 이러한 자원이 어디서 어떻게 사용될지를 규정하는 측면에서도 더 많은 잠재적 통제력을 가질 것이다. 국가가 근대화될수록 외교정책 추구에서 자원을 활용하는 능력은 커질 것이며, 따라서 더 큰 행위능력을 갖게 될 것이다.

두 번째 차원, 즉 사회적 긴장은 사회 조직화에 음적으로 영향을 미친다. 이러한 차원을 나타낼 수 있는 척도의 유형에는 만성적인 인플레이션, 높은 실업률, 만연한 기아와 질병, 지속적이며 높은 수준의 국내 폭력 등이 있다. 긴장은 두 가지 요인들 때문에 사회 조직화에 (그리고 궁극적으로는 행위능력에) 음적으로 관련되어 있다. 첫째, 높은 수준의 사회적 긴장이 존재한다는 것은 사회 내부적 관계들이 효과적이고 능률적으로 작용하고 있지 않음을 의미하며, 따라서 국가의 재화와 용역의 생산능력을 위축시킬 것이다. 둘째, 사회적 긴장은 정부에게 이러한 사회적 문제의 관리에 더 많은 자원을 — 더 많은 시간과 주의와 물질적 재화를 — 배분하도록 요구한다. 이는 결국 외교정책에 활용 가능한 자원이 줄어든다는 것을 의미한다.

요약하면 국가의 행위능력은 두 가지 일반적 요소, 즉 규모와 사회 조직화 수준의 함수다. 규모는 국가 내에서 잠재적으로 가용한 총자원을 나타낸다. 사회 조직화는 대외 문제에 사용하기 위해 자원을 통제하고 변환하고 배분하는 능력을 말한다. 이것은 두 가지 차원으로 이루어져 있다. 하나는 근대화로, 사회 조직화에 양적으로 관련되어 있다. 그리고 또 하나는 사회적 긴장으로, 사회 조직화에 음적으로 관련되어 있다.

행위능력을 외교정책 행동에 관련시키는 설명 논리는 무엇인가? 앞에서 지적한 대로 행위능력은 두 가지 별도의 차원, 규모와 사회 조직화로 이루어져 있다. 양자는 각기 다른 인과적 기제를 통해서 작용하긴 하지만 행위능력에는 똑같이 양적(陽的)인 관계를 갖는다. 논의를 더욱 진전시키기 위해 우리는 이들 두 차원이 부가적으로 결합하는 것으로 가정했으며, 이는 규모와 사회 조직화에서 서열이 높은 국가가 최대의 행위능력을 갖고 규모와 사회 조직화에서 서열이 낮은 국가들은 최소의 행위능력을 갖는다는 것을 의미한다. 작은 규모/높은 수준의 사회 조직화 국가들과 큰 규모/낮은 수준의 사회 조직화 국가들은 중간 정도의 행위능력을 가진다. 행위능력 수준의 이러한 차이는 세 가지 경로를 통해 외교정책 행동의 차이로 나타날 것이다. 그것은 ① 외교정책 행동의 실체적인 내용의 차이, ② 통치 스타일과 외교정책 목표를 추구하는 데 사용되는 기술의 차이, ③ 외교정책이 형성되는 과정의 차이이다.

첫째로 행위능력이 작다는 사실 자체가 어떤 유형의 과제와 문제에 관심을 기울여야 한다는 것을 의미하기 때문에, 외교정책의 실체적인 내용은 국가들이 갖는 행위능력의 정도에 따라 국가들 간에 차이가 있을 것으로 예상된다. 행위능력의 부족은 적은 자원 또는 낮은 수준의 사회 조직화 또는 이들 모두에 기인한다. 그렇다면 행위능력이 부족한 국가의 외교정책 행동은 이를 극복하기 위해 필요한 부분에 집중되어야 한다고 주장하는 것이 합리적이다. 이 경우 경제성장과 개발에 관련된 쟁점과 문제들이 특히 부각될 것이다. 국가들은 행위능력을 증대시킬 가능성이 높은 다른 국제 행위자들과의 관계를 모색하게 될 것이다. 무역협정의 조인, 카르텔 참여, 대외투자의 모색, 국제 보조금과 차관의 신청 등이 이러한 예에 속한다.

비슷한 유형의 주장이 외교정책의 집행에 사용되는 양식과 기술에 관련해서도 성립될 수 있다. 낮은 수준의 행위능력을 가진 국가의 경우, 그 때문에 인적인 것이든 비인적인 것이든 '적은 비용'이 드는, 즉 가장 적은 자원을 소모하는 통치기술을 활용하게 될 가능성이 높다고 할 수 있다. 이와 관련해 가장 좋은 예는 약소국가가 많은 외교정책 활동을 수행하기 위해 국제조직이나 그 밖의 다자간(쌍무적인 것에 대조되는) 무대들을 활용하는 경향이다(Azar, 1973; East, 1973a). 국제조직들은 범세계적인 것이든 지역적인 것이든 약소국가들이 상대 국가와 쌍무적으로 만나기 위해 대표를 파견하는 데 필요한 액수보다 훨씬 적은 비용으로 더 많은 국가들과 의견을 교환할 수 있는 기회를 제공해 준다.

외교정책 의사결정 과정 역시 국가 행위능력 수준에 따라 달라질 가능성이 있다. 행위능력 수준이 낮은 국가의 경우에 외교정책 입안 조직은 작고, 내부 전문화의 정도도 낮을 것이다. 이러한 요인들은 예를 들어 대외 문제 쟁점들을 모니터하는 경우처럼 심각한 문제와 한계를 야기할 수 있다. 행위능력 수준이 낮은 국가는 모든 쟁점과 관심 있는 영역들을 효과적으로 모니터할 가능성이 없다. 그러한 나라는 중요할지도 모르는 모든 국제회의에, 또는 원하는 모든 국가의 수도에 대표를 보낼 수도 없다. 그러므로 완전하지 못한 정보를 토대로 결정이 이루어질 가능성이 높다. 외교정책은 국가 조직체 내의 숙고의 결과로서보다는 집단적인 다국적 행동들의 결과로 국제조직체 안에서 입안될 가능성이 높다. 더구나 행위능력 수준이 낮은 국가에서는 경제적 쟁점의 중요성 때문에, 외무장관은 흔히 무역, 농업, 재정 등과 같은 경제적 쟁점에 책임이 있는 장관에 대해 부차적인 입장을 취함으로써 대외 문제에서 덜 두드러진 역할을 할 가능성이 있다.

선정된 가정들

행위능력의 차이를 외교정책 행동의 차이와 관련시키는 일반적인 설명 논리를 제시했으므로, 우리는 국가 속성 관점의 기초가 되는 몇몇 중심적인 가정들을 이끌어내 논의하는 작업에 들어갈 수 있다. 그렇게 함으로써 그 관점의 몇몇 주요 국면들이 개관되고 구체화될 것이다.

가정 6.1 **한 국가의 자원상의 제한은 그 국가의 외교정책 행동을 제한할 것이다.** 이러한 가정으로 우리는 자원의 개념과 외교정책 행동의 관계를 설정할 수 있다. 이것은 어떤 활동을 위해서도 자원이 필요하다는 사실을 받아들이는 '에너지 보존' 법칙의 형태를 띤다.

가정 6.2 **자원이 일정하다면 최고 수준의 사회 조직화를 달성한 국가는 그 자원을 가장 효율적으로 변환시키거나 통제할 수 있을 것이다.** 이러한 가정은 우리가 사회 조직화와 행위능력에 대한 관계를 개념화하는 데 기초가 되는 기제를 강조하고 있다.

가정 6.3 **행위능력 수준이 높은 국가는 그 능력을 외교정책에 이용하려는 경향을 띠게 될 것이다.** 국가의 모든 자원이 외교정책 활동에 배분될 수는 없다. 왜냐하면 자원의 상당 부분은 국민들의 국내적 필요와 요구에 부응하는 데 활용되어야 하기 때문이다. 우리의 가정은 국가들이 동일한 비율로 국내 문제와 국제 문제에 자원을 배분한다는 것이 아니고, 국가별로 전체 자원과 대외 문제에서의 행위능력 간에는 어떤 대응이 있을 것이라는 점이다.

가정 6.4 외교정책 의사결정자는 외교정책 목적의 성취를 극대화하는 방법으로 국가의 행위능력을 활용하려고 할 것이다. 이것은 외교정책 행동에 대해 '합리성(rationality)'을 가정하고 있다. 이 가정은 국가의 외교정책 목적이 어떤 것인지 또는 어떤 것이어야 하는지를 언급하지 않는다. 목적이 무엇이든, 외교정책 의사결정자는 더 나은 목적 실현을 위해 모든 노력을 기울인다는 것이다.

요약하면 이러한 네 가지 가정은 외교정책 분석에 관한 국가 속성 관점의 기초를 이룬다. 이러한 관점의 기본 요지는 다음과 같이 말할 수 있다. 즉, 국가 속성(행위능력에 반영된 것으로서) 측면에서 국가 간의 차이는 국가 간 외교정책 행동 차이를 설명해준다. 이러한 가정과 관점에 대한 일반적인 언명들을 이용해, 우리는 이제 행위능력을 외교정책 행동의 다양한 국면에 관련시키는 일련의 명제들을 제시할 수 있다.

예시적 명제들

독자들에게 국가 속성 관점에 관한 충분한 정보를 제공해, 독자들이 국가 속성을 외교정책의 국면에 관련시키는 또 다른 명제들을 만들어낼 수 있으면 하는 바람에서 다음의 명제들을 제시해보았다.

명제 6.1 국가의 행위능력은 그 국가에 의해 수행된 외교정책 활동의 총량에 양적으로 관련되어 있다.

여기서 우리는 행위능력 수준이 가장 높은 국가가 실제로 가장 많은 대외 문제 활동에 가담하게 될 것이라 가정하고 있다. 이러한 명제를 위한 이론적인 근거는 자원에 대한 제한이 외교정책 활동을 제한하게 될 것이라는 우리의 가정에 기초를 두고 있다. 활동 유형은 구분하지 않았다. 그보다 우리는 외교정책 사건 자료에서 나타난 바와 같이(예를 들어 McClelland and Hoggard, 1969; Burgess and Lawton, 1972; C. F. Hermann et al., 1973) 한 국가가 발생시킨 외교정책 사건의 총수에 관심을 가진다. 또한 이 가설은 럼멜(Rummel, 1966)이 구체화했던 것처럼 국가 속성을 참여 차원에서 각국이 받은 요소 점수(factor scores)에 관련시킴으로써 검증될 수 있다.

명제 6.2 국가의 행위능력 수준이 낮을수록 경제적 문제를 포함하는 실체적 문제 영역에 관련된 외교정책 행동의 비율은 그만큼 더 높아진다.

행위능력 수준이 낮은 국가에서 경제문제가 갖는 중요성 때문에, 우리는 대외 문제 부문에서 그 국가가 행하는 실체적 활동 측면에서 경제문제가 차지하는 비율이 더욱 높을 것으로 예상한다. 예를 들어 만약 그 국가가 덜 근대화되었다면, 정치 지도자들의 주요 목적은 경제 개발 수준을 높이고 추가적인 해외자본과 투자를 끌어오며 경제적 후생에 영향을 줄 수 있는 이러한 국제 문제와 상황을 보살피는 일이 될 것이다. 미개발 국가의 경우 경제가 다른 국가들과 다른 초국가적 단위들(예를 들어 다국적기업, 은행, 정부간경제조직 등)에 의해 깊숙이 침투되어 있을 가능성이 매우 높다.

자원이나 세력 기반이 작지만 고도로 근대화된 국가들의 경우에도 비슷하게 말할 수 있다. 여기서도 여전히 경제문제는 매우 중요하다. 근대화로 끊임없이 증대되는 국내 부문의 요구에 부응하기 위해 지속적인 성장이 필요하지만 그 나라에는 필요한 자원 기반이 부족하기 때문이다. 그래서 이들 나라에서도 경제성장에 관한 쟁점이 가장 중요하다. 더구나 더 작으면서 더 근대화된 국가는 지극히 중요하게 요구되는 재화나 용역에서 다른 국가들에 심하게 종속(또는 상호 의존)될 가능성이 높다.

명제 6.3　국가의 행위능력 수준이 낮을수록 외교정책 행동의 행동 범위(scope of action)는 (실체적으로 그리고 지리적으로) 더욱더 좁아진다.

이 명제는 행위능력의 부족이 대외 문제를 모니터하고 이에 대응하는 조직적 능력의 감소로 나타날 것이라 가정하고 있다. 외교정책 관료체제에서 일하는 인원은 얼마 되지 않을 것이며, 그러므로 국제체제에서 제기되는 모든 관련 쟁점에 대해 관심을 갖거나 모든 지역에 주의를 기울이는 일은 불가능할 것이다. 이러한 조직적 능력의 부족으로 대외정책 지표상에서 대외 부서가 처리하는 쟁점의 수와 대외 문제 활동의 대상 국가 수는 적을 것이다.

명제 6.4　행위능력의 수준이 낮을수록, 다자간 무대를 통해 이루어지는 외교정책 행동의 비율은 더욱 커진다.

이 명제는 국가가 목적 달성을 극대화하는 방향으로 행동하게 된다는 가성에 입각해 있다. 행위능력의 한계를 인식하고 있는 국가는 다자간 대외 문제 활동에 가담할 가능성이 더욱 크다. 저능력 국가는 아마도 외교정책 활동의 상당 부분을 국제기구의 맥락에서 수행하게 될 것인데, 그러한 기구가 각국 간의 접촉을 극대화하는 수단을 제공하면서 동시에 그 입장에 대한 지지를 동원할 수 있게 해주기 때문이다. 국가가 독자적으로 행동하거나 서로 제휴해 행동하는 정도를 측정할 수 있다면, 우리는 능력 수준이 낮은 국가가 능력이 큰 국가보다 더 빈번하게 제휴활동에 임할 것으로 기대한다.

명제 6.5 **국가의 행위능력 수준이 낮을수록, 높은 수준의 개입과 높은 수준의 부정적 감정이 외교정책 행동에서 차지하는 비율은 더욱 커질 것이다.**

언뜻 보기에 이 명제는 직관에 반하는 인상을 풍긴다. 그 반대, 즉 능력 수준이 낮은 국가가 수반되는 위험과 비용을 줄이기 위해 덜 높은 수준의 개입과 덜 높은 수준의 부정적 감정 행동에 임하게 될 것이라는 내용이 더 정확한 예측처럼 보일 수 있다. 그러나 이 명제를 뒷받침하기 위해 가정된 과정은 대외 문제를 모니터하고 이에 반응하는 국가능력과 관계가 있다. 능력 수준이 낮은 국가는 대외 문제를 모니터하는 데 배분할 자원이 제한되어 있거나 불완전하게 조직되고 비효율적인 정부 기관에 이러한 임무가 주어져 있기 때문에, 대부분의 경우 자국에게 중대한 국제정치 쟁점들이 한동안 진행되고 나서야, 그리고 흔히 원치 않는 방향으로 발전된 이후에야 비로소 이러한 문제를 인식할 수 있게 된다. 그러한 쟁점이 비록 초기 단계에서 인식되었다 해도 약소국가는 이러한 초기 논의에 영향을 주기 위한, 또 아마도 논의에 참여하기 위한 인원과 기능을 구비하지 못할 것이다. 그러므로 능력 수준이 낮은 국가는 지극히 중요한 쟁점이 전개되거나 공식화되는 과정에서도 자원을 효과적으로 투입할 수 없다. 그리하여 쟁점을 겨우 인식했을 때, 그리고 부득이 행동하지 않을 수 없게 되었을 때, 그 국가는 이미 낮은 수준의 개입, 낮은 수준의 감정, 협력적 행동을 활용할 수 없게 되는 것이다. 능력 수준이 낮은 국가는 그 쟁점이 공식화되었을 때, 쟁점에 대해 강한 어조로 반대하거나 그 결과에 영향을 미치기 위해 위협이나 높은 수준의 감정적 행동에 호소할 수밖에 없는 상황에 처하게 된다.

요약

이 장에서 우리는 오랫동안 외교정책의 분석에서 두드러진 위치를 차지해온 일련의 요소들(국가 속성들)에 초점을 맞추었다. 영토 면적, 인구, 천연자원, 경제와 같은 요소는 국가의 외교정책 행동을 분석하거나 예측할 때마다 항상 중요하게 고려해왔던 것들이다. 그러나 연구 논문들에서 이러한 다양한 요인에 대한 개별적인 고려는 자주 있었지만, 우리가 국가 속성 관점이라고 부르는 것에 대한 이론적이고 경험적인 연구는 매우 적었다. 이 관점에서는 국가 속성이라고 정의되는 부류의 변수들이 외교정책 행동의 차이를 설명하는 변량들(variations)의 주요한 원천이라고 가정한다. 그러므로 먼저 국가 속성이라는 용어가 무엇을 의미하는지를 밝히고, 국가 속성이 어떻게 외교정책 행동에 이론적으로 관련되는지 설명할 필요가 있다. 행위능력 개념은 국가 속성이 외교정책에 영향을 미칠 수 있는 수많은 방법을 통합하는 수단으로 노입되었다. 그런 다음 행위능력이 외교정책의 세 가지 국면, ① 실체적 내용,

② 통치의 기술과 유형, ③ 외교정책 의사결정을 위한 과정과 구조에 어떻게 영향을 미치는지 보여주었다. 마지막으로 행위능력을 두 가지 구성 요소인 규모와 사회 조직화로 나누어, 이들 각각의 차원들이 외교정책과 갖는 관계가 검토했다. 선정된 가정 목록이 이 관점에서 도출되었으며 일련의 예시적 명제가 제시되었다.

외교정책에 관한 이러한 관점은 다른 이론적 관점에도 관련될 수 있다. 우리는 적어도 세 가지 연계들을 지적할 수 있다. 무엇보다 먼저, 국가 속성 관점은 국가의 정치 지도자가 국제관계에서 국가의 이름으로 행동한다는 것을 가정하고 있다. 이러한 사람의 행동은 심리적이고 성격적인 특성에 영향을 받게 될 것이다(3장 참조). 자국의 행위능력에 대한 지도자의 인식은 대외 문제에서의 경험, 대외 문제에 대한 관심, 권력 요구, 정치 지도자로서의 자기 효능(self-efficacy)에 대한 신념 등과 같은 요인들에 달려 있다.

두 번째 연계는 레짐의 특성을 포함한다(5장 참조). 국가의 자원 활용 능력은 분명 레짐이 다양한 정치적 요인에 의해 구속되는 정도의 함수다. 고도로 중앙 집중화된 경제를 가진 국가의 경우처럼 정부가 사회적 총자원에 법적인 접근과 통제를 해왔다 하더라도, 그러한 접근과 통제는 만약 레짐이 지배 연합(the governing coalition) 때문에 마비되어 있다면 대외 문제에는 별로 소용이 없을 것이다.

마지막으로 국가 속성 관점은 국가 결정의 구조와 과정에 관련될 수 있다(4장 참조). 외교정책 과제를 처리하기 위해 지도자에 의해 이용되는 조직 형태는 자원들이 외교정책 부문에서 배분되는 방식에 영향을 미칠 수 있다. 예를 들어 높은 수준의 사회 조직화를 달성한 (예를 들어 높은 수준으로 근대화된) 국가의 경우, 참모와 측근들과 함께 행동하는 강력한 국가 지도자는 외교정책 기제를 매우 엄격하게 통제할 수 있는 반면, 사회 조직화 수준이 낮은 나라에서는 지도자가 통제할 아무런 효율적인 외교정책 기제가 없을 것이다.

논의를 마치면서 이 장에서는 외교정책 분석의 단일 관점, 국가 속성 관점을 설명하는 것이 주된 목적이었다는 점을 다시 한 번 강조하고 싶다. 그러나 이 책 속에는 이 관점과 다른 관점들의 다양한 관계가 들어 있다. 우리는 이러한 단일 관점의 설명이, 이 책에 제시되어 있는 모든 관점들을 사용하는 외교정책 행동에 대한 다중 인과적, 다변량 설명모델(multicausal, multivariate explanatory models)을 만들어내는 과제로 나아가기 전에 거쳐야만 하는 필요한 예비적인 단계라고 여긴다.

07 국제체제적 관점과 외교정책

모리스 A. 이스트

외교정책에 관한 국제체제적 관점은 가장 거시적인 분석 차원에 초점을 맞춘다. 주된 관심사는 외교정책 목적을 추구하는 국가의 활동 무대로서 국제환경의 광범위한 상황적 특성 변화에 관한 것들이다. 이 관점의 일반적인 특징은 국제체제의 국면이 변함에 따라 그 체제를 구성하고 있는 개별 국가의 외교정책 행동도 변한다는 것이다.

우리는 이번 장에서 먼저 국제체제를 정의한 뒤, 이 변수들과 자주 혼동되는 다른 유형의 변수들을 구별해보겠다. 그런 다음 국제체제적 변수를 외교정책에 관련시키는 이 관점의 일반적인 설명 논리를 개발할 것이다. 이어 외교정책 행동 분석에 중요하다고 추정되는 국제체제 변화의 다섯 가지 국면들에 대해 논의한다. 마지막으로 이 관점의 기본적인 가정들과 몇몇 예시적 명제들을 제시할 계획이다.

관점의 개관

국제체제 개념은 국제정치나 외교정책 연구에서 결코 새로운 개념이 아니다. 그러나 외교정책 연구를 위한 국제체제적 관점은 비교적 새롭게 개발된 것이다. 1장 서론에서 지적했듯이 하나의 관점은 외교정책 설명을 위한 어떤 특정 변수 집합의 중요성을 가정한 다음, 이러한 중심적인 변수들을 외교정책에 관련시키는 설명 논리를 제공하는 일반적인 정향으로 묘사될 수 있다. 몇몇 분석가들이 외교정책을 연구할 때 고려해야 하는 변수의 목록에 국제체제 개념을 포함시켜왔지만, 국제체제에 초점을 맞추는 경우는 별로 없었다. 그 결과 국제체제적인 변수를 외교정책에 연계시키기 위한 이론적인 틀은 많이 개발되지 못했다. 그러한 틀을 개발하려는 우리의 시도를 보여주기 전에 국제체제의 개념을 간단하게 살펴보는 것이 좋겠다.

국제정치와 외교정책에 대한 문헌은 국제체제에 관한 언급으로 가득하다. 역사가들은 각기 다른 시대의 외교에 관해 기술할 때마다 이 개념을 사용해왔다. 예를 들어 투키디데스(Thucydides)는 펠로폰네소스 전쟁을 논하기 위해 국제체제의 하나의 유형(양극체제)을 사용했다 (Fliess, 1966 참조). 다른 유형, 즉 세력균형체제는 18세기와 19세기 유럽의 많은 외교사학자들에 의해 검토되었다(예를 들어 Gulick, 1955). 또한 국제체제에 대한 언급은 1960년대와 1970년대에 걸쳐 국제정치 학자들의 국제관계에 대한 저술 속에서도 광범위하게 이루어졌다.

그러나 그동안 학자들이 국제체제의 개념을 사용했던 방법은 이번 장에서 사용할 방법과는 여러 가지 점에서 다르다. 그러므로 처음부터 우리가 이 개념을 어떻게 사용하려 하는지를 분명히 해둘 필요가 있다. 체제를 정의하면서 우리는 홀과 페이건(Hall and Fagan, 1968: 18)이 "체제란 사물들 간의 그리고 사물들의 속성 간의 관계 및 사물들의 집합이다"라고 했던 말을 참조할 것이다. 영(Young, 1968a)은 이 정의를 비롯해 그 밖의 많은 정의들을 고려한 다음에 실제적으로 모든 정의에 존재하는 몇 가지 일반적인 체제적 특성을 찾아냈다.

> 각각의 정의는 서로에 대해 어떤 특징적인 구조적 관계들 속에 서 있으면서, 어떤 특징적인 과정들 위에서 상호 작용하는 일단의 사물들 또는 요소들에 대한 개념을 구현하고 있다.

체제에 대한 홀과 페이건의 정의와 영이 지적한 특성들과 함께, 어떤 체제가 국제체제로 고려되기 위해서는 어떤 정의적 특성들이 부가되어야 하는가? 국제체제는 구성 요소에 영토에 기반을 둔 가장 포괄적인 정치적 실체들을 포함하지만 반드시 거기에 한정되지는 않는 체제여야 한다. 따라서 국제체제는 특정 시기에 존재하는 영토에 기반을 둔 주요한 정치적 행위자들 간의 상호 작용과 관계의 유형을 말한다. 오늘날에는 근대 국민국가가 국제정치에서 주요한 유형의 정치 행위자라는 데 일반적인 합의가 이루어졌다(K. W. Deutsch, 1968; Nye and Keohane, 1971 참조). 다른 역사적 시기에는 다른 유형의 정치적 실체들이 국제체제의 주요 행위자였다. 예를 들면 고대 중국에서 다투었던 봉건국가들, 고대 그리스의 도시국가들, 15세기 유럽의 이탈리아식 국가체제들이 있었다(Bozeman, 1960; K. J. Holsti, 1972 참조). 현시점에서 우리는 근대

국민국가의 지배적인 위치를 인정하긴 하지만, 오늘날 국제체제에서 중요한 역할을 담당하는 다른 유형의 정치적 실체들이 존재한다는 것도 인정한다. 그러한 실체들에는 보편적이며 지역적인 정부간국제기구들(IGOs), 초국가적 게릴라와 테러집단, 다국적기업(MNCs), 광범위한 기능적 분야에서 활동하며 급격하게 수가 늘고 있는 비정부기구들(NGOs) 등이 포함된다. 우리는 국제체제에 대해 정의하면서 국민국가들과 함께 이러한 실체들을 체제 요소로 포함시키고 있다.

국제체제 개념을 어떻게 사용할 것인가를 설명했으므로 외교정책 연구를 위한 국제체제 관점의 기본적인 특징을 살펴보자. 일반적으로 이 관점은 국제체제 내의 변화가 어떻게 그 체제 내 국가들의 외교정책에 영향을 미치는가에 관심을 갖는다. 한 가지 중요한 국면은 국제체제적 변수들은 국제체제 내의 주요한 모든 실체들 간의 상호 작용과 관계의 유형에 초점을 맞추어야 한다는 것이다. 다시 말해 이 관점은 방법론상 전체론적(holistic)이며 그 체제를 한 단위로 간주한다.

국제체제가 전체론적이어야 한다는 이러한 요건은 이 관점을 비교적 일반적인 다른 두 접근법과 구별해준다. 하나는 행위체계로 간주되는 세계의 다양한 지역에 관심을 갖는 것이다(Russett, 1967; Berton, 1969; Cantori and Spiegel, 1970). 두 번째 접근법은 지리적 인접성에 상관없이 빈번하게 상호 작용하는 몇몇 실체를 내포하는 특별한 활동체계들(systems of activity)을 분리해내는 것이다. 한 가지 좋은 예는 미국과 영국에 대한 러셋(Russett, 1963)의 연구인데, 러셋은 이 국가들이 하나의 행위체계를 구성한다고 가정한 다음 그 가성된 체제 내의 다양한 활동의 유형들을 분석했다. 이 두 접근법이 유용하긴 하지만 우리가 개념화했던 국제체제에 초점을 맞추지는 않는다. 이들 접근법에서 중심적인 '체제' 유형들이 국제체제 관점에서는 국제체제의 하부체제로 개념화된다. 우리의 관점에서는 그러한 하부체제와 국제체제의 관계가 문제가 된다(Binder, 1958 참조). 하부체제가 어떻게 자신이 속한 국제체제에 의해 영향을 받는지에 대한 관심이 국제체제 관점의 독특한 특징이다.

국제체제 관점에는 지적해두어야 할 다른 두 가지 국면이 있다. 먼저 시간의 차원에 관계된 내용이다. 국제체제 내의 변화의 영향은 시간 경과에 따라 분석될 수 있을 뿐이다. 외교정책에 대한 어떤 변수의 영향을 분석하려는 경우, 분석은 대부분 다음 두 가지 방법 중 하나를 통해서 이루어진다. ① 관찰 단위와 관련해서는 시간 경과에 따른 변수의 변화를 관찰함으로써, ② 동일한 시점에서 많은 관찰 단위를 망라해 값을 비교했을 때 발견되는 변량들을 관찰함으로써 이루어지는 것이다. 이것은 흔히 통시적 분석(diachronic analyses)과 공시적 분석(synchronic analyses)으로 불린다. 국제체제 관점의 전체론적인 성질은 주어진 시점에서 검토되어야 하는 국제체제가 오직 하나의 관찰 단위로 존재하기 때문에 공시적 분석을 불가능하게 한다.[1] 따라서 국제체제에서 일어나

01 국제체제에 대한 우리의 개념화를 가정하면 둘 이상의 국제체제가 동시에 존재할 수 있다는 점을 지적할 필요가 있다. 사실 초기 역사 시대가 그러한 경우인데, 중국의 체제와 유럽의 체제가 사실상 거의 아무런 접촉 없이 존재하고 있었다. 얼마든지 다른 국제체제나 몇몇 국제체제가 서반구에 동시에 존재했을 수 있다. 그러나 수많은 아시아와 아프리카 국가들이 독립한 1960년대 초 이후에는, 국제체제의 전체론적 성질을 가정하는 것이 합당해 보인다. 다시 말해 오늘날 국제체제적 변수의 정의는 사실상 모든 국가를 포함하는 관계 유형을 지칭하지 않으면 안 된다.

는 변화가 외교정책에 미치는 영향을 연구하는 경우, 연구 설계는 통시적이거나 시간 교차적(cross-time)이어야 한다.

우리가 주목해야 할 국제체제적 관점의 또 다른 중요한 국면은 국제체제적 변수가 다른 곳에서 외부적 변수(external variables)로 불리는 것과는 구별된다는 점이다(Rosenau and Hoggard, 1974; Harf et al., 1974). 외부적 변수는 그 변수에 의미를 부여하기 위해 어떤 외부적 실체에 대한 준거가 필요한 국가의 속성들이다. '소련으로부터 항공 마일상의 거리'는 외부적 변수의 한 예다. '공식적인 동맹상대국의 수'는 또 다른 예다. 이들 변수 모두 외부적 실체에 대한 준거를 필요로 하는데, 앞의 경우는 소련이고 뒤의 경우는 동맹국들이다. 더 나아가 외부적 변수는 국가들을 동일한 시점에서 비교 가능하게 하는 변수다. 국제체제 관점에서 시간 차원이 갖는 중요성에 관한 앞의 논의를 되새겨, 우리는 외부적 변수와 국제체제적 변수 간의 결정적인 구별점을 갖게 된다. 하프 등(Harf et al., 1974: 236)이 언급한 다음 내용을 살펴보자.

> 어떤 시점에서 외부적 데이터 포인트의 수는 그 체제 내 단위의 수와 같은데, 대개는 존재하는 국가의 수다. 반면 어떤 주어진 시점에서 체제적인 데이터 포인트는 오직 하나만 존재한다.

외부적 변수와 국제체제적 변수를 구별하는 것은 중요하기 때문에 예를 하나 더 들어보자. 외부적 관점(the external perspective)에서 정부간 국제기구(IGOs)를 고찰할 때, 국가는 관찰 단위이며, 가능한 하나의 외부적(external) 변수는 그 국가가 속한 정부간국제기구의 수다. 이론적으로 체제 내 국가는 각기 다른 수의 정부간국제기구에 소속될 수 있다. 국제체제적 관점에서 정부간국제기구를 관찰할 때는 그 체제가 관찰 단위가 되며 하나의 가능한 체제적(systemic) 변수는 주어진 시점에서 국제체제 내 정부간국제기구의 총수다.

지금까지의 내용을 요약해보면, 국제체제에 대한 우리의 정의를 제시했으며 국제체제적 관점의 세 가지 특성을 지적했다. 첫째, 이 관점은 전체론적이다. 국제체제적 변수는 그 체제의 하부체제가 아니라 단일 단위로서의 전체체제를 지칭한다. 둘째, 그 체제 변화를 식별하기 위해서는 시간의 경과에 따른 분석이 필수적이기 때문에 시간 차원이 그 관점의 결정적인 요소가 된다. 마지막으로 국제체제적 변수는 외부 변수와는 구별되기 때문에 외교정책 분석에 대한 체제 관점 특유의 공헌이 인정된다. 이 관점에 대한 개념 범주를 설정했으므로, 이제 국제체제적 변수와 외교정책 간의 가능한 이론적 연계를 간단하게 초안하는 단계로 넘어가보자. 존스와 싱어(Jones and singer, 1972: 13)가 지적한 대로, "(그) 체제가 국가의 행동과 상호 작용에 미치는 영향이 그 역보다는 더 크다는 점"에서 생태적 정향(an ecological orientation)이 국제체제적 관점의 기초가 된다. 체제적 변수가 외교정책에 영향을 미치는 데는 두 가지 방법이 있다. 첫째, 체제 내의 변화가 그 체제 내 국가의 외교정책 행동에 유사한 변화를 가져오는 것이다. 둘째, 체제 내의 변화가 그 체제 내 국가의 외교정책 행동에 차별적인 변화를 산출하는 것이다. 그러한 차별적인 반응은 체제적 변수가 다른 비체제적 요소들(국가 속성, 레짐 구속, 지도자의 개인적 특성처럼 국가에 따라 달라질 수 있는 요소들)과 상호 작용함으로써 나타날 수 있다. 이것은

〈표 7-1〉 복잡성과 자원의 가용성을 나타내는 차원들

	차원들
복잡성	1. 체제 내 구성 요소의 수와 유형 2. 체제 내에서 다루어지는 문제의 수와 유형 3. 체제 내 구성 요소들 간의 상호 작용의 구조
자원의 가용성	4. 체제 내 자원 분포의 유형 5. 체제 조직화의 정도

또한 그 체제 구성국가들이 각기 다른 기능을 수행하며 균형국가(balancer), 동맹, 블록 지도국 등과 같이 체제 내에서 각기 다른 역할을 수행하기 때문에 발생할 수도 있다. 우리는 국제체제 내에서 각기 다른 역할을 담당하는 국가들이 체제 내의 변화에 각기 달리 반응할 것으로 생각한다. 국제체제적 변수가 외교정책에 반응하는 이러한 방법은 아래에서 자세히 검토할 것이다.

우리는 국제체제적 변수가 외교정책에서 갖는 중요성에 한 가지 문제를 제기하면서 논의를 마무리 짓겠다. 왜 외교정책 의사결정자들은 체제적 변수에 관심을 가져야 하는가? 우리는 의사결정자의 관점에서 볼 때 국제체제의 두 가지 일반적인 국면이 중요하다고 생각한다. 하나는 체제의 복잡성(complexity)이고, 또 하나는 체제 내 다양한 자원의 가용성(availability)이다. 이들 두 가지는 아래에서 충분히 논의될 것이다. 다만 여기서 필요한 것은, 체제의 복잡성과 자원의 가용성 모두가 국제체제 내에서 어떻게 효과적으로 행동하며 상호 작용할 것인지를 결정하기 위해 지도자에 의해 고려되지 않으면 안 되는 중요한 요소들이라는 점을 지적하는 것이다.

이 관점의 개발에서 복잡성과 자원의 가용성은 <표 7-1>이 보여주고 있는 것처럼 국제체제의 다섯 가지 차원에서 다루어질 것이다. 우리는 국제체제의 이러한 다섯 가지 차원 중 어느 하나의 변화가 그 체제 내 국가들의 외교정책 행동 변화로 이어질 것이라고 주장한다.

이전 연구들과의 관계

앞서 지적했듯이 국제체제 개념은 국제 관련 연구의 이론적 문헌과 경험적 문헌 모두에서 자주 언급된다. 이번 절을 통해 우리는 외교정책의 국제체제적 관점에 관련되는 범위 안에서 이러한 문헌들을 평가하게 될 것이다. 이번 절의 일반적인 취지를 고려해 우리들이 도달한 결론은 많은 국제체제 문헌들이 오직 간접적으로만 이 관점에 관련된다는 것이다. 그러나 어떤 연구는 더욱 상세하게 검토해볼 필요가 있다.

캐플런(M. A. Kaplan, 1957)은 국제체제에 관한 초기의 이론적인 분석에서 국가의 외교정책 행동은 국가가 활동하는 국제체제의 유형에 의해 영향을 받게 될 것이라고 주장했다. 그는 한 예를 통해 비교적 안정적인 세력균형체제에서는 결정 재량권이 많은 국가들이 외교정책을 정하면서 국내적인 고려 대상과 대외적인 고려 대상에 거의 대등한 관심을 기울인다고 말했다. 그러나 그 체제가 훨씬 덜 안정적이고 경직된 양극체제로 변하면, 결정 재량권이 많은 국가들은 대외적이거나 외부적인 고려에 더 많은 주의를 쏟는다. 캐플런의 주장에서 근간이 되는 논리는, 결정 재량권을 많이 가진 국가는 외부적인 관심사와 국내적인 관심사 모두에 주의를 배분하는 일에 상당한 통제력을 가지고 있다는 것이다. 결정 재량권이 많은 국가는 국제체제가 덜 안정적이게 되면 외부적 요소에 더 많은 주의를 돌릴 수 있다.

이러한 캐플런의 유망한 초기 노력에도 불구하고 많은 문헌들이 다른 방향에서 쏟아져 나왔다. 많은 연구들은 본질적으로 서술적이었으며 국제체제의 특출한 차원을 규정한 다음, 그것을 분명하게 그려내려 했다(Burns, 1957; Rosecrance, 1966; Young, 1968b; Modelski, 1974). 그러나 이 연구들은 체제 요소를 외교정책이나 그 밖의 어떤 종류의 행동에 결부시키려고 하지는 않았다. 더구나 서술적 차원을 넘어선 연구조차 일반적으로 체제적 변수의 한 집합과 다른 집합의 관계에 초점을 맞춘다. 이러한 연구들은 주로 다른 체제적 변수에 대한 체제적 변수의 상관분석이었다. 싱어와 스몰(Singer and Small, 1968)의 연구는 이러한 연구유형의 훌륭한 예다. 그들은 체제 내의 동맹집합(국제체제의 구조적 속성)과 전쟁 양(量)에 관련이 있는지 시험해보았다. 체제 내 지위 불일치와 전쟁 양(量)의 관계에 관한 연구(M. Wallace, 1971; East, 1972) 역시 '체제를 설명하는 체제' 연구('system explaining system' research)의 예다. 이들 연구는 체제적 변수가 외교정책에 영향을 미칠 수 있는 방법에 대해 많은 점을 시사하고 있지만, 체제적 변수들과 그 체제를 구성하는 개별국가의 행위 간의 이론적 연계를 밝히려는 노력은 전혀 하지 않았기 때문에 국제체제적 관점으로 간주될 수 없다.

국제체제적 변수들에 대한 많은 논의는 체제적 변수와 외부적 변수를 구분하지 못하는 결함이 있다. 예를 들어 로즈노(Rosenau, 1971: 109)는 그가 외교정책의 예비 이론이라고 부른 범주 속에 체제적 변수와 외부적 변수 모두를 포함시켰다.

체제적 변수에는 관료들의 선택을 조건 짓거나 여기에 영향을 미치는 사회의 외부 환경의 어떤 비인적 국면들 또는 외국에서 발생하는 어떤 행위들이 포함된다. 지리적 '현실'과 침략 잠재국의 이념적 도전은 체제적 변수의 명백한 예들이다.

로즈노의 예들은 모두 사실상 주어진 시점에서 국가에 따라 달라질 수 있는 외부적 변수이며, 그의 논의는 체제적 변수를 외부적 변수와 구별할 수 있는 그 어떤 기준도 제시하지 못하고 있다. 로즈노는 그 후에 발표된 논문(Rosenau and Hoggard, 1974)의 각주를 통해 이 두 변수를 구별할 필요가 있다는 점을 인정했다. 그러나 그의 후속 연구에서도 그러한 구별은 없었다. 맥고완과 샤피로(Mcgowan and Shapiro, 1973) 역시 경험적인 비교외교정책 연구를 범주화하기 위한 틀 속에서 이러한 구별에 실패했다. 그 책의 체제적 변수에 관한 장의 첫 번째 단락을 인용해보자(McGowan and Shapiro 1973: 161).

국민국가 밖에서 외교정책에 영향을 미치는 2개의 변수 집합 중 두 번째 것은 지리적 위치(외부적), 국가가 체제로 통합되는 정도(외부적), 체제 내의 지위 서열(외부적), 국제조직의 특성(변수에 따라 차이는 있지만 아마도 체제적), 체제 내의 폭력적 분쟁의 수준(체제적) 등과 같은 국제체제의 특성들이다.[2]

---

02 역주_ 괄호 안 문구는 원문에는 없음.

외부적 변수와 체제적 변수를 통합하는 이러한 경향에도 불구하고, 우리는 이번 장에서 이러한 구분을 유지하고 외교정책 분석에 국제체제 관점을 사용하는 가치를 증명했으면 한다.

문헌들을 살펴보면서 우리가 알게 된 사실은 지금까지 국제체제적 변수를 사용한 많은 연구들이 우리가 개발하려는 국제체제적 관점과는 주변적으로만 관련된다는 것이다. 국제체제적 변수를 외교정책 행동에 관련시키려는 연구는 거의 이루어지지 않았다. 그러나 체제적 변수들을 상호 관련시키는 많은 연구들은 체제적 관점에서 외교정책을 분석하는 데 사용할 수 있는 국제체제 변화의 차원들을 연상시켜준다.

관점의 개발

이 관점에 대한 개관에서 지적했듯이, 국제체제적 변수가 국가의 외교정책 행동에 영향을 미칠 수 있는 방법에는 두 가지가 있다. 국제체제 내의 변화는 국가들 사이에서 유사한 반응이나 차별적인 반응을 일으킨다. 두 가지 유형의 관계는 모두 국제체제 내의 변화를 확인하기 위한 시간 교차적 분석을 요구한다. 두 가지 유형의 관계 모두 체제 내 국가의 외교정책 입안자가 국제체제 내의 변화를 비교적 정확하고 비슷하게 인식할 것으로 가정한다. 이러한 가정을 일반적인 형태로 표현하면, 정치 지도자는 국제환경의 주요 변화와 추세를 지각할 수 있고 비교적 정확하게 지각한다는 것이다. 만약 이러한 가정이 없다면, 외교정책에 영향을 미치는 국제체제와 역시 외교정책에 영향을 미치는 다른 변수들을 이론적으로 구별하기란 사실상 불가능해진다. 다른 차원에서 만약 국가가 국제체제의 구성원으로 계속 존속할 수 있으려면, 국가의 지도자는 국제체제를 그때그때 비교적 정확하게 지각해야 한다고 주장할 수도 있다. 이제 이러한 두 가지 유형의 관계에 대해 좀 더 면밀히 검토해보자. 아마도 국제체제적인 변수가 외교정책 행동에 영향을 미치는 가장 분명한 방법은 시간의 경과에 따른 체제 변화와 그 변화에 대해 체제 내 국가들이 보이는 유사한 반응 간의 직접적인 관계를 통해서일 것이다. 이러한 유형의 관계를 설정할 때, 우리는 체제 내의 변화들이 유사한 방법으로 외교정책 행동을 변화시킨다고 가정한다. 싱어(Singer, 1961: 81)는 자주 인용되는 분석 차원에 대한 자신의 논문에서 국제체제 관점에 대한 그 가정의 타당성을 주장했다.

> (국제체제) 차원의 분석은 불가피하게 국가 행위자의 외교정책 조작적 부호에 대해 고도의 획일성을 가정한다. 정의에 따르면, 전체에 초점이 맞추어질 때 행동에서 일탈의 여지는 거의 허용되지 않는다.

여전히 체제 내 국가들의 의사결정자가 체제 내 변화를 비교적 정확하고 비슷하게 지각한다고 가정하지만, 만약 모든 국가들이 체제 내의 지각된 변화에 대해 비슷하게 반응할 것이라는 가정을 완화한다면, 국제체제 내의 변화는 국가들 간의 차별적인 반응을 불러올 수도 있다. 이들 체제 변화의 지각에 대한 지도자들의 반응은 각기 다를 수 있으며, 따라서 국가 행동도 달라질 수 있다. 다양한 국가의 지도자들이 체제 변화에 대해 지각하는 내용이 사실상 동일한 것으로 가정된다 하더라도, 국가에 따라 달라지는 그 밖의 비체제적 요소들에 의해 생겨나는 과정은 지도자가 반응하는 방법에 영향을 미칠 것이다. 이러한 비체제적인 요소들—예를 들어 국가 속성, 레짐상의 구속, 지도자의 개인적 특성—은 국가별로 체제적 변수들과 각기 다르게 상호 작용할 것이며, 그래서 국제체제에 대한 비교적 유사한 인식에도 불구하고 결국 각기 다르게 반응할 것이다. 하나의 좋은 예는 캐플런(M.A. Kaplan, 1957)이 설명한 바 있고 문헌에 대해 개관한 위의 절에서 지적했던 레짐 구속적 변수와 체제적 변수 간의 상호 작용이다. 결정 재량권을 많이 가진 레짐은 대외 문제에 많은 관심을 할애해 국제체제 내의 증대된 불안정에 대응하는 반면, 결정 재량권이 적은 레짐은 국내적인 문제에서 대외적인 문제로 쉽게 관심을 돌릴 수 없다. 결국 우리는 국제체제가 더 안정적인 체제에서 덜 안정적인 체제로 변화함에 따라, 높은 구속 레짐과 낮은 구속 레짐 간에는 그 외교정책 행동에도 차이가 있을 것으로 기대한다.

국가들이 체제 변화에 다르게 반응하는 또 다른 이유는 체제 내에서 국가들이 갖는 역할 때문이다. 국제체제에 관한 캐플런(M. A. Kaplan, 1957)의 모델을 간단히 검토해보면 특정한 구성에 상관없이 모든 체제는—다른 실체와 마찬가지로 국가도—각기 다른 기능을 수행하며, 각기 다른 역할을 담당하는 요소들로 구성되어 있음을 알 수 있다. 예를 들어 세력균형체제는 균형국가, 블록 구성국, 블록 지도국과 같은 역할을 수행하는 실체들로 구성되어 있다. 이완된 양극체제(the loose bipolar system)에는 블록 지도국들, 비블록 구성국들, 블록 구성국들, 보편적 조직들이 존재한다. 단위거부체제(the unit veto system)는 핵보유국들, 보호국가들, 중계국가들, 보편적 조직의 역할을 담당하는 실체들로 구성되어 있다. 국제체제 내에서 각기 다른 역할을 수행하는 국가들은 체제 변화에도 각기 다르게 반응할 수 있다. 이완된 양극체제에서 블록 지도국과 비블록 구성국은 만약 그 체제의 형태가 경직된 양극체제의 방향으로 변화하기 시작한다면, 블록 지도국과 비블록 구성국은 각기 다른 역할을 보유하고 있기 때문에 각각 다르게 행동할 것이다. 블록 지도국은 아마도 구성국가들에 대한 통제를 강화하는 조치들을 환영하거나 지지하게 되겠지만, 비블록 구성국들은 순수하고 경직된 양극체제가 비블록 구성국들을 포함하지 않기 때문에 이러한 변화에 반대할 것이다.

지금까지 살펴본 국제체제 관점 개발을 간단히 요약해보자. 체제적 변수와 외교정책 행동을 연계시키는 데는 두 가지 방법이 있다. 하나는 국가들이 체제 변화를 유사하게 인식한다고 가정하며, 다른 하나는 체제 변화에 대한 국가들의 반응이 차별적일 것으로 가정한다. 이러한 차별적인 반응들은 체제적 변수와 국가마다 다를 수 있는 비체제적인 변수와의 상호 작용이나, 국가들이 체제 내에서 보유하고 있는 각기 다른 역할 때문에 발생한다.

이제 국제체제를 차원화(dimensionalizing)하는 문제로 관심을 돌려보자. 어떤 국제체제의 차원들이 체제 내 국가의 외교정책 행동을 설명하는 데 가장 탁월한가? 외교정책 의사결정자의 견지에서 국제체제의 어떤 국면이 국가 외교정책의 성공이나 실패에 가장 큰 중요성을 가지는가? 우리는 앞으로의 논의를 위해 국제체제의 다섯 가지 차원을 선정했는데, 그 이유는 그 차원들이 외교정책에 커다란 중요성을 가지는 체제의 두 가지 일반적 국면(체제 복잡성과 체제 내 자원의 가용성)을 제시해준다고 믿기 때문이다.

복잡성

복잡성(complexity)은 국제체제 내 구성 요소의 수와 다양성과 이들 구성 요소들 간의 관계의 복잡한 얽힘을 지칭한다. 외교정책 지도자는 국제환경의 복잡성이 자신이 자국의 운명을 통제할 수 있는 정도에 크게 영향을 미치기 때문에 복잡성에 관심을 갖는다. 체제가 복잡해질수록 국가 입장에서 자국에 대한 체제의 영향을 통제하거나 조작하기는 더욱 어려워진다. 자국의 행동이나 타국의 행동의 결과를 조작하거나 심지어 예측할 수 있는 능력은 체제 복잡성에 따라 달라진다. 복잡성 측면에서의 변화는 국제체제의 세 가지 차원에서 언급될 수 있다.

1. **행위자의 수와 유형:** 이 차원은 일반적으로 국제체제의 규모와 체제를 구성하는 각기 다른 유형의 실체들의 수를 말한다. 이러한 변수들은 국가가 국제환경에서 효과적으로 활동하기 위해 필요한 용이함과도 직접적으로 관련될 수 있다. 행위자의 수와 유형이 증가함으로써 야기될 수 있는 문제들 중의 하나는 커뮤니케이션에 관련된 것이다. 체제 내 국가의 수가 증가함에 따라 새로운 형태의 커뮤니케이션이 필요해진다. 즉, 쌍무적 외교채널은 그 체제 내의 행위자 수가 증가하면서 효율성도 떨어질 것이다. 더 나아가 체제의 규모가 커지면 체제 내 행위자들의 행동을 감시하기도 더 어려워질 것이다. 주요 열강들은 체제 내 활동에 영향을 미치거나 통제할 수 있는 그들의 능력에 고통스러운 한계를 느끼겠지만, 소국들과 제3세계 국가들은 이러한 이점을 향유하게 될 것이나.

2. **문제의 수와 유형**: 국제체제는 체제인 덕택에 어떤 임무를 수행하는 것으로 간주될 수 있는데, 그러한 임무에는 다양한 실체적 쟁점들에 대처하거나 그것을 '처리하는' 일들이 포함된다(Modelski, 1961). 체제에 의해 더 많은 쟁점들이 처리되고, 문제의 다양성이 더욱 커질수록 체제 복잡성도 더욱 커진다. 국가에 의해 인식되는 모든 외교정책 쟁점들이 체제에서 처리되는 것은 결코 아니다. 이 점과 관련해 국제체제적 쟁점들은 ① 국제조직과 국제회의의 논의에서 가장 두드러지며, ② 쌍무적이고 다자적인 활동을 통해 체제 내 행위자들에 의해 가장 많은 주의와 자원이 투여되는 광범위한 실체적인 관심사항이라고 생각하는 것이 편리하다. 또한 우리는 각기 다른 유형의 국가들이 그 체제에 의해 처리되는 쟁점의 수와 유형의 변화에 각각 다르게 대응할 것으로 기대한다. 예를 들어 주요 열강은 그 체제에 의해 처리되는 쟁점의 수가 증가하는 데 찬성할지도 모른다. 왜냐하면 그러한 증가는 다른 국가들과의 협상에서 사용될 풍부한 쟁점들의 일람표를 제공해주며, 이면 보상, 교환, 구식 협상 등을 가능하게 해주기 때문이다.

3. **상호 작용의 구조**: 이러한 차원은 체제 구성국들이 쟁점을 둘러싸고 상호 작용하면서 보여주는 그들 간의 관계 유형을 나타낸다. 그 실례로, 우리는 여기서 상호 작용의 중요한 형태 중 하나인 분쟁관계의 구조에 초점을 맞출 것이다. 극성(極性, polarity)은 두 가지 방법으로 평가될 수 있다. 하나는 분쟁이 발원하는 중심점(極)의 수에 의한 것이며, 또 하나는 분쟁 내의 극(極)적인 입장들(polar positions) 주위로 군집하거나 행위자들이 밀집하거나 집착하는 정도에 의한 것이다. 만약 이러한

방법으로 극성을 측정한다면, 예를 들어 우리는 양극체제와 다극체제의 차이뿐만 아니라 경직된 양극체제와 이완된 양극체제의 분쟁구조 차이도 구별할 수 있다.

분쟁구조는 체제 복잡성에 직접 관계되는데, 단극(單極) 또는 경직된 양극체제는 복잡성이 가장 적고, 이완된 구조를 가진 다극체제는 복잡성이 가장 크다. 그러나 분쟁구조를 체제 복잡성의 견지에서 관찰하는 것은 어떤 분쟁구조가 평화적이고 협력적인 관계에 좀 더 이바지하는가 하는 문제에 관해 합의를 이루는 데 아무런 도움을 주지 못한다. 바로 이 문제에 대해서는 왈츠(Waltz, 1964) 및 도이치와 싱어(Deutsch and Singer, 1964)의 논쟁에 주목하라. 이 논쟁의 궁극적인 결말과는 상관없이 국제체제 내의 분쟁구조가 외교정책 지도자에게 결정적인 중요성을 갖는다는 점에는 변함이 없다.

자원의 가용성

국제체제의 이러한 국면은 국가 지도자가 국가 목적을 가장 효과적으로 추구하려 할 경우, 그들이 외교정책 행동을 어디로 이끌어갈 것인가에 크게 영향을 미친다. 체제 내 자원을 이용하기 위해서는 자원의 가용성을 알아야 한다. 여기서 우리는 석유와 농작물, 투자자본과 같이 국가 간 교환이 가능한 물질적 자원들뿐만 아니라 위신, 정치적 영향력, 조직의 효율성처럼 오직 국가들에만 귀속될 수 있는 자원들까지도 염두에 두고 있다. 정치 지도자는 그러한 자원의 소재와 분배가 시간 경과에 따라 어떻게 변화하는지 간지함으로써 외교정책을 이행하는 데 더욱 효과적으로 행동할 수 있다.

4. 자원의 분포: 이러한 차원은 그 체제 전반에 걸친 재화, 용역, 능력, 가치의 분포를 말한다. 여기서 우리는 국가 내 자원의 정확한 소재와 양에는 관심이 없다. 이러한 정보는 국가 속성 관점이나 아마도 외부적 변수의 관점과 관계있을 것이다. 체제적 관점에서 우리는 이러한 자원의 분포와 시간 경과에 따른 분포의 변화에 관심을 가진다. 예를 들어 핵무기가 체제 내 다른 국가들로 광범위하게 확산되는 것은 그 체제 내의 총체적 파괴력의 증가 여부에 관계없이 파괴력 분포의 심각한 변화를 의미하기 때문에 외교정책 지도자는 아마도 관심을 가지게 될 것이다. 그 분포가 시간 경과에 따라 변할 때, 지도자는 새로운 '현실들'에 적응함으로써 체제 내 국가의 외교정책 또한 변하게 될 것이다.

핵무기 확산의 예는 국제체제 내의 변화가 각기 다른 유형의 국가들의 차별적인 반응을 유발시킬 수 있음을 보여준다. 핵보유국은 핵무기의 어떠한 확산에도 대단히 부정적인 반응을 보이겠지만 비핵보유국, 그중에서도 특히 핵무기를 개발할 기술적인 능력을 가지고 있는 국가는 이러한 체제 변화를 자신이 핵무기를 보유할 기회로 여길 것이다.

5. 조직화의 정도: 마지막으로 이 차원은 국제체제가 얼마나 국제체제 문제의 처리를 용이하게 하도록 조정되어 있는가 하는 것이다. 고도로 조직화된 체제는 문제에 효과적으로 대처하는 능력을 갖는다. 이러한 차원이 외교정책 의사결정자에게 중요한 이유는 국제체제의 조직적 능력이 국가가 국가의 목적을 추구하는 데 이용할 수 있는 자원이기 때문이다. 체제의 조직적 능력의 증대는 국가에 의해 사용되는 자원의

가용성을 증대시킨다. 이러한 종류의 변화는 국가가 새롭게 가용된 자원을 이용하게 됨으로써 국가의 외교정책 행동 변화로 이어질 가능성이 높다. 이러한 차원을 나타낼 수 있는 척도에는 체제 내 정부간조직의 수, 이들 조직 내 구성원들이 중첩되는 양, 국가들이 서로의 수도에 외교 대표부를 파견하는 정도, 국가기구와 대조되는 국제기구가 배분 가능한 자원의 양 등이 있다.

국제체세의 차원화에 대한 지금까지의 논의를 요약하면, 우리는 국제체제적 변수가 외교정책 의사결정자에게 국제환경의 복잡성에 관해, 그리고 그 체제 내 자원의 가용성에 관해 활용해야 할 정보를 제공해 줌으로써 외교정책에 영향을 미친다고 주장했다. 또한 체제 복잡성 또는 자원 가용성의 국면을 제기하는 다섯 가지 특정 차원들이 논의되었다. 이들 차원의 모든 변화는 그 체제 내 국가의 외교정책 행동을 변화시킬 것이다.

선정된 가정들

국제체제 관점의 기초가 되면서 검증 가능한 가설을 산출하는 데 필요한 '주어진 것들(givens)'에 대한 일련의 가정들(진술들)이 있다. 이러한 관점의 중심적 가정의 일부는 다음과 같다.

> 가정 7.1 오늘날 국제체제는 세계의 모든 국민국가들로 이루어져 있다. 이러한 가정의 요지는 현재 국제제제의 범세계적 본질을 인정하는 것이다. 국가들이 범세계적 체제에 관련된 정도는 각기 다르다

는 우리들의 분명한 인식에도 불구하고 그것은 범세계적 체제의 구성 요소로 가정된다. 이 가정은 국가의 범세계적 집단화 이외의 것들에 대한 연구의 타당성을 결코 부정하지 않는다. 그러나 그러한 연구들이 국제체제 관점의 몫이 아닌 것은 분명하다.

가정 7.2 **국제체제 구성 요소들 간의 관계와 상호 작용의 유형들은 그 체제의 속성에 관해 논하는 것을 의미 있게 만들만큼 충분히 안정적이다.** 국제체제는 시간의 경과에 따라 끊임없이 변하지만, 이러한 가정은 정치 지도자와 이론적 분석자 모두에게 상대적으로 안정적인 유형의 견지에서 그 체제를 개념화할 수 있게 해준다.

가정 7.3 **정치 지도자는 외교정책 의사결정을 할 때 고려해야 하는 요소로서 국제체제의 다양한 차원에 관심을 가진다.** 바로 이 가정이 체제 변화에 대한 정치 지도자들의 인식을 외교정책 행동에 연계시켜 준다. 이 관점을 개발하면서 우리는 정치 지도자가 국제체제를 고려할 경우 관심을 갖는 것은 체제의 복잡성과 자원의 가용성이라고 주장한다.

가정 7.4 **국제체제 내의 변화는 그 체제를 구성하고 있는 국가의 정치 지도자에 의해 비교적 정확하게 인식된다.** 우리가 앞서 주장했듯이 이러한 가정은 이 관점에 결정적인 것이다. 이것은 체제적 변수의 효과를 이론적으로 분리하고, 체제적 변수를 외교정책에 영향을 미치는 다른 요소와 구별할 수 있게 해준다.

예시적 명제들

여기에 제시되어 있는 명제들은 이미 묘사된 국제체제의 다섯 가지 차원 각각에 대한 예시를 담고 있다. 이 명제들 모두는 시간의 경과에 따라 변하는, 그래서 그 체제 내 국가의 외교정책 행동에 영향을 미치는 국제체제적 변수의 예다.

명제 7.1 국제체제 내의 조직화 수준이 향상됨에 따라 국가 행동 범위의 더 많은 부분이 국제기구를 지향할 것이다.

2장에서 설명한 것처럼 행동 범위는 수용자들에 따른 행동 분포다. 이 명제는 어떤 국제체제적 조건하에서 국가가 국제체제 내부의 조직을 수용자로 하는 행농의 비율을 증대시키는지 보여준다. 이러한 명제의 이론적 근거는 국가가 외교정책 행동을 체제 내 자원을 상징하는 실체에 지향시킬 것이라는 가정에 의거한다. 국제기구와 같이 효과적이며 체제적인 제도의 존재는, 국가가 국제기구들의 지지와 그것들이 분배하는 어떤 물질적 자원들의 몫을 얻기 위해 국제기구들과의 상호 작용을 점차 증대시킬 것임을 의미한다. 행위능력이 적은 국가들은 그러한 국제기구적인 실체들과 상호 작용할 가능성이 높다. 그것은 그러한 실체들이 약소국들이 집단적 비중을 과시할 수 있는 하나의 포럼을 의미하기 때문이며, 이러한 조직들이 약소국들이 필요로 하는 많은 경제적·기술적 지원을 그 재량하에 두고 있기 때문이다. 행위능력을 구비한 국가의 경우에는 이러한 기구들을 이원적이거나 하부체제적인 상호 작용을 통해서는 취급하기 어려운 어떤 중대한 문제(즉, 식량의 생산과 분배, 인구 통제, 환경의 질에 대한 통제, 국제 경제적 복지와 같은 문제)들을 다룰 수 있는 포럼으로 이해한다.

명제 7.2 국제체제 내의 경제적 부와 생산능력의 분포가 더욱 불균등해짐에 따라, 그 체제 내 국가의 외교정책 행동에 수반되는 실체적 문제 영역의 더 많은 부분이 경제적 문제와 관련될 것이다.

모든 국가에서 경제성장과 개발이 차지하는 극단적인 중요성 때문에 이러한 실체적 문제 영역과 관련된 문제는 경제적 능력의 분포가 불균등해짐에 따라 매우 두드러질 것이다. '못 가진' 국가들은 외교정책 활동을 통해 더 큰 경제적 재화와 용역의 몫을 얻어내기 위해 부단히 노력할 것이다. '가진' 국가들은 취하는 모든 행동이 그들의 경제적 우위를 실질적으로 격하시키거나 장래의 성장과 발전에 대한 전망에 결코 부정적인 영향을 미치지 않도록 하면서 경제적인 문제에 많은 관심을 갖게 될 것이다. 경제적 능력의 분포가 변함에 따라 무역 규제, 다변적 경제원조의 증대, 성장률, 국제적인 재정 조정과 같은 문제가 점차 모든 국가에서 중요한 외교정책 문제가 될 것이다.

명제 7.3 **국제체제 내의 분쟁구조가 느슨하게 조직된 다극적 형태로 이행되면서 국가들의 외교정책 행동은 상호 의존적이기보다는 독립적이 될 것이다.**

분쟁구조가 이러한 방향으로 움직이면 국제체제의 복잡성도 증대되는 경향을 띠게 될 것이다. 분쟁구조가 더욱 다극화되는 경우, 그리고 그 결과로 블록의 응집력이 약화되는 경우에는 국가의 행동에 대한 외부 구속은 줄어든다. 예를 들어 경직된 양극의 분쟁구조 속에서는 두 블록 중 하나에 속한 국가의 외교정책 행동이 고도로 구속된다. 그러한 국가는 흔히 고위 블록 지도국의 지시에만 반응하며 상호 의존적인 행동을 통해 그 블록의 지도국과 다른 구성국가들과 연대해 행동하면서, 일반적으로 그 블록 지도국에 의해 규정된 정책 노선을 따른다는 의미에서 수동적이다. 대조적으로, 이완된 다극적 분쟁구조는 개별 국가들이 지도국의 원한이나 블록 내부의 분쟁을 심화시킬 가능성을 무릅쓰지 않고서도 다양한 문제들에 대해 독자적이고 창의적으로 행동할 기회를 더 많이 갖게 해준다. 이러한 독창성과 독자적 행동에 대한 경향은 2장에서 독립적인 행동으로 특징지어져 있다.

명제 7.4 국제체제 내 행위자의 수와 유형이 증가함에 따라 외교적인 기제들을 수반하는 외교정책 행동의 비율은 증가하게 될 것이다.

이 명제의 이론적 근거는 국제체제의 규모가 커지면 복잡성도 증대한다는 것이다. 복잡성이 증대되면 체제 내에서 최소한의 의사소통과 상호 작용을 유지하기 위한 외교적 행동과 의전적 행동(protocol behavior)에 대한 요구도 점차 증대된다. 체제 내 행위자 수의 증가가 반드시 그에 상응하는 체제 내 모든 활동 유형의 증가로 이어지지 않는다는 것은 분명하다. 근래에 독립한 몇몇 국가들은 많은 문제들에 대해서 기껏해야 주변적인 참여자일 뿐이다. 그럼에도 불구하고 단지 그 채널이 효율적으로 유지되고 위축되지 않도록 하기 위해서라도 최소한의 상호 작용과 의사소통을 유지하는 것은 중요하다. 만약 최소한의 수준을 유지하기 위해 노력하지 않는다면, 그러한 채널들은 어떤 위기에 대처하기 위해 그것이 필요할 때에도 작동하지 않거나 효력을 발생시키지 않을 것이다.

명제 7.5 국제체제에 의해 처리되는 문제의 수가 증가함에 따라, 문제 특성적 협상과 연합 형성 행동의 비율이 증대될 것이며, 외교정책 행동에서 이념적 수사와 같은 유형의 촉진 기제 사용은 감소할 것이다.

체제 내에서 처리되는 쟁점의 수적 증가는 협상과 교섭이 가능한 문제들의 수를 증대시킬 것이다. 국가마다 각기 다른 문제의 다양한 결과들을 각각 다르게 평가하게 될 것이다. 그 결과 협상과 집단적 지지(collective support)의 동원을 위한 기회가 증대된다. 더구나 통치도구로 자주 사용되는 비(非)문제 특정적인(non-issue-specific) 이념적 수사의 비율은 줄어들 것으로 예상된다. 이 점과 관련해 우리는 1950년대 냉전시대의 수사와, 오늘날 주요 열강의 외교정책 활동 중에서 특징지을 만한 행동 유형들을 대조할 수 있다.

요약

이 장의 주요 목적은 외교정책 연구를 위한 국제체제적 관점을 제시하는 것이었다. 이 관점은 국제체제적 변수와 외교정책 행동 간의 연계에 초점을 맞추어 국제체제를 논하고 있는 엄청난 양의 다른 문헌들과 구별될 수 있다. 우리는 체제적 변수가 외교정책 행동이 발생하는 국제적 환경의 폭넓은 상황적 특성들을 반영하기 때문에 외교정책 입안자에게 중요하다고 주장해왔다. 국가 정치 지도자에게는 환경의 복잡성과 체제 내 자원의 가용성이 상당한 관심의 대상이 된다.

국제체제적 변수는 아마도 맥고완과 샤피로(Mcgowan and Shapiro, 1973: 48)가 "인과적 변수와 실제 정책 선택 간의 사회적 거리"라고 일컬은 데서도 알 수 있듯이, 가장 멀리 떨어져 있는 것이라고 말하는 것이 이 시점에서는 정확하고 적절할 것이다. 그러나 이것은 여전히 외교정책에 영향을 미치고 있다. 이러한 인과적 관계의 원격성을 가정하면 체제적 변수는 외교정책에 영향을 미치기에 앞서 다른 관점의 변수들과 상호 작용할 가능성이 매우 높다. 우리는 이미 이러한 가능한 연계들을 언급해왔다. 그러나 이 관점을 다른 관점과 연계하는 문제를 부각시키려면 이러한 가능한 연계들을 다시 언급해야 한다.

정치 지도자가 체제 내 변화에 의해 제시된 기회와 한계를 인식하는 정도는 지도자의 다양한 개인적 특성에 영향을 받을 가능성이 높다(3장). 예를 들어 지도자가 체제 변화에 어떻게 반응할 것인가는 대외 문제에서의 지도자의 훈련과 경험에 의해 영향을 받을 가능성이 매우 높다.

레짐이 받는 정치적 구속(5장)은 국가 지도자가 국제체제에 반응하는 방법에 영향을 미칠 가능성이 높은 다른 변수를 형성한다. 예를 들어 정치 지도자가 특정한 체제 변화를 그 국가가 새로운 외교정책 방향을 개척해나갈 수 있는 기회로 인식한다 하더라도, 그 지도자의 행동성향은 레짐에 대한 구속에 영향을 받을 수 있다.

국가 속성(6장)은 손쉽게 국제체제적 변수에 관련될 수 있다. 국가 속성에 의해 규정되는 국가의 행위능력은 지도자의 행동성향에 영향을 미치게 될 것이다. 만약 어떤 국가의 행위능력 수준이 낮다면, 국가 지도자는 그 체제 내의 변화에 따른 기회를 이용할 수 없을 것이다.

국제체제적 관점과 다른 관점들의 관계에 대한 이러한 세 가지 예는 다양한 관점들 사이에 존재하는 것으로 보이는 상호관계 유형에 대한 예시에 불과하다. 그러나 논의를 마치면서, 이들 상호관계는 각각의 관점들이 개발됨에 따라 점점 더 분명해질 것이라고 말해두자.

08 외교정책 설명 요소로서 이전의 행동

워렌 R. 필립스

이 책의 필자들은 책 전반에서 외교정책 행동을 목적성 있는 것으로 취급해, 외교정책 행동은 이전의 자극에 대한 숙고 끝에 나온 반응이라고 가정한다. 그 자극의 출처가 반드시 행위국가에 외적(外的)이어야 할 필요는 없지만 외적으로 지향된 행동의 가장 일반적인 활성제는 타국의 외교정책 행동이다. 이 관점은 국가의 외교정책 행동이 그 국가의 과거 외교정책 행동뿐만 아니라 그 국가가 다른 국가들에게서 경험한 외교정책 행동의 유형과 양을 고려할 때 가장 잘 설명될 수 있다고 주장한다. 보다 엄밀하게 말해, 이 접근법은 다른 국가에 대한 어떤 국가의 행동은 이전에 그 국가를 상대해본 경험의 함수라는 믿음에 기초해 있다. 국가들은 서로를 상대하기 위한 관행이나 표준화된 절차를 개발하는데, 거기에는 상호성(reciprocity)과 타성(inertia)이 있다. 두 국가 간의 상호 교환에 영향을 미치는 다른 힘들은 이러한 두 관행

중 하나의 영향력을 강화하거나 약화한다.

관점의 개관

국가들이 존재하는 국제환경은 상호 작용하는 환경이다. 상대 국가에 대한 어떤 국가의 행동, 말하자면 외교정책은 상대 국가의 이전의 행동에 대한 반응이다. 각국의 행동은 누가 상대 국가의 지도자가 될 것인가, 그 지도자에 의해 어떤 결정이 내려질 것인가, 그것이 어떻게 자국과 상대 국가와의 관계를 규정할 것인가 등에 영향을 미치려는 노력이다. 국제체제 내의 행위자로서 국가는 대개 상대 국가가 자국에 했던 마지막 행위나 마지막 몇몇 행위의 본질을 그 국가에 대한 행동의 근거로 삼는다. 더 나아가 우리는 국가가 일반적으로 자신이 경험했던 것과 유사한 행동으로 대응하게 될 것이라고 기대한다. 더 직접적으로 우리는 행동이 행동을 낳는다고 주장한다. 작업가설에 따라 진술하면, 특정 대상에 대한 어떤 행위자의 행동은 그가 그 대상에게서 경험한 행동의 함수이다.[1] 상대 국가에 대한 한 국가의 행동은 상대에게서 경험한

01 수학적으로 이 진술은 다음과 같은 방정식으로 표시된다.

$$B_{nq,m,t} = \sum_{m=1}^{P} \alpha_m B_{qn,m,t}$$

$B_{nq,m,t}$ 가 시간 t, 차원 m에서 국가 q에 행한 국가 n의 행동이라면, $\sum_{m=1}^{P} \alpha_m B_{qn,m,t}$ 는 행동의 p차원에 따라 각각 측정된 국가 n에 대한 국가 q의 행동들의 가중된 합계다. 합계를 계산하는 데 사용된 가중치(α's)는 차원 m에서 국가 n의 행동에 영향을 미치는 국가 q의 행동의 상대적 중요성을 나타낸다.

행동의 유형에 의해 규정된다는 원칙을 우리는 상호성이라고 부를 것이다.

그러나 국제관계는 분명 각 행위자가 단지 상대의 서비스를 되받아치는 테니스 경기 이상의 것이다. 어떤 국가에서 장기간에 걸쳐 활동 중인 세력은 특정 국가를 상대할 경우 틀림없이 특정 전략을 사용할 것이다. 헬퍼린(Halperin, 1974: 99)이 시사한 것과 같이, “관료들이 취하는 대부분의 행동은 과거에 행해졌던 것을 반복하거나 계속하는 것이다. 자신의 행동을 바꿀 이유가 없다면 조직은 해오던 행동을 계속한다”. 조직 내 직무수행에 대한 설명으로서 관료적 타성은, 외교정책에서 국가의 행동이 (다른 국가들의 이전의 행동에 대비되는 것으로서의) 이전의 행동 유형에서 일부 기인한다는 또 하나의 작업가설로 이어진다. 정식으로 표현하면, 특정 상대국에 대한 어떤 국가의 행동은 그 나라가 이전에 그 상대국에 행한 행동의 함수다.[2]

우리는 상호성과 관료적 타성의 두 과정을 결합해 국가의 외교정책 행동을 설명해주는 다음과 같은 단일한 언명을 만들 수 있다. “한 국가의 외교정책 역학은 관료적 타성(자신이 상대국에게 행한 이전의 행동)과 상호성(상대국에게서 경험한 이전의 행동) 양자의 영향을 받는다.”[3] 그러나

---

02 이 진술은 수학적으로 다음과 같은 1차 방정식으로 환원할 수 있다. 여기서 기호화는 첫 번째 방정식과 동일하며, t-1은 이전의 시기이다.

$$B_{nq,m,t} = \alpha_m B_{qn,m,t-1}$$

03 두 접근법은 단일 방정식을 만들기 위해 결합될 수 있다.

$$B_{nq,m,t} = \alpha_m B_{qn,m,t-1} + \sum_{m=1}^{P} \alpha_m B_{qn,m,t}$$

상호성과 관료적 타성의 과정은 흔히 수용된 자극들에 대해 각기 다른 외교정책 반응을 불러일으킨다. 예를 들어 쿠바의 관점에서 쿠바와 미국의 관계를 생각해보자. 상당 기간 동안 쿠바에 대한 미국의 행동은 자주 일어나지 않았고, 일어난 경우에도 대체로 적대적이었다. 쿠바는 미국에 대한 적대적인 수사(修辭)로 이러한 행동에 대응했다. 한참 후에 양측 모두 비우호적이었던 몇몇 행동들을 포함한 이전의 경험에 의존해 관료적 타성이 강화되었다. 어느 시점에서 미국 또는 쿠바는 관계 개선을 바란다는 신호를 보내기 시작했으며, 이에 따라 좀 더 자주 발생하게 되고 조심스럽지만 적대적이지는 않은 분위기를 신호로 알리기 위해 편성된 일련의 행동을 개시한다고 가정해보자. 그러한 몇 가지 메시지를 받은 후에 상대방에 대한 행동의 기초로서 상호성은 이제 관료적 타성(예를 들어 미국에 대한 이전의 쿠바의 행동)과는 맞지 않는다. 수용국 내의 외교정책 입안자는 상충되는 기초 중 어떤 것에 근거해 결정할지 선택해야 한다. 그들이 상호성이나 타성 중에서 새로운 대응을 위한 기초로 어떤 것을 사용할지는 변화를 주도하는 측의 의도에 관해 얼마나 많은 정보를 가지고 있는가, 그리고 그 정보를 어떻게 해석하는가에 달려 있다.

따라서 우리가 할 일은 상호성이나 타성이 어떤 조건에서 지배적인지를 밝히는 것이다. 정보이론(information theory)에서 도출된 이론적인 개념을 이용해, 우리는 한편에서는 관료적 타성이, 다른 한편에서는 상호성이 각각 외교정책 행동을 가장 잘 설명하는 데 이바지하게 될

각 항의 의미는 앞의 두 방정식과 같다.

시기를 구분하고자 한다.

맥클랜드(McClelland, 1961)는 근대 외무부서의 업무는 잘 가동되는 공업단지의 일상적인 작업과 비슷하다고 말한 바 있다. 외무성은 상세하고 기술적인 많은 유선 정보와 그 밖의 다른 커뮤니케이션을 매일 수신하고 있다. 이러한 복잡성에 대처하기 위해 전문가들은 특정 국가들과의 상호 교환을 감시하는 책임을 맡는다. 부여받은 임무를 처리할 수 있는 전문가의 능력은 근래 들어 상대국이 취한 행동 유형의 저변에 깔린 의도를 어느 정도 이해하고 있는가에 달려 있다. 전문가는 상대국에 대한 적절한 반응을 결정하기 위해 상대국에게서 받은 메시지를 분명하게 이해할 수 있어야 한다. 헬퍼린과 칸터(Halperin and Kanter, 1973: 40)는 다음과 같이 지적했다.

> 국가들은 물리적으로 강한 행동변화에 의해서보다는 상호 간의 지각(perception)과 기대를 좇아 행동함으로써 서로의 행동에 더 많은 영향을 미친다. 국가들 간의 상호 작용은 주로 설득에 의해 행동에 영향을 미치기 위해 구상된 위협, 약속, 경고의 문제다. 따라서 국제적인 영향력을 행사하기 위한 주요한 도구는 국제 행위자들 간의 '신호(signals)'의 형태를 띠게 된다. 행동(국가 안보 관료정치의 산출물)은 다른 국가의 행동을 선호하는 방향으로 변화시키도록 그 국가를 설득하기 위해 구상된 '신호'다.

그리하여 국가의 모든 행위는 행위국가가 바라는 것이나 싫어하는 것을 다른 나라에 전달하는 잠재적인 정보다. 어느 기간에 전달되는 정보의 양은 국가 사이에 발신되는 신호의 수와 다양성에 달려 있다.

신호의 다양성은 신호들이 강화적일(reinforcing) 경우에 한해서 중요하다. 우리는 다른 국가에게서 받는 신호의 다양성과 이질성이 정책 분석가들이 그 정보를 신빙성 있게 해석할 수 있도록 해준다고 주장할 것이다. 우리는 유입신호가 신빙성 있고 정확하게 해석되는 동안에는 상호성의 과정이 수용국의 반응을 규정하게 될 것이라고 주장한다. 반대로 유입되는 신호들이 정보를 별로 전달하지 못하고, 그래서 쉽사리 해식될 수 없을 때에는 관료적 타성의 과정이 수용국의 반응을 지배하게 될 것이다.

이전 연구들과의 관계

맥클랜드(McClelland, 1961, 1966)는 국제적 상호 작용 접근법(the international interaction approach)을 가장 먼저 주장한 사람 중 하나였다. 그에게 상호 작용 분석의 일차적 관심사는 국가들 간의 요구와 반응 유형들을 추적하는 것이었다. 그는 국가가 체제 동요로 야기된 상황에 대처하면서 사용할 수 있는 대응 목록은 제한적이라고 주장했다. 정부가 각기 다른 유형의 비일상적인 국제적 상황에 대처하기 위해 그러한 대응 목록에서 행동 유형을 선택하는 경향이 있다는 것은, 국제정치에서 정부의 조작적 부호가 존재한다는 증거다.

다른 이론가들도 국가들, 특히 적대국들 간의 상호 작용에 대한 검토가 중요하다고 강조했다. 버턴(Burton, 1968)은 전쟁으로 진행되는 데에는 양측이 똑같이 기여하는데, 이때 양측을 지배하는 것은 위협에 대한 인식이라고 주장했다. 홀스티 등(Holsti, et al., 1968)에 따르면 전쟁은 많은 방법에 의해 일어날 수 있지만 그것이 일어날 가능성은 관련 당사자들의 적대적 공동교환에 의해 야기된 위기상황 속에서 증대된다. 지네스(Zinnes, 1968)는 적대감의 표현, 그것에 대한 인식, 그 결과 일어나는 반응에 관심을 가져왔다. 이러한 연구자들은 참여자와 행동 양자 모두에 똑같은 중요성을 가정하는 교환의 과정을 강조했다. 그래서 국가들 간의 교환으로서 외교정책의 흐름은 논의와 논쟁, 분석의 논제였다. 그러나 이것이 형식적인 이론 개발의 주제가 되는 일은 별로 없었다.

오늘날 우리가 안고 있는 많은 문제들은 국가들 간의 상호 작용 유형에 대한 형식적인 설명 부족에 기인하는데, 이러한 형식적 이론 개발이 어려웠던 것은 우리에게 그러한 작업을 위한 기초가 부족했기 때문은 아니었다. 몇몇 국제관계 연구자들(M. Deutsch, 1953; McClelland, 1967; Phillips, 1973)은 형식적 이론의 공식화를 위해 시사하는 바가 큰 국제 커뮤니케이션 연구 결과의 이용 가능성을 제시했다. 라이트(Wright, 1955: 269)는 국제 커뮤니케이션을 다음과 같이 정의했다.

> 국제 커뮤니케이션학은 국제관계에서 중요한 문제들에 대한 집단의 의견과 정책을 표현하고 전달하며 정식화하고, 여기에 영향을 미치기 위해 상징을 사용하는 기술을 의미한다. 좁은 의미에서 이것은 다른 국가에 영향을 미치기 위해 상징을 구사하는 기술이다. 하나의 학문으로서 그러한 기술을 지도하는 철학이며, 국제 커뮤니케이션들을 분석하고 그 목적을 규정하며 효과를 측정하는 과학이다.

실제로 우리는 정치과정 전체를 커뮤니케이션 환류를 통한 이미지의 상호 수정과정으로 볼 수 있다(Boulding, 1956 참조).

몇몇 학자들은 국가들 간의 상호 작용을 설명하면서 행동이 행동을 낳는다는 개념을 명시적으로 활용했다. 리처드슨(Richardson, 1960)은 제2국에 대한 제1국의 적대감의 변화율은 제2국이 제1국에 품고 있는 적대감의 수준에 달려 있다고 주장한다.[4] 어떤 국가의 행동과 상대국의 과서 행농의 관계에 대한 이러한 개념은 프루트(Pruitt, 1969: 392)가 상호성 개념을 도입하면서 일반화되었다. "특정 차원에서 한쪽 당사자의 산출 수준의 변화는 흔히 왕복 운동(reciprocation), …… 말하자면 동일한 차원이나 다른 차원에서 상대 당사자의 산출 수준의 결과적인 변화를 가져온다." 아자르(Azar, 1970), 렝(Leng, 1972), 탠터(Tanter, 1972) 역시 상대국에 대한 어떤 행위국가의 행동은 상대국에게서 받은 행동 유형에서 나온다는 가설을 고려했다.

국제 커뮤니케이션학을 국가 간 상호 작용의 연구에 적용하는 데는 몇 가지 난점이 있다. 한 가지 중대한 문제는 이런 질문과 관련된다. 수신국이 실제로 발신국이 의도한 바대로 메시지를 수신하는가, 아니면 채널 내의 방해물이 그 메시지를 왜곡하거나 오도하는가? 북부 베트남

---

04 "이 이론은 모든 국가들에 공통된 일반적인 경향에 관한 것이다. 말하자면 국가들이 도전에 대해 어떻게 분개하고 어떻게 방어를 은폐된 침략으로 의심하는가에 관한 것이며, 수출품을 발송함으로써 수입품에 대응하는 방식에 관한 것이며 비용 부담의 어려움으로 군비 지출이 억제되는 방식에 관한 것이며, 마지막으로 불만과 기묘한 비합리적인 방식에 관한 것으로, 이 경우 멈칫거리는 사과는 마치 또 다른 모욕인 것처럼 받아들여질 수 있다"(Richardson, 1960: 13).

폭격 시 미국이 당면하고 있던 문제들에 대한 화이팅(Whiting, 1969)의 논의가 이 문제를 잘 정리하고 있다. 미국은 자국의 항공기가 중국 국경을 침범하지 않을 것임을 중국에 확신시켜야 했다. 화이팅은 미국이 자국의 의도를 중국에게 올바로 이해시키기 위해 많은 성명과 추가적인 행동을 반복했다는 사실을 지적했다. 우리가 제시하는 관점은 의사결정자가 유입 정보를 확실하게 해석해 그에 의거해 적절하게 대응할 수 있는 조건을 밝히려는 시도다.

관점의 개발

국가의 외교정책 행동이 언제 상호성이나 관료적 타성의 과정에 의해 규정되는지 이해하기 위한 핵심은 국가가 상대국이 보낸 신호로 받은 정보의 질이다. 국가 대응의 성격을 규정하는 것이 바로 이러한 정보다. 전송된 신호의 다양성과 전송된 정보의 양을 측정하고 설명하기 위한 기술들이 개발되어왔다. 신호의 이질성—말하자면 주어진 시점에서 기본적 유형의 다양성—은 발신국가의 선택 과정을 밝히려 할 때 사용하는 불확실성의 척도다(Cherry, 1957; Shannon and Weaver, 1949; Ashby, 1952). 예를 들어 어떤 국가가 상대 국가를 반복해서 구두 비난만 하는 경우, 상대국의 정보 분석자는 그 국가가 또 비난을 반복할 것으로 예상하게 된다. 이 분석자는 아주 적은 불확실성 속에서 다음에 발신국가에게서 받을 가능성이 높은 행동 유형을 예상할 수 있다. 다른 한편 다양한 신호를 보내는 국가는 수용국가의 분석자로 하여금 다음에 있을 신호에 대해 확신할 수 없게 만든다. 그러나 그러한 신호는 도달되었을 때 이전에 받은 이질적인 신호들이 낮은 불확실성을 줄이는 데 도움을 준다는 의미에서 보다 많은 정보를 전달한다. 그러므로 우리는 도달된 신호가 수용국의 불확실성에 미치는 효과를 확인함으로써 일련의 신호에 담긴 정보의 양을 측정할 수 있다. 불확실성의 정도가 높으면 높을수록 새로운 신호에 더욱 많은 정보가 담길 것이다. 그런데 문제는 불확실성을 측정하는 일이다. 정보 이론은 신호 집합 속에 존재하는 불확실성, 즉 H를 측정하는 우수한 방법을 제공해준다.

$$H = \sum_{i=1}^{N} - P_i \log_2 P_i$$

여기서 P는 N개 유형의 신호가 있을 때 i유형의 신호가 발생할 독립확률이다. 따라서 주어진 기간(예를 들어 같은 달)에 각기 다른 유형의 신호들이 발생할 확률 P_i로부터 점수로 표시한 그 기간의 불확실성이 확인될 수 있다. 만약 모든 신호 발생 가능성이 동일하다면 불확실성은 극대가 된다. 실제 불확실성을 이 극대값으로 나누어 이러한 극대 불확실성에 대한 백분율(상대적 불확실성: Hrel)을 도출하는데, 이로써 각기 다른 신호 집합을 가진 신호 출처들 간의 비교가 가능해진다.

두 가지 예를 생각해보자. 첫 번째 경우로, 특정 국가가 특정 대상 국가에 대해 일정 기간에 80가지의 외교정책 행동(또는 신호)을 보내기로 했다고 하자. 행동 분포는 여덟 가지 행동 유형을 열 번씩 사용하는 것이다. 그 행위자는 각 유형의 신호를 대상 국가에 동일한 수로 보내기로 했다는 것에 유의하자. 그런데 대조적으로, 또 다른 국가가 비슷한 기간에 동일한 대상 국가에 80가지의 행동을 보내지만 그것들이 모두 같은 유형인 두 번째 경우를 생각해보자. 첫 번째 예에서 분포에 대한 상대적 불확실성 계수(the relative uncertainty figure)는 1.00이 될 것이고, 두 번째 예에서는 0.00이 될 것이다. 이러한 예들과 불확실성이 의미하는 것은 동일한 확률 사례에서는 추가로 발생하는 사건이 다른 범주들보다 특정 범주에 속할 가능성이 더 높을 것인지 판단할 방법이 없다는 것이다. 어쨌든 두 번째의 예에서는 대상 국가가 지난번 80번의 반복을 통해 수용했던 것과 동일한 행동을 수용하게 될 것으로 기대할 가능성이 더 높다는 점을 알 수 있다. 그래서 수용국가는 행위자의 행동에 대한 불확실성을 감소시킨다. 다시 말해 Hrel 수치가 더 적을수록, 한 국가가 특정 행동을 선택할 가능성은 그만큼 더 커진다.

맥클랜드(McClelland, 1968, 1972)는 이러한 불확실성 척도(Hrel)가 위기와 비위기 시에 어떻게 작용하는지 확인하기 위해 몇 가지 분석을 실시했다. 그는 행동의 조합은 위기 속에서 훨씬 더 다양해진다는 것을 증명했다. 그 기본적인 연구 결과들은 다음과 같다(McClelland, 1972: 92~93).

1. 특별한 경우의 예외들이 있긴 하지만 0.700 또는 그 이상의 Hrel은 위기의 달(月)들하고 결합하던지 오직 위기의 달하고만 결합된다.
2. 우리가 만약 Hrel이 0.700이나 그 이상인 국제 위기의 시작과 지속 기간을 조작할 수 있다면, 우리는 특정 위기가 언제 시작되고 얼마 동안 지속될 것인지 말할 수 있다.
3. 모든 비(非)위기 기간에는, 거의 예외 없이 각 달의 Hrel 수치가 0.700 아래에 머문다.

국제관계 내의 커뮤니케이션을 연구하는 몇몇 학자들은 위기 기간에는 체제 과부하(system overload)가 발생하며 행위자들이 외교정책 자료를 해석하는 능력은 감소한다고 주장한다(Holsti, 1965; Burton, 1968). 이러한 관찰 결과는 양자 관계에서 대개 위기 기간이 되는 상대적 불확실성이 높은 기간 동안에는 상대국의 활동에 상호적으로 대응하는 능력이 떨어진다는 점을 시사할 것이다.

그러나 위기 기간보다는 불확실성이 낮은 기간에는, 국가들이 대상 국가들의 행동을 더욱 충분히 이해할 경우에 더 적절하게 대응할 수 있을 것으로 보인다. 이 점은 좀 더 살펴볼 필요가 있다. 버턴(Burton, 1969: 54~55)은 협상의 '책략'을 논하면서, 행위자가 상황에 대한 인식에 변화가 있음을 전하려 할 경우에 빈도가 높고 강화적인 반응을 보내야 한다고 주장했다. 그는 또한 분쟁 해결의 일부 과정은 정보가 보내준 대로 수용되었는지를 검사하는 과정 속에 있다고 주장한다. 만약 어떤 커뮤니케이션이 수용국가에 의해 정확하게 해석되지 않았다면 다른 방법을 통해 동일한 의도를 표현하는 추가 커뮤니케이션이 신속하게 이루어져야 한다. 이런 식으로 국가가 다각적인 유형의 신호를 보낼 경우, 상대국이 스스로 적절하다고 판단한 행동으로 대응하기가 더 쉬울 것으로 보인다. 우리는 동일한 행동의 단순한 반복은 모두가 행위자의 의도를 강화하는 데 목적을 둔 각기 다른 행동들의 조합과 마찬가지로 의도를 거의 전달하지 못한다고 생각한다. 예를 들어 국가가 만약 구두 주장 같은 한 가지 신호를 단순히 반복하기보다 다양한 신호들—서로를 강화하는 데 이바지하는 말과 행동과 같은—을 사용한다면 그 나라가 조약 의무를 이행할 것이라는 점을 다른 나라에 쉽게 납득시킬 수 있다.

빈번하게 상호 작용하는 국가들은 상대국에게 자신의 커뮤니케이션 의도를 이해시킬 방법을 모색해두지 않으면 안 된다. 만약 어떤 국가가 이해를 돕기 위해 외교정책 행동을 구사하고자 한다면, 의도하는 대상의 관심을 끌 수 있는 방법으로 메시지를 구상하고 전달해야 한다. 그 신호는 행위국가와 대상 국가 간의 과거 경험을 인용하지 않으면 안 된다. 더 나아가 발신자는 메시지가 설득력을 갖도록 그의 구두 진술과 조화되고 메시지를 강화하는 행동을 선택해야 한다. 마지막으로 발신자는 자신의 행동에 대한 수용자의 반응이 수용자가 발신자의 의도를 이해한 신호인지 이해하지 못한 신호인지를 판단할 수 있어야 한다.

이 관점을 요약해보면 다음과 같다. 커뮤니케이션 통로가 과부하(過負荷)되지 않았다면, 일정 기간 동안에 좀 더 이질적이고 강화적인 신호들이 한 국가에서 다른 국가로 전달될수록 수용국가는 자신이 선택한 반응이 적절하다는 데 더 큰 확신을 갖게 된다.

이러한 논의로 추정해볼 때, 우리는 한 국가가 다른 국가에 동질적인 신호를 보내는 경우(말하자면 신호의 중복성이 클 경우), 수용국가는 행위국가의 의도를 정확하게 파악할 수 없게 되고 그러므로 자신의 타성에 의해 행동하게 될 것이다. 상호 강화적인 이질성이 존재하고 그래서 더 많은 양의 정보가 존재하는 동안에는 수용국가가 행위국가의 행동에 담긴 의미에 대해 더욱 확신을 갖는다. 이러한 시기에 외교정책 행동은 타성보다 상호성에 더 많은 영향을 받는다. 그러므로 수용국가는 불확실성(말하자면 정보 다양성)이 높은 시기에는 다른 행위자의 전략에 쉽게 적응하고, 불확실성이 낮은 시기에는 과거에 행한 것들을 계속하기 쉽다. 형식적으로 말하면, 상대적 불확실성이 높은 시기에는 타성보다 상호성이 국가 외교정책 행동을 설명하는 데 훌륭한 예보자인 반면 불확실성이 낮은 시기에는 상호성보다는 타성이 좋은 예보자라고 주장할 수 있다.

그러나 두 국가들 간의 상호 작용 유형은 흔히 타성의 시기와 상호성의 시기라는 단순한 대안들보다는 훨씬 복잡하다. 상호성만 해도 복잡한 유형들이 개발될 수 있다는 것이다. 특히 만약 국가들이 빈도 높고 일관적인 기초 위에서 상호 작용을 한다면 상호성의 복잡한 유형이 개발될 가능성은 더 높아질 것이다. 잘 가동되는 외교 부서를 생각해보자. 사무실은 유입되는 신호를 모니터하고 분류하며 정리하고 해석한다. 그리고 그 부서는 특별한 목적에 도움이 되도록 수신된 신호를 각기 다른 정보로 변환시키기 위한 일상적 과정을 개발하는 국가담당 분석가(country analysis)들로 구성되어 있다. 그러한 외교 부서를 가진 국가들이 상호 작용할 경우, 서로를 대하면서 공유하게 되는 경험 덕분에 잘 정리된 이해의 유형이 개발될 가능성이 높다. 국가담당 분석가는 각국이 의지하는 정보들을 여과하고 해석하면서 보다 많고 복잡한 정보를 처리하는 데 점차 익숙하게 된다. 또한 그들은 상대를 대하면서 경험을 쌓아가는 동안 이질적인 유형의 행동에 반응하는 능력이 더 커지게 된다. 상호적인 반응 유형을 선택하는 능력은 유입 신호의 함수다. 또한 이것은 경험의 함수이기도 하다. 이러한 경험은 두 국가들 간의 상호 작용 결과로 풍부해지며, 여기서 주장되고 있는 것처럼 이러한 성장은 어떤 국가가 다른 국가로부터 수용한 신호를 올바르게 해석했거나 잘못 해석했음을 보여주는 피드백에 의해 촉진된다. 상호성은 단순한 자극-반응 연쇄로 시작하지만, 양국이 서로를 상대하면서 경험을 쌓아감에 따라 점차 더 복잡한 행동과 반응의 연쇄가 상호적으로 연계될 것으로 기대된다. 그러므로 양국 간의 비교적 빈도 높은 일관적인 상호 교환들은 복잡한 유형의 상호적인 행동 개발을 가져올 가능성이 높다.

선정된 가정들

가정 8.1	**국가의 외교정책 행동은 그 자신과 상대국가들이 이전에 행했던 행동의 함수다.** 이것은 이 관점의 중심적인 가정으로, 이 관점을 이 책에 제시되어 있는 다른 관점들과 구별해준다. 이 관점에서 행위국가의 내부적 요소의 영향과 대상 국가들 간의 차이는 명확하게 고려되지 않았다. 그러나 이러한 가정은 완화될 수 있으며 우리가 이 장의 결론 절에서 말하게 될 내용과 같이, 외교정책 행동에 대해 좀 더 완전한 설명을 위해서는 이전의 행동 이외의 요소들을 고려할 필요가 있다.
가정 8.2	**국가는 다른 국가로부터 수용한 행동과 같은 방법으로 또는 상호적으로 반응하려 할 것이다.** 이러한 가정은 행동은 행동을 낳는다는 개념을 표현하고 있으며 상호성의 과정으로 불려왔다.
가정 8.3	**상호적인 행위는 오직 국가가 자신에게 지향된 행동의 의미를 분명하게 이해할 경우에만 가능할 것이다.** 유입 신호의 의미가 이해되어야 한다는 이러한 조건은 다음 가정을 유도한다.
가정 8.4	**만약 발신국의 행동이 수신국에서 정확히 해석되지 않을 경우, 수신국은 발신국에 대해 이전의 행동 유형을 되풀이 할 것이다.**

이것이 관료적 타성의 과정이다.

가정 8.5 일정 기간 한 국가에서 다른 국가로 보내진 신호들이 이질적일수록, 만일 그 신호들이 강화적이라면, 이러한 신호들이 수신국가에게 주는 정보는 더 많아질 것이다. 정보가 더 정확할수록 수신국은 그들이 선택한 반응에 더욱 확신을 갖게 될 것이다.

예시적 명제들

우리는 어떤 신호 집합의 높은 상대적 불확실성은 높은 정보 함유량의 지표라고 주장해왔으므로 다음과 같은 명제들을 제시할 수 있다.

명제 8.1 상대적 불확실성이 낮은 시기에는 상호성보다 타성이 국가 외교정책 행동의 더 나은 지표다.

명제 8.2 상대적 불확실성이 높은 시기에는 타성보다 상호성이 국가 외교정책 행동의 더 나은 지표다.

명제 8.3 상호성 유형의 복잡성은 오직 드물게 상호 교환하는 양자 관계에서보다는 빈번히 상호 교환하는 양자 관계에서 더 클 것이다.

이들 명제에서 사용된 타성과 상호성의 개념은 2장에 열거된 외교정책 행동의 다른 많은 차원들과 관련될 수 있다. 예를 들어 만약 정부가 어떤 표적이나 표적 집합과 관련해, 정부의 과거 행동을 통해 낮은 개입, 부정적 감정, 여타의 지적된 행동 차원을 표현해왔다면, 우리는 그 표적에 대한 국가의 현재 행동이 동일한 특성들을 나타낼 것으로 기대하게 된다. 마찬가지로 이 행위자에 대한 다른 실체의 이전의 행동이 낮은 개입, 부정적인 감정, 또는 2장에 언급된 다른 행위들을 특징으로 한다면, 우리는 상호성이 적용될 경우 현 행위자의 대응에서도 그러한 동일한 특성들이 나타날 것으로 기대할 것이다.

요약

이 관점의 개발을 통해 하나의 시험적인 설명이 제공되었다. 그러나 외교정책 상호 교환을, 모든 행위자들이 타성과 상호성 과정을 통해 그들에게 부과된 동일한 제약 조건에 의해서만 전적으로 지배되는 변함없는 상호 작용으로 간주해서는 안 된다. 수많은 힘들이 국가 안에서 그리고 국가가 처한 환경 안에서 작용하고 있으며 이것들은 국가가 수용한 행동에 대응해 행동하거나 과거의 행동을 계속하기로 선택하는 정도에 영향을 미친다. 외교정책 행동을 규정하는 데 작용하는 이들 힘들 중 일부는 다른 장에서 제시된 이론적 관점에서 확인되었다. 덧붙여 어떤 외교정책 학자들에 의해 중요시되지만 이 책에서 충분히 설명되지 못한 다른 요소들은 우리가 개설한 접근법을 정교하게 만드는 것과 특별하게 관련된다.

국내에서 벌어지는 사건들의 압력은 분명 국가가 다른 국가로부터 수용한 행동에 대해 과잉 반응하거나 과소 반응하도록 영향을 미치는 중요한 도구 또는 힘으로 작용한다(Phillips, 1973 참조). 국내 활동이 격렬한 시기에, 핵심 의사결정자는 국내 사태를 해결하고 통제하는 데 모든 정력을 쏟지 않으면 안 된다. 그들이 국내 사건들에 시간을 소비하는 만큼 외교정책을 조직화할 수 있는 능력은 그만큼 줄어든다. 그렇기 때문에 우리는 국내 활동이 격렬한 기간에는 상대국의 조치에 과잉 반응하거나 과소 반응하는 경향이 증대될 것으로 예상할 수 있다. 국내적 사건과 국제적 상황은 서로에게 작용해 해결에 참여하는 의사결정자의 수준을 변화시킴으로써 해결에 구사될 절차의 선택에 영향을 미칠 수 있다. 간단히 말해 우리는 의사결정자를 실무 수준의 관료와 고위 정치관료, 두 그룹으로 나누어 볼 수 있다. 국내적 위기는 당연히 고위 수준의 의사결정자의 관심을 대외 문제에서 국내위기로 이끌어온다. 다른 한편 국제적 위기는 당연히 고위 정치관료를 국제위기의 결정 과정으로 이끌어온다.

제3자의 행동 또한 여기서 자세히 설명된 작용·반작용 모델(the action and reaction model)에 영향을 미친다. 허만과 샐모어(Hermann and Salmore, 1971)는 행동의 간접적 대상을 제3자의 행위를 조사하는 수단으로 고려할 필요성을 지적한다. 필립스와 하인린(Phillips and Hainline, 1973)은 소련, 미국, 중국으로 이루어진 삼각관계를 위해 개발된 자극-반응 모델(stimulus-response model)을 통해 행동의 제2차 충격을 연구했다. 필립스와 칼라한(Phillips and Callahan, 1973)은 양자 관계의 행동에 대한 제3자의 간접적인 영향을 설명하기 위해 이 틀을 형식화하려고 시도했다.

이 장에서 제시된 관점은 국가 간 상호 교환을 고찰하기 위한 이론적 기초를 제시하고 있다. 우리는 국가가 외교정책 행동을 국가가 수용한 투입정부에 조하시킴으로써 상호성을 달성하려 한다고 가정했다. 투입과 산출의 이러한 일관성은 국가의 목적과 이전의 성공과 실패를 통해 받아들인 정보 또는 피드백의 함수다. 앞으로 할 일은 이러한 아이디어들을 더욱 확장시키고, 이 과정을 단순히 조화된 일상과정이 시사하는 것보다 더 많은 변이를 수반하는 역동적 과정으로 만드는 힘들을 구체화하려고 노력하는 것이다.

09 상황과 외교정책

린다 P. 브래디

학자들이 제1차 세계대전의 발발, 쿠바 미사일 위기, 욤 키프르 전쟁과 같은 국제적 사건에 기울이는 관심은 외교정책 연구에서 상황이 차지하는 중요성을 시사해준다. 그러나 이들 세 가지 상황은 연구되어 왔거나 연구될 수 있는 전체 상황의 극히 일부만을 제시한 것이다. 의사결정자는 외교정책을 입안하는 동안 국제환경의 자극에 의해 야기된 상황에 끊임없이 반응한다. 이 장을 통해 우리는 이러한 상황의 특성이 외교정책이 입안되는 과정과 외교정책 행동의 내용 모두에 영향을 미친다고 주장할 것이다.

국제환경에서 오는 자극은 의사결정자에 의해 지각되었을 때 상황이 된다. 일반적으로 자극은 정부의 목적에 영향을 미칠 가능성이 있거나 정부에 어떤 문제를 제기하는 경우에 지각된다. 어떤 문제에 직면하게 되었을 때, 의사결정자는 그 문제의 본질을 정의하게 된다. 상황에 대한 특정한 지각은 개인에 따라 다를 수 있지만, 의사결정자의 상황 정의에는 대부분 어떤 공통적인 특성들이 있는 것처럼 보인다. 하나의 특성 집합은 문제의 본질에 관련된 것들로, 문제가 정부의 목적에 끼치는 영향, 문제의 복잡성, 문제가 요구하는 기능, 문제가 정부에 부과하는 시간 압력, 정부에 대한 상황 유발자의 중요성 등이다. 특성의 두 번째 집합은 자극과 그 해석 간의 조화, 말하자면 자극과 그에 대한 의사결정자의 지각 사이의 정확성 또는 사실성(fidelity)에 집중되어 있다. 두 특성 집합 모두 정부가 외교정책을 입안하는 방법과 외교정책 행동의 본질에 영향을 미친다.

다른 장들에서처럼, 이 장을 통해 우리는 이러한 상황적 관점을 외교정책 수립에 관련시키는 지적 토대를 제시할 것이다. 말하자면 상황의 차원을 외교정책 행동에 연계시키는 설명적 기제를 자세히 설명하고, 이 관점의 선정된 가정들을 소개하며 예시적 명제들을 제시할 것이다.

관점의 개관

의사결정자에게는 상황이 존재하기 전에 세 가지가 전제되어야 한다. 그것은 자극, 그 자극이 문제를 일으켰다는 지각, 문제의 본질에 대한 해석이다. 우리는 후자의 두 과정을 각각 '결정의 계기(occasion for decision)'와 '상황 정의(definition of the situation)'라고 부른다. 어떤 자극이 문제를 촉발하는 것으로 지각되면 이것은 결정의 계기가 된다. 문제의 본질에 대한 해석은 의사결정자를 상황 정의의 확인에 개입시킨다. 이러한 세 가지 구성개념을 좀 더 자세히 검토해보자.

자극

외교정책 의사결정 과정은 자극에 의해 활성화된다. 그 자극에는 다른 국가나 국제적 실체의 행동들이 포함될 것이다. 예를 들어 1962년 초가을, 소련이 쿠바에 미사일을 배치한 것은 미국 의사결정자들에게 하나의 자극이 되었다. 그렇지만 어떤 자극은 특정한 인적 행위자에 의해 주도되지 않은 환경 변화, 예를 들어 홍수나 지진에서 기인할 수도 있다. 자극은 외교정책 입안을 위한 무대를 마련해준다. 즉, 자극은 국제환경 속에서 무엇이 일어났는지 보여준다. 그런 의미에서 자극은 의사결정자의 지각에 관계없이 묘사될 수 있는 객관적인 현상이다.

결정의 계기

자극과는 달리 결정의 계기는 주관적인 현상이며, 왜 어떤 자극은 의사결정자에 의해 지각되면서 다른 자극은 무시되는가 하는 문제를 다룬다. 의사결정자는 자극이 자신의 정부에 어떤 문제를 야기할 때 이를 지각하거나 주의를 기울인다. 자극은 기존의 조건과 정부가 바라는 조건, 말하자면 정부의 목적과의 모순을 시사하는 경우 문제를 야기한다. 우리는 외교정책 입안자는 목적을 가지고 있고, 그러한 목적을 달성하기 위해 외교정책에 착수한다고 가정한다. 이러한 목적 달성을 방해하는 사건이 발생하면 의사결정자에게 문제가 생기게 된다. 목적을 향한 진전을 가속화하는 사건이 발생했을 경우에도 역시 문제가 야기된다. 후자의 경우에 의사결정자는 자신의 목적에 잘 접근하기 위해 그 기회를 활용하는 문제에 직면한다.[1] 두 경우 모두 의사결정자는 그 자극에 주의를 기울인다. 의사결정자가 어떤 자극이 자신의 국가를 어떤 문제에 직면하게 만들었다고 인식할 경우 결정의 계기가 마련된다.

자극과 결정의 계기 간의 차이를 예시하기 위해, 우리가 예로 들었던 1962년 쿠바에 대한 소련의 미사일 배치로 돌아가보자. 소련의 행동은 미국 의사결정자들에게 결정의 계기를 만들어주었다. 왜냐하면 케네디 행정부는 서반구 내 소련의 군사적 존재(military presence)를 용납할 수 없었기 때문이다. 결정의 계기에 이르게 한 것은 소련의 행동 그 자체가 아니라 그러한 행동이 문제를 낳았다는 미국의 지각이었다. 케네디 행정부 요원들은 소련의 군사적 존재가 미국이 유럽과 라틴 아메리카의 동맹을 상대하는 데 문제를 일으키고, 다른 해외 방어 공약을 손상시켰다고 주장했다.

상황 정의

일단 결정의 계기가 마련되면, 의사결정자는 자신들의 상황 정의를 공식화하게 된다. 의사결정자가 상황 정의에서 제기할 수 있는 몇 가지 문제는 '누가 그 문제의 유발자인가? 우리는 그 유발자와 과거에 어떤 관계였는가? 그 문제를 처리하는 데에는 어떤 종류의 기능이 요구되는가?'이다. 쿠바의 소련 미사일 예에서 미국 의사결정자들은 소련이 방어와 안보 가치를 위협하는 것으로 규정했다. 게다가 그들은 행동할 시간이 거의 없는 것으로 인식했다. 결정의 계기와 마찬가지로 상황

01 '문제'의 개념을 사용하는 것은 일반적으로 인정된 관행과 일치하지 않을지도 모른다. 이 장에서 문제는 반드시 어떤 어려움을 표현한다기보다는 의사결정자가 직면해야 하는 과제를 나타낸다. 그래서 위협과 기회 모두 의사결정자에게 문제를 가져다주는 것이다.

정의 역시 주관적이다.

의사결정자의 상황 정의는 각기 다른 두 가지 방법으로 검토될 수 있다. 하나는 의사결정자의 상황에 대한 지각과 자극 간의 사실성에 초점을 맞추거나 의사결정자가 문제의 성격을 어떻게 정의하는가에 초점을 맞추는 것이다. 지각과 자극 간의 사실성에 초점을 맞출 경우 우리가 관심을 갖는 것은 정보 전달이다. 모든 자극은 환경에 관한 정보를 전달한다. 문제는 자극의 객관적 특성과 이러한 특성에 대한 의사결정자의 지각이 얼마나 밀접하게 합치되느냐이다. 그 가설은 객관적 현실(objective reality)과 지각된 현실(perceived reality)이 밀접하게 부합될수록, 정보전달 과정도 더 효율적이 된다고 설명될 수 있다. 이론을 통해 우리는 자극에 대한 관찰자의 묘사와 그 자극에 대한 정책 입안자의 묘사를 비교하고, 그런 다음 둘 사이에 일치되는 점을 지적해 이 가설을 검증할 수 있어야 한다. 우리는 이러한 분석 유형의 예로 소련 미사일 위협 사례를 이용하면서, 소련이 1962년 초 쿠바에 주었던 무기보다 1962년 가을 쿠바에 설치한 미사일이 더 공격적인지에 대해 전문가들 사이에서 이미 논쟁이 일어났음을 지적했다. 어쨌든 미국의 의사결정자들은 그 미사일을 공격적인 것으로 보았던 반면 연초의 무기는 방어적인 것으로 지각했다(Hermann, 1969a).

또한 우리는 의사결정자의 상황 정의를 분석하면서, 의사결정자가 자신의 정부가 직면하고 있다고 지각한 문제의 특성을 어떻게 규정하는가에 초점을 맞출 수 있다. 다시 말해 우리는 의사결정자의 상황 정의 내용이나 그가 지각한 문제의 본질을 검토할 수 있다. 어떤 문제의 성격을 규정하는 데에는 많은 방법이 있을 수 있지만, 우리는 외교정책의 설명이 지닌 중요성에 착안해 다음 다섯 가지를 고려 대상으로 선정했다.

1. **심리적 거리감**: 심리적 거리감은 대상에서 떨어져 있거나 격리되어 있는 느낌을 말하며, 실제 물리적 거리와 동일할 필요는 없다. 물리적으로 가까운 두 사람(예를 들어 옆집 사람)도 그들이 과거에 특별히 자주 오고간 사이가 아니라면 심리적으로 멀게 느껴질 수 있다. 동일한 현상이 정부 간의 관계에서도 발생할 수 있다. 미국 정책 입안자는 쿠바가 지리적으로는 미국과 훨씬 더 가까이 있음에도 불구하고, 아마 쿠바의 정책 입안자보다는 영국의 관리를 더욱 가깝게 느낄 것이다. 달리 말하면 심리적 거리감은 우리가 행동을 설명하려고 하는 정부에 대한 자극 행위자(stimulus actor)의 관련성 또는 특출성을 말한다. 자극 행위자의 행동이 반응 정부(responding government)와 관련되거나 특출할수록, 두 의사결정자 집단은 심리적으로 더욱 가깝게 여겨질 수 있다.

2. **목적들에 대한 영향**: 문제가 자국의 목적에 끼친다고 의사결정자가 지각한 영향이 문제의 두 번째 특성이다. 그 문제가 목표 달성을 용이하게 하는가 아니면 방해하는가? 만약 그 문제가 목표 달성을 용이하게 한다면 의사결정자에게 어떤 기회를 제공해줄 것이다. 반대로 목표 달성을 방해한다면, 이 문제는 의사결정자에게 위협이 된다. 상황 정의의 한 요소로서 위협이나 기회는 그 자극이 자신의 목적에 미치는 영향에 대한 의사결정자의 지각을 설명해준다.

3. **문제 복잡성**: 세 번째 특성인 문제 복잡성은 의사결정자가 문제를 해결하는 데 요구된다고 지각한 지적 작업(intellectual operations)의 수와 어려움에 초점을 맞춘다. 이러한 작업의 수와 어려움이 커질수록 의사결정자가 직면하는 문제의 복잡성은 더 커진다. 문제 복잡성은 구체화될 수 있는 객관적 하부 과제들의 수에 의해서가 아니라, 그 문제에 대처하는 스스로의 능력에 대한 의사결정자의 지각에 의해 규정된다. 만약 의사결정 단위가 잘 개발된 역량을 구비하고 있다고 정책 입안자가 지각한다면, 이러한 역량이 없다고 지각하는 경우보다는 그 문제를 덜 복잡하게 여길 가능성이 높다.

4. **요구되는 기능**: 요구되는 기능은 문제 복잡성에 관련된 특성이다. 요구되는 기능은 의사결정자가 그 문제를 해결하기 위해 창의적인 지적 처리과정(creative intellectual processes)이 필요하다고 인식하는지, 아니면 일상적인 지적 처리과정(routine intellectual processes)이 요구된다고 인식하는지 여부를 보여준다. 여기서 흥미로운 것은 관료체제 내의 기획과 운영의 차이다. 기획 과제는 혁신적이고 미래 지향적인 대안의 정식화를 요구하는 반면 운영은 일반적으로 당면 문제에 기존의 규칙을 적용할 것을 요구한다. 사실상 기획은 미래 시대의 정향을 수반하는 반면 운영은 현 시대의 정향을 수반한다.

5. **시간 압력**: 시간 압력은 의사결정자가 지각한 자극과 행위자 간의 시간적 관계를 말한다. 우리가 시간적 관계라고 말하는 것은 정책 입안자가 의사결정을 위한 시간이 별로 없다고 느끼는 정도를 의미한다.

시간 압력은 의사결정자가 반응을 공식화하는 데 요구되는 대처 기간 (the time frame)에 대한 인식을 나타낸다.

이러한 다섯 가지 문제 특성을 예시하기 위해, 미국 의사결정자의 시각으로 쿠바에 대한 소련의 미사일 배치를 검토해보자. 심리적 거리감에 관련해서 보면, 쿠바 사태는 지리적 견지에서나 목적 관련 견지에서 모두 미국에게 특출했다. 미 동부 해안에서 불과 90마일 떨어진 곳에 미사일이 있다는 것은 미국 정책 입안자들이 무시할 수 없는 사태를 불러 일으켰다. 더구나 남아메리카에 대한 미국의 개입이라는 전통은 소련과 쿠바 행동의 미국과의 관련성을 증대시켰다. 이러한 설명들이 시사하는 바와 같이, 미국의 의사결정자들은 소련의 행동을 서반구를 비롯해 더욱 광범위한 범세계적 맥락에서 미국의 목표에 대한 직접적인 위협으로 인식했다. 그 사태는 미국의 목표 달성을 방해하는 것으로 여겨졌다. 문제 복잡성이라는 측면에서, 쿠바 내 소련 미사일은—케네디가 지적한 대로 '미사일의 제거'라는—상당히 한정된 문제를 초래했다. 케네디 행정부가 논의한 주요한 문제는 그 미사일을 어떻게 제거할 것인가였으며, 그래서 기획 기능보다는 운영 기능을 강조하고 있었다. 시간 압력과 관련해, 미국 의사결정자들은 분명 그 미사일이 며칠 내에 가동될 수 있을 것으로 믿었으며 그때까지는 행동할 시간이 거의 없다고 인식했다.

의사결정자의 상황 정의에서 하나의 문제에는 틀림없이 다섯 가지 이상의 국면들이 있을 것이다. 우리는 이와 같은 상황 정의에 다섯 가지 국면만을 포함시켰는데, 이 국면들이 상황 정의를 외교정책 행동에 연계시키는 설명적 기제의 필수적인 부분을 구성하기 때문이다. 그 기제는 이전의 연구들에 대한 개관을 통해 상황적 관점과 외교정책의 관계를 정교화함으로써 개발될 수 있을 것이다.

이전 연구와의 관계

이 장을 시작하면서 지적했듯이, 학자들은 특별한 상황에 초점을 맞추는 사례 연구를 많이 해왔다. 그들은 위기와 그 밖의 높은 위협 상황에 대부분의 관심을 기울였다. 쿠바 미사일 위기의 분석(Abel, 1966; Allison, 1971; Kennedy, 1969; Holsti et al., 1969)은 제1차 세계대전 발발에 대한 연구(O. R. Holsti, 1965; 1972; Holsti and North, 1966; Zinnes et al., 1972)만큼이나 많았다. 어쨌든 위기를 연구하는 경향에는 어떤 기대가 있다. 어떤 연구자들은 일상적인 상황에 대한 반응의 분석 외에, 더욱 광범위한 상황에 대한 이론적이고 경험적인 연구를 시도해왔다(Hermann, 1969b; Brewer, 1972; Brady, 1974a 참조).

사례 연구와 함께 우리가 외교정책에 영향을 미치는 것으로 제시했던 상황의 세 가지 국면 — 자극, 결정의 계기, 상황 정의 — 을 검토하는 연구들이 점점 늘고 있다. 그러한 연구는 상황의 주관적 요소의 중요성을 강조하면서 객관적 요소와 주관적인 요소의 차이점을 시사해주고 있다. 예를 들어 스프라우트 부부(Sprout and Sprout, 1965, 1971)는 외교정책 결정이 이루어지는 '환경(milieu)'에 대한 논의에서 환경을 객관적(조작적) 요소와 주관적(심리적) 요소로 나누었다. 결정의 계기와 상황 정의는 자신의 환경에 대한 의사결정자의 지각을 묘사한다는 점에서 의사결정자의 주관적 환경을 의미한다. 자극은 조작적이거나 객관적인 환경의 일부다. 스나이더 등(Snyder et al., 1969: 202)은 외교정책 입안자의 행동이 "그의 상황 정의에서 나온다"고 지적했다. 연구 결과들은 또한 외교정책의 상황적 설명에 대한 이미지의 관련성을 지적해주었다. 예를 들어 로빈슨과 스나이더(Robinson and Snyder, 1965)는 정책 입안자의 이미지와 상황의 관계를 다음과 같이 주장했다. "결정의 계기는 그러한 이미지의 내용과 마찬가지로 누구의 이미지가 정책 입안 과정에 '중요'한가에도 영향을 미친다." 프루트 역시 비슷한 관점을 주장했다. 정책 입안자의 상황 정의는 다른 정부에 대한 이미지에서 연유한다. 말하자면 상황 정의는 다른 정부에 대한 이미지, 그 정부와 자국의 목적 간의 관계에 대한 인식, 다른 정부에 거는 적절한 행동에 대한 기대를 포함한다.

저비스(Jervis, 1970, 1976)와 볼딩(Boulding, 1962, 1969)의 이론화 노력은 이러한 상황적 전통을 가장 훌륭하게 보여준다. 그들의 가장 훌륭한 공헌은 아마도 외교정책에 장기적인 영향을 미치는 것과 즉각적인 영향을 미치는 것 모두에서 이미지들을 개념화한 데 있을 것이다. 이미지는 국가가 처해 있는 일반적인 맥락에 대한 묘사뿐만 아니라, 정책 입안자가 대응해야 하는 직접적인 상황에 대한 묘사로도 취급될 수 있다. 예를 들어 저비스(Jervis, 1969)는 (다른 나라의 행동을 더 집중화되고 일사불란하며 조정된 것으로 보는 경향처럼) 의사결정자가 직면해 있는 직접적인 상황의 차원과 (행위국의 국내 정치체제, 이전의 경험들, 국제관계 역사에 대한 신념과 같은) 장기적인 이미지를 구별한다. 전자의 이미지가 우리의 상황 정의 개념에 더욱 잘 들어맞는다. 볼딩(Boulding, 1962:

311)은 분쟁과 분쟁 해결에 대한 분석에 기초해 "화해를 위한 선행 조건은 관련 당사자에 대한 이미지, 특히 가치 이미지에서의 유연성이다"라는 결론을 내렸다. 의사결정자가 가지고 있는 일과성 이미지(transitory images)가 분쟁 상황의 결과에 결정적인 영향을 미칠 수 있다는 가정이 이러한 결론의 기초가 되고 있다.

외교정책 행동을 설명하는 데 상황적 관점을 적용하는 연구가 많고 다양하긴 하지만, 상황 정의를 외교정책 행동에 연계시키는 설명 기제를 분명히 한 연구는 거의 없었다. 관점의 개관을 통해 우리는 상황을 나타내는 개념들을 제시했다. 다음에서는 이러한 개념들 사이에 존재하는 관계들을 자세히 설명하고, 설명 기제를 더욱 발전시킬 것이다.

관점의 개발

상황과 외교정책의 관계에 기초가 되는 것은 의사결정자의 상황 정의가 외교정책 행동뿐만 아니라 외교정책 의사결정 단위의 구조와 외교정책 선택이 이루어지는 과정에도 영향을 미친다는 것이다. 외교정책 과정에 영향을 미치는 것은 본질적으로 결정의 계기가 아니라 상황 정의다. 환경 내에 어떤 문제가 존재한다는 의사결정자의 지각은 그 국가의 외교정책 과정이나 반응을 예측하기에는 충분치 않다. 그러나 만약 의사결정자가 그 문제를 어떻게 특징짓거나 정의하는지 우리가 안다면, 우리는 누가 그 문제를 해결하는 데 참여할지와 그가 어떤 과정을 이용할지, 그리고 그 결과 어떤 외교정책 행동이 나타날지에 대해 말할 수 있다. 앞서 언급한 문제 각각의 특성들이 참여자, 사용되는 절차, 그 결과로 생기는 외교정책 행동에 어떠한 영향을 미치는지 살펴보기 위해 문제의 특성들을 검토해보자.

문제의 특성들

1. 심리적 거리감: 관점을 개관하면서 우리가 정의한 바와 같이, 심리적 거리감은 자극 유발자가 문제의 정부에 대해 갖는 관련성이나 특출성을 지칭한다. 만약 자극 유발자가 매우 특출하다면 아마도 고위 의사결정자가 의사결정 과정에 참여하게 될 것이다. 자극 유발자의 특출성은 지금의 자극이 정부에 대해 폭넓은 함축적 의미를 가지며, 따라서 외교정책 형성에 광범위한 책임을 지고 있는 의사결정자의 주의를 자극한다는 것을 말한다. 더구나 만약 의사결정자가 자극 유발자와 심리적으로 가깝다면, 표준운영절차(standard operating procedures)와 관행들이 사용될 가능성은 적다. 그러한 절차들은 고위 정책 입안자가 매우 특출한 유발자를 다룰 때 필요하다고 느끼는 대응의 유연성을 허용하지 않을 것이다.

외교정책 행동과 관련해, 우리는 심리적 친밀감(psychological closeness)이 그 유발자와의 빈도 높은 상호 작용을 촉진시킬 것으로 예상한다. 실제로 자극 유발자가 특출할수록 결정 계기로서 그 자극이 우선적으로 지각될 가능성은 그만큼 더 커진다. 그 유발자와 결부된 커뮤니케이션은 자극을 지각하는 수단을 제공해준다. 더 나아가 심리적 거리감과 행동의 강도 사이에는 아마도 역의 관계가 존재할 것이다. 의사결정자는 심리적으로 가깝게 지각되는 국가에 대해서는 더욱 강력한 행동을 구사하는 경향이 있다. 만약 특출한 유발자가 적국이라면, 그 국가는 가장 적대적인 행동을 경험하게 될 것이다. 만약 특출한 유발자가 동맹국이라면, 행동은 아마도 강한 물적 개입과 지지를 수반하게 될 것이다.

2. **목적들에 대한 영향**: 자극이 행위자의 목적에 미치는 것으로 지각된 영향은 아마도 상황 정의의 중요한 요소들 가운데 하나일 것이다. 우리는 정부가 국제무대에서 단기적이거나 장기적인 목적을 달성하기 위해 외교정책 행동에 가담한다고 가정했으며, 자극은 정부의 목적에 영향을 미친다고 지각될 때 결정의 계기가 된다고 말했다. 게다가 우리는 자극이 목적 달성을 용이하게 하는 것(기회의 창출)으로 인식되거나 목적 달성을 방해하는 것(위협의 제기)으로 인식될 수 있다고 주장했다. 위협과 기회 모두 외교정책 결정단위의 본질과 외교정책 의사결정 과정에 영향을 미친다. 위협 상황에서의 결정단위는 수적으로 많고 고위의 의사결정자로 구성되는 경향이 있다. 이것은 의사결정자가 위협적인 상황에 대응할 때 그의 자원을 효율적으로 사용하기를 원하기 때문에 합당한 것처럼 보인다.

더 나아가 위협은 결정단위에 참여하는 사람들 간의 집중적인 커뮤니케이션 기간을 조성한다. 기회 상황은 위협 상황과 같은 정도의 참여를 조장하지만, 그럼에도 불구하고 기회가 높은 참여로 귀결되지는 못한다. 원하는 가치에 대한 급박한 위해가 없으면 고위 관리의 참여는 결정적인 것이 되지 못한다. 수적으로 많은 하위 참여자가 가담함으로써 나타나는 결과 중 하나는 그 결정단위 내에서 커뮤니케이션의 효율성이 떨어진다는 것이다.

외교정책 행동의 내용 또한 기회의 경우인가 위협의 경우인가에 따라 달라진다. 예를 들어 만약 의사결정자가 그 상황을 위협적인 것으로 정의하면 그는 적대적인 반응을 보일 가능성이 높다. 게다가 그 강도는 높을 것이다. 이와는 대조적으로 기회는 집중적인 반응(intense responses)을 유도하기는 하지만, 적대적인 반응보다는 협력적인 반응을 조장한다. 기회에 대한 협력적인 반응은 정부를 목적 달성에 더욱 접근하도록 한다. 실제로 위협이 한결같이 적대적인 반응만을 조장하는 데 반해, 기회는 다양한 협력적인 행동을 용이하게 한다.

3. **문제 복잡성**: 문제 복잡성은 정책 입안자가 어떤 특정 문제 속에서 지각하는 지적 작업의 수와 어려움의 정도를 말한다. 의사결정자는 그 문제에 투입될 수 있는 의사결정 단위의 역량에 주목함으로써 문제 복잡성을 평가한다. 문제 복잡성은 의사결정 참여자에게 영향을 미친다. 만약 의사결정자가 그 문제를 복잡한 것으로 지각하면(말하자면 이것이 일련의 하부 과제들로 분류될 필요가 있으면), 흔히 관료들이 의사결정에 폭넓게 개입된다.

관료의 특징인 표준운영절차와 관행은 특히 특정 하부 과제를 다루는 데 알맞다. 그러한 관료들의 폭넓은 개입은 행동을 취하는 데 필요한 시간을 증대시키기 때문에 의사결정도 지연된다. 결국 총괄적 반응(general response)의 기회는 감소한다. 반응이 일어날 경우, 만약 그 문제가 복잡한 것으로 지각된다면 그 반응이 혁신적일 가능성은 적다. 복잡한 문제를 외교정책의 방향에 주요한 변화를 가져올 한 번의 기회로 보기보다는 일련의 개별적인 문제들로 보는 경향이 있다.

4. 요구되는 기능들: 이러한 문제 특성은 그 문제를 해결하는 데 창의적인 지적 처리과정(기획)이 요구되는지, 또는 관행적인 지적 처리과정(운영)이 요구되는지를 보여준다. 그 문제는 새로운 구상과 접근법의 창출을 요구하는가, 아니면 구상을 실행에 옮겨야 하는 것인가? 창의적인 지적 처리과정을 요하는 문제의 경우, 문제 처리과정에 참여하는 사람들의 수가 많고 고위 관리들이 결정에 참여할 가능성이 높은 반면, 관행적인 지적 처리과정을 요하는 문제의 경우에는 문제 처리과정에 참여하는 사람들의 수가 적고 하위 관리들이 참여할 가능성이 높다. 고위 정책 입안자가 관행적인 문제를 떠맡거나 떠맡도록 요구될 가능성은 적다. 더구나 고위 정책 입안자는 공식적인 역할 요구를 뛰어넘어 더욱 쉽게 창의적인 기획에 가담할 수 있다.

만약 그 문제가 새로운 구상의 개발을 요구하면 관료들 간의 커뮤니케이션과 대안 창출이 고무될 것이다. 관행적인 지적 처리과정을 필요로 하는 문제의 경우는 아마 그 반대가 될 것이다. 그러한 문제는 의사결정자로 하여금 표준운영절차에 의지하게 만든다. 관료적 행동에 대한 많은 연구들(예를 들어 Allison, 1971; Destler, 1972)에 따르면 이것은 의사결정자가 관료들 간의 의사소통에 별로 가담하지 않고 대안 개발을 소홀히 하는 것임을 의미한다. 창의적인 문제는 다양한 대안을 창출하는 경향이 있기 때문에 흔히 혁신적인 대외정책 반응을 낳는다.

5. 시간 압력: 시간 압력은 의사결정자가 행동을 취하는 데 사용할 수 있는 시간에 대한 인식을 말한다. 개인 간의 관계가 시간 압력의 여부에 따라 구속을 받거나 용이해지는 것처럼, 결정단위 내의 관계

또한 (의사결정자가 전개되고 있는 것으로 지각한) 대처 기간에 영향을 받는다. 의사결정자가 그 상황에 짧은 대처 기간이 주어졌다고 지각하는 경우, 행정부 구조 내의 한 계층에 속한 적은 수의 사람들만이 의사결정 단위에 참여할 것이다. 이와는 대조적으로, 장기적인 상황은 행정 조직 내의 다양한 계층에서 선발된 많은 의사결정자들의 참여를 가능하게 한다. 또한 단기적인 상황은 참여자들 간의 상호 작용과 의사소통을 위축시켜 흔히 결정단위에서 적은 수의 대안들만을 산출하는 결과를 낳는다. 결정계층 내의, 그리고 계층 간의 의사소통과 대안의 공식화 및 평가는 의사결정자가 행동할 시간이 많다고 지각하는 경우 생길 가능성이 높다.

외교정책 행동과 관련해, 단기적인 상황은 개입이 자주 요구되는 기획 활동의 이행을 어렵게 하여 높은 개입 행동을 방해한다. 더구나 대처 시간이 짧은 것으로 인식되는 경우에 발생하는 행동은 혁신적이기보다는 현상유지적이거나 보수적인 경향이 있다. 이러한 행동들을 행동을 위한 충분한 대처 시간이 있다는 인식하에서의 행동과 대비시켜보자. 충분한 대처 시간은 높은 개입 반응을 용이하게 하며 혁신적인 정책을 고무시킨다.

<그림 9-1>은 우리가 묘사한 상황과 대외정책의 관계를 요약한 것이다. 의사결정자가 국제환경에서 유입된 자극이 정부의 목적 달성에 문제를 일으키는 것으로 인식하면 결정의 계기가 마련된다. 정책 입안자는 적어도 문제의 다섯 가지 특성 — 자극 유발자와의 심리적 거리감, 그 문제가 정부의 목적에 미치는 영향의 본질, 문제 복잡성, 그 문제를 처리하는 데 요구되는 기능들, 결정에 할당된 시간 등 — 을 밝힘으로써 상황 정의를

〈그림 9-1〉 상황과 외교정책의 관계 요약

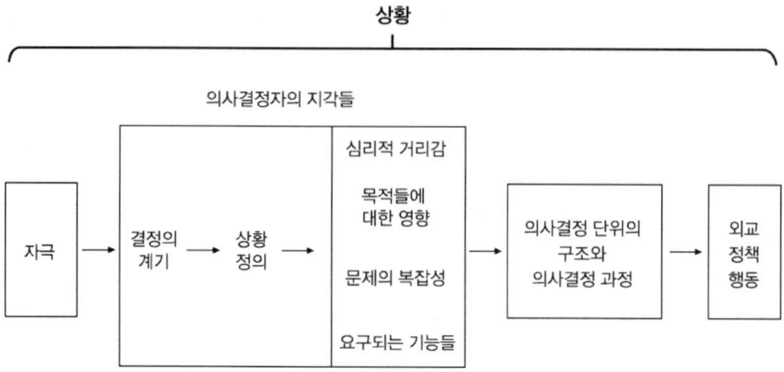

정식화한다. 의사결정자가 어떻게 상황을 정의하는가는 대외정책 결정 단위와 대외정책 입안 과정의 본질에 영향을 미친다. 그 구조와 과정은 다시 외교정책 행동에 영향을 미친다.

상황 정의의 정확성

의사결정자가 상황을 정의하는 경우 정확성이나 사실성은 외교정책 입안 과정과 외교정책 행동에 영향을 미친다. 만약 의사결정자가 자극을 정확하게 인식하면, 환경에 관한 정보는 효과적으로 전달된다. 그러나 이것은 제1차 세계대전 발발(O. R. Holsti, 1972)에 대한 설명, 미국의 한국전 확대 결정(Paige, 1968)에 대한 설명, 오지각(誤知覺, misperception)을 주요 설명 변수로 했던 베트남 분쟁(Janis, 1972)에 대한 설명에서, 법칙이기보다는 예외라는 것이 입증되었다. 특히 오지각은 외교정책 행동의 영향력 또는 중요성에 영향을 미치는 것으로 보인다. 예를 들어 행위자와 자극 유발자 간의 심리적 거리감에 대한 오지각은 다른 국가들에 대한 음(陰)의 피드백 수준을 높이면서 어떤 행위들의 중요성을 저하시킬 수 있다. 위협의 오지각은 그 자극이 객관적으로 지각되었다면 당연히 그랬을 경우에 비해서, 수적으로 적고 하위인 정책 입안자가 그 결정에 참여하는 결과를 낳을 수 있다. 대응에 사용될 수 있는 시간에 대한 오지각은 폭넓은 자원의 개입을 요하는 결정의 이행 효과를 떨어뜨린다.

상황 정의의 정확성은 의사결정자의 인식에 영향을 주는 다른 유형의 두 가지 변수, 즉 결정의 구조 및 과정의 특성과 의사결정자의 개인적 특성에서 영향을 받는다. 상황 정의에 대한 결정의 구조와 과정의 영향은 앨리슨(Allison, 1971), 헬퍼린(Halperin, 1974), 브래디(Brady, 1976)의 연구물과 함께 이 책 4장에 서술되어 있다. 이러한 효과는 "당신이 어디에서 일어서느냐는 당신이 어디에 앉아 있느냐에 달려 있다"는 앨리슨의 말에도 요약되어 있다. 의사결정자 자신의 개인적 특성과 관련해, 정책 입안자의 신념이나 세계관이 그들의 상황 정의에 영향을 미치는 것은 불가피해 보인다(Bonham, 1975와 이 책 3장 참조). 일반적으로 국제환경을 갈등으로 가득 차 있다고 보는 정책 입안자는 국제환경을 협력적이라고 보는 정책 입안자에 비해 상황을 위협적인 것으로 정의할 것이다. 여기에 이 책에서 논의된 몇몇 관점들을 통합할 수 있는 분명한 여지가 있다.

이 절에서는 상황적 변수가 어떻게 대외정책에 관련되는지 살펴보았다. 이제 이 관점의 지침이 되는 몇몇 가정들을 명확히 하려고 한다.

선정된 가정들

가정을 분명히 하는 과정은 언제나 어렵다. 또한 이것은 이론 개발의 중심 과제이기도 하다. 이 장에서 소개되는 과정은 형식적으로 상황적인 관점을 도출해낼 수 있는 모든 필요 조건을 제시하지는 못하지만, 이 관점이 기초로 하는 종류의 가정들은 예시하고 있다.

가정 9.1 **국가의 외교정책 행동은 대내적 실체와 대외적 실체의 이전 행동에 의해 유발된 결정의 계기에 대응해 취해진 의사결정자의 개별 행동이다.** 이 가정은 의사결정자가 대응해야 하는 자극을 확인시켜주기 때문에 상황적 관점의 기초가 된다. 자극은 대외적 환경에서뿐만 아니라 대내적 환경에서도 생긴다.

가정 9.2 **자극은 의사결정자가 정부의 목적 달성에 어떤 문제를 야기시킬 때 결정의 계기가 된다.** 이 가정은 어떤 자극이 의사결정자에 의해 지각되며 결정의 계기를 초래하는지 암시하고 있다.

가정 9.3 **권위적 의사결정자는 자국의 이름으로 외교정책 행동을 주도하며, 국제무대에서 그 국가의 자원을 공식적으로 개입시키기 때문에, 외교정책의 결정과 행위 요소를 설명하기 위해서는 그들의 지각과 행동을 알아야 한다.** 우리는 권위적 의사결정자에 초점을 맞추어, 외교정책이 그의 관점에서 가장 잘 설명될 것이라고 가정한다. 우리가 말하는 권위적 의사결정자란 (선출되었든 임명되었든) 의사결정에 공식적인 책임을 지고 의사결정 과정에 능동적으로 참여하는 공직자다(Hermann, 1972a 참조). 우리는 비정부적 개인과 집단도 국가의 경계를 넘어 인적·비인적 자원들의 일상적인 유통 속에서 수행할 역할을 가지고 있다는 사실을 인정하긴 하지만, 오직 권위적 의사결정자만이 국가 목적을 추구하는 데 국가의 자원을 공식적으로 개입시킬 수 있는 권한을 갖는다.

가정 9.4 만약 의사결정자에 의해 결정의 계기가 지각되면, 어떤 상황에 적용시킬 수 있는 다양한 특성들(그러나 특성들은 상황에 따라 각기 다른 가치를 가질 수 있다)이 실제로 그러한 결정의 계기에 직면한 모든 의사결정자들에 의해 지각될 것이다. 상황은 어떤 특정 시점에서 발생한다는 점에서 그리고 독특한 일련의 환경으로 이루어져 있다는 점에서 독특하지만, 상황을 정의하기 위한 일반적인 특성들도 확인될 수 있다. 우리는 심리적 거리감, 목적에 대한 영향, 문제 복잡성, 요구되는 기능, 시간 압력 등이 이러한 일반적 특질을 구성한다고 주장했다. 상황과 자신의 목적의 관계에 대한 정책 입안자의 지각은 상황의 영향에 대한 많은 의사결정 분석을 통해 등장한다. 예를 들어 허만(Hermann, 1972b), 렌트너(Lentner, 1972), 페이지(Paige, 1972a), 슈워츠(Schwartz, 1972)는 원하는 목적에 대한 위협을 위기상황의 필수 요소로 간주했다. 더 나아가 의사결정자에 대한 시간 압력의 존재 여부에도 관심이 모아졌다. 홀스티(O. R. Holsti, 1972), 허만(Hermann, 1972b), 페이지(Paige, 1968)는 짧은 대처 기간을 위기상황의 필수적인 특성으로 간주했다. 다양한 상황의 일반적 속성을 밝힘으로써 나타난 중요한 결과는 상황에 대한 다차원적 유형학을 구성할 수 있게 되었다는 것이다. 그러한 다차원적 유형학은 행동이 이루어지는 상황적 맥락에 더욱 완벽한 묘사를 제공하는 데 도움을 준다.

가정 9.5 의사결정자에 따라 상황에 대한 지각에서 차이가 생길 수 있다. 왜냐하면 상황은 개별 의사결정자, 그가 속한 조직적 맥락과 국가의 가치, 목적, 과거 경험, 국제적인 사건에 관한 일반적인 이미지를 반영하기 때문이다. 특정 상황에서 의사결정자의 지각은 그가 속해 있는 조직단위(Allison, 1971)와 그 상황이 발생하는 더 큰 맥락(Kelman, 1955)의 차이에 의해서뿐만 아니라, 국제적인 사건에 대한 이미지에 의해서도 영향을 받는다. 정책 입안자는 상황을 '정의할' 때 그의 개인적 이미지와 경험에 기초해 자극에 의미를 부여한다. 달리 말해 상황 정의는 정책 입안자의 가치 판단으로 귀결된다(Snyder, 1958: 17). 게다가 의사결정 과정은 조직적 맥락 속에서 발생하며, 흔히 경합하는 국가적·조직적·개인적 목적의 상호 작용은 상황에 대한 지각의 편차를 낳는다(Jervis, 1970; Allison, 1971). 더구나 각각의 상황은 국가들 간의 현행 관계로 이루어진 더 큰 맥락 속에 있기 때문에, 각각의 상황에 대한 해석은 그 상황과 의사결정자의 국가가 자극 유발국과 가지는 일반적인 수준의 상호 작용 관계에 달려 있다(Kelman, 1955: 51). 상황의 지각에 대한 이러한 각기 다른 영향의 결과로 어떤 특정 상황에 대한 정의는 의사결정자에 따라 달라질 수 있다.

가정 9.6 **만약 의사결정 단위 내에 결정 계기와 상황 정의에 대한 합의가 있다면, 정부는 그 문제에 더 많은 주의를 기울일 수 있게 된다.** 이러한 가정은 문제에 맞게 행동하기 위해서는 그 문제가 먼저 의사결정자에 의해 지각되어야 함을 의미한다. 게다가 만약 의사결정자들이 그 문제를 비슷하게 지각한다면, 협조적이며 효율적으로 행동할 가능성은 그만큼 더 커진다. 합의가 없는 상황 속에서는, 설령 외교정책 행동이 취해지는 경우에도 일정한 패턴과 방향이 결여되기 쉽다.

예시적 명제들

이 절에서는 상황 정의 변수를 외교정책 행동에 연계시키는 일련의 명제를 제시할 것이다. 이들 명제 대부분의 이론적 근거는 이미 어느 정도 자세히 제시된 바 있으며, 여기서는 간단히 언급할 것이다.

명제 9.1 **의사결정자의 국가와 자극 유발국 간의 심리적 거리감이 적을수록, 두 국가들 간에 많은 양의 활동이 이루어질 가능성은 그만큼 더 크다.**

이 명제의 논리는 간명하다. 두 정부 내의 의사결정자가 상대국을 목적 달성에 특출하다고 여기면, 그들은 반복적인 상호 작용을 조장할 것이고 그래서 그들 간에는 많은 양의 활동이 이루어지게 된다. 그러한 상호 작용이 우호적인가 적대적인가에 상관없이 양국 정부의 의사결정자들은 상대국을 무시할 수 없다고 인식하며, 실제로 그들의 목적은 상대방의 외교정책 행동에 대한 부단한 감시와 평가에 의해 가장 잘 달성될 수 있다.

명제 9.2 **의사결정자가 정부 목적에 대한 위협에 직면했을 때, 그의 외교정책 반응은 고도로 부정적인 감정을 표출할 가능성이 높다.**

의사결정자는 위협이 실행되는 것을 방지하려는 노력을 통해 급박한 위해(impending harm)에 대응한다. 일반적으로 그 행동은 적대적이다. 제1차 세계대전 발발(O. R. Holsti, 1965, 1972), 미국의 한국전쟁 개입 결정(Paige, 1968), 베를린 장벽 사건(McClelland, 1969)에 관한 연구들이 이 명제를 뒷받침해주고 있다.

명제 9.3 의사결정자가 자신의 목적을 진척시킬 수 있는 기회를 포착했을 때, 그는 고도로 긍정적인 감정적 반응에 착수할 가능성이 높다.

이 명제는 명제 9.2에 따른 것이다. 기회는 자극이 목적 달성을 용이하게 하는 것으로 지각될 때 생긴다. 일단 기회가 주어지면, 의사결정자가 협력적으로 반응할 경우 목적을 진척시킬 가능성은 더 커진다. 협력적 반응은 차후의 협력적 행동을 유발하는 경향이 있고(Pruitt, 1969), 그래서 의사결정자가 공언한 목적에 국가가 더 가까이 다가갈 수 있게 한다.

명제 9.4 지각된 문제의 복잡성이 더 클수록 문제를 처리하는 외교정책 행동의 특이성도 그만큼 더 커진다.

문제 복잡성은 과제가 하부 문제들로 나뉠 수 있고 하부 문제들이 표준운영절차에 잘 들어맞는 경향이 있다는 이유에서이기는 하지만, 어쨌든 다양한 관료적 단위의 개입을 가져온다(Steinbruner, 1974: 69). 이러한 과정의 결과는 개별 문제 해결에 대한 개입을 수반하는 특이성 있는 행동으로 나타난다.

명제 9.5 상황이 관행적인 지적 처리과정(운영)보다는 주로 창의적인 지적 처리과정(기획)을 요구하는 경우에 외교정책 행동은 높은 대외적 비중을 가지게 된다. 말하자면 특정 대상국에 대해, 전체로서의 국제체제에 대해 광범위한 중요성을 갖게 되는 것이다.

창의적인 지적 처리과정은 다양한 대안을 형성하는데, 그중 어떤 것은 정책 방향, 목적, 개입에서 주요한 변화를 제시할 수 있다. 다른 사정이 같다면, 새로운 방향을 제시하는 행동들이 일반적인 목적과 정책을 반복하는 행동보다는 국제무대에서 이목을 끌게 될 가능성이 더 높고, 그래서 결과적으로 그 무대에서 주요한 영향력을 갖게 된다. 2장에서 지적한 바와 같이 이러한 강한 영향력을 가진 행동(high impact behavior)에는 대외적 비중이 주어졌다. 그래서 정부의 행동은 그 행동이 창의적인 지적 처리과정에서 유래한 경우 또 다른 지적 처리과정을 유발할 가능성이 높다. 예를 들어 제2차 세계대전 후 유럽에서 마셜 플랜의 영향을 주목하라.

명제 9.6 의사결정자가 단시간 안에 의사결정을 해야 한다고 지각한다면, 그는 낮은 개입 행동에 착수할 것이고, 장기간의 의사결정 시간이 있다고 지각하면 높은 개입 행동에 착수하는 경향이 있다.

짧은 의사결정 시간의 구속을 받을 경우, 정책 입안자는 그가 가진 이전의 경험, 이미지, 신념체계에 의존해 상황을 정의하고 대안적인 반응을 평가한다. 의사결정자가 극심한 시간 구속하에서 심의를 강요받는 경우 대안의 범위가 좁아진다는 것이 증명되었다(Hermann, 1969a; O. R. Holsti, 1972). 게다가 높은 개입 행동에 앞서 이루어지는 준비는 시간을 요하므로 의사결정 시간이 짧은 상황에서는 이루어질 가능성이 적다.

단기 의사결정 시간에 비해 장기 의사결정 시간의 경우는 의사결정자에게 좀 더 긴 검토 기간을 제공해준다. 그 결과 의사결정자는 다수의 대안과 더욱 폭넓은 정책 선택 대안들을 고려하게 된다(Downs, 1966; Hermann, 1969a). 장기간의 상황에서 이루어진 행동은 대안에 대한 폭넓은 기획과 평가, 자원의 동원과 일반적으로 높은 개입 정책을 요구하는 행동의 이행을 가능하게 만든다.[2]

요약

이 장에서는 상황이 어떻게 외교정책에 영향을 미치는가를 검토했다. 결정의 계기와 상황 정의 같은 개념에 초점을 맞춰, 우리는 의사결정자가 자극에 대해 내리는 해석이 외교정책 행동에 영향을 미칠 수 있다고 주장했다. 외교정책 행동은 지각된 자극에 대한 반응을 의미한다. 의사결정자의 지각은 많은 요소의 영향을 받으며, 여기에는 상황적 관점이라는 중요한 국면이 있다. 외교정책을 상황적 관점으로 설명하려면 결정의 구조와 과정 또는 의사결정자의 개인적 특성과 같은 다른 유형의 변수들을 반드시 포함시켜야 한다. 우리가 만약 과거 경험을 자극이 발생하는 맥락을 설정하는 것으로 여긴다면, 국가 속성 관점 또는 국제체제 관점에서와 같은 다른 유형의 변수들 또한 의사결정자의 상황 정의에 영향을 미칠 수 있다. 간단히 말해 상황적 관점은 외교정책을 설명하는 다양한 관점들을 통합하는 하나의 기초를 시사한다.

이 밖에 상황적 관점에서 다룰 수 있는 외교정책 행동에 관한 흥미롭

02 이 장에서 우리는 문제 특성들의 상호 작용은 고려하지 않았다. 우리는 분명 한두 가지 문제 특성에서의 공동 변량들을 대외정책 행동의 단일 척도에 연계시키는 명제들을 개발할 수 있을 것이다. 예를 들어 기회와 단기 조건에서보다는 위협과 단기 조건에서 더 많은 높은 개입 행동을 기대할 수 있다.

고 이론적으로 중요한 문제에는 어떤 것들이 있는가? 그러한 문제들 중 하나는 국제관계의 분석 수준 문제다(Singer, 1961; Sondermann, 1961). 상황은 행동(외교정책 행동)을 상호 작용에 연계시킨다. 만약 A국이 B국에 대해 행동하고 B국의 의사결정자가 그 행동을 지각한다면, B국에 대한 하나의 상황이 만들어진다. B국의 의사결정자가 그 상황에 반응할 경우에는 A국에 대한 하나의 상황이 만들어진다. 만약 A국 의사결정자가 이러한 대항 행동(counter-action)을 지각한다면, 그는 잠재적으로 B국에 대한 두 번째 상황을 만들어내면서 B국의 행동에 대응한다. 그렇다면 상황을 가지고 우리가 할 수 있는 것은 국가들 간의 일련의 상호 작용을 묘사하는 것이다. 행동은 결정의 계기를 만들어내고 그 계기는 상황 정의를 이끌어내며 그 정의는 다시 차후의 결정의 계기, 상황 정의, 행동을 규정한다. 따라서 상황적 관점은 행동과 국제정치의 설명을 위한 중요한 연계인 상호 작용을 망라하고 있다.

또한 상황적 관점은 국내정책과 외교정책의 연계를 고무시킨다. 계량적이거나 비계량적인 방법으로 대내외정책을 연구하려는 시도도 많았다. 상황적 관점은 두 가지 면에서 이러한 연구와 관련된다. 첫째, 국내적 환경에서의 자극과 국제적 환경에서의 자극은 모두 외교정책 결정을 위한 계기를 만들어낸다. 게다가 상황 정의의 다섯 가지 문제 특성은 국내적 상황과 국제적 상황 모두에 적용될 수 있다.

아주 명백하게, 어떤 종류의 상황들은 (예를 들어 위기와 같은) 국가적 단위와 국제체제의 장래 모두에 중대한 잠재적 영향을 미친다. 핵전쟁의 가능성이라는 어두운 그림자가 드리워진 세기(世紀)에는 위기가 외교정책 행동에 미치는 영향에 대한 많은 연구가 있어야 한다. 위기는 흔히 스트레스가 동반되는 관계로 의사결정자가 상황에 대처하는 능력을 저하시킨다. 홀스티(Holsti, 1976)가 주장한 바와 같이, 이러한 조건은 정상적인 결정과정을 방해할 수 있으며 불합리한 외교정책 선택을 낳는다. 의사결정자는 다른 국가의 행동에 대해 과도하게 반응하거나 과소 반응하는 경향이 있다. 극도의 스트레스는 모든 형태의 반응을 방해해 의사결정 과정 자체를 붕괴시킬 수도 있다. 의사결정자들의 반응이 핵의 교환으로 이어질 가능성이 있다면, 위기에서 의사결정자의 행동은 스트레스에 적절히 대처하는 능력을 제고시킬 목적으로 연구되어야 한다. 재니스(Janis, 1972), 밀번(Milburn, 1972), 홀스티와 조지(Holsti and George, 1975)는 위기와 그 밖의 고도의 스트레스 상황에 대한 연구의 근본적인 이유를 이와 비슷하게 설명했다.

그리하여 설명 잠재력과 함께 상황적 관점이 의사결정자에 대해 갖는 효용은 이론적이고 경험적인 발전을 더욱 고무시킨다는 것이다. 이번 장은 그러한 미래의 분석을 위한 기초를 닦으려는 것이다.

10 결론: 관점들의 통합

스티븐 A. 샐모어, 마거릿 G. 허만,
찰스 F. 허만, 바버라 G. 샐모어

지금까지 외교정책 행동에 대한 설명 개발에 도움을 줄 수 있는 일곱 가지 관점들을 소개했다. 우리는 정치 지도자의 개인적 특성, 결정의 구조와 과정, 정치 레짐의 양상들, 국가 속성, 국제체제의 특성, 이전의 대외적 행동, 상황의 일시적 속성이 어떻게 외교정책 행동에 영향을 미치는지 검토해보았다. 각 관점은 필요한 가정의 일부 목록을 제공해주었고 변수들을 외교정책 행동에 연결시키는 기초적인 이론적 근거나 설명 논리를 담고 있으며, 그 관점과 외교정책 행동의 연계를 검증하기 위한 몇몇 예시적 명제들을 제시하고 있다. 결국 앞 장들에서는 일곱 가지 개별 관점들이 어떻게 독자적으로 그럴듯하게 선택된 외교정책 행동들을 설명했는지 보여주려 했다.

아마도 지금 이 시점에서는 외교정책 행동을 가장 적절하게 설명할 수 있다고 생각되는 한두 가지 관점에 대한 선호를 말하는 것이 자연스러울 것이다. 아니면 적어도 다음과 같이 묻고 싶을 것이다. 어떤 관점이 외교정책 행동을 가장 잘 설명하는가? 어떤 조건에서 어떤 관점이 다른 관점들보다 외교정책 행동을 더 잘 설명할 것인가? 그러나 이 책의 도입부에 제시되었듯이, 그러한 질문들은 CREON 프로젝트의 정향과는 거리가 있다. 우리는 외교정책에 대한 설명을 경합적인 이론적 관점들 간의 경쟁으로 보지 않는다. 그보다 우리의 관심은 외교정책 행동을 설명하기 위해 그러한 관점들을 어떻게 통합할 것인가이다. 다시 말해 우리는 그 다양한 관점의 자료를 완전하게 만드는 것이 무엇인지에 대한 적절한 질문은 다음과 같은 것이라고 믿는다. '개별 관점에 대한 논의를 통해 개발된 변수들과 이론적 근거들을 외교정책 행동의 좀 더 종합적이고 다중 인과적인 설명을 위해 어떻게 통합할 것인가?'

도입부(제1장)에서 우리는 CREON의 정향 중 하나가 다중 인과적 설명이라고 말했다. 각각의 이론적 관점을 따로따로 검토했으므로 이제는 이렇게 말한 이유를 제시하는 것이 좋겠다. 외교정책 입안에 대해 우리가 간접적으로 관찰한 바에 의하면, 이것은 심지어 상대적으로 규모가 작은 산업화 이전의 국가에서조차 매우 복잡한 과정이다. 이 책의 일곱 가지 관점들이 말해주고 있는 바와 같이, 외교정책을 입안하는 데 작용할 가능성이 있는 변수들은 많다. 이러한 관점의 다양성과 각각의 관점을 외교정책 행동에 관련시키는 논거들이 만들어질 수 있다는 사실로 볼 때, 단일 관점과 외교정책 행동의 관계를 검토하는 것만으로 이러한 대외적 행동들을 적절히 설명하기는 어려워 보인다.

앞 장에서 우리는 우리의 관점을 뒷받침하는 이론적 근거와 가정들을 개발해냈는데, 이때 다른 관점에서 유래하는 변수들을 포함시킬 필요가 있다는 것을 발견했다. 예를 들어 정치 지도자의 개인적 특성은 오직 어떤 상황에서, 그리고 특정 결정구조 안에서만 외교정책 행동에 영향을 미치는 것으로 보인다. 상황적 관점을 위한 설명 논리는 결정의 구조와 과정과 마찬가지로 지도자의 개인적 특성에 대한 지식에 많이 의존하고 있다. 체계적 변수는 일정 시점에서 외교정책과 관련된 국가 속성을 결정한다. 실제로 이들 장에서는 심지어 각각의 필자들이 관점의 독자적인 유용성을 개발하는 중에도, 그 관점들 간의 상호 의존성에 대한 인식이 있었다. 이러한 의미에서 그 장들은 이미 관점들을 통합하는 어떤 방법을 제시하고 있다.

간단히 말해 우리는 — 앞 장들에서 했던 것처럼 — 한번에 한 관점씩 검토하는 것이 각 관점의 주요 변수들, 설명 논리, 기본적인 가정에 대한 우리의 이해를 증진시키기 위해 필요한 중간 단계라고 믿는다. 그러나 우리는 각 관점의 변수들이나 행동의 직접적인 효과만을 검토하는 것으로 외교정책 행동을 결정짓는 힘들을 충분히 이해할 수 있으리라고 기대하지는 않는다. 이번 장을 통해 우리는 앞 장에서 일곱 가지 관점의 변수들을 상호 관련시켰던 몇 가지 방법을 더 상세히 논하고, 외교정책 행동을 설명하면서 이 관점들을 통합하는 두 가지 모델을 제시하고자 한다.

관점들을 관련시키는 데 사용된 전략들

앞 장에서 관점들은 세 가지 방법으로 상호 관련되었다. 이 세 가지 방법은 공통적이거나 상반되는 가정을 사용하는 방법, 다른 관점의 변수들을 매개 변수나 환경 변수(mediating or contextual variables)로 도입하는 방법, 몇 가지 관점에서 유래하는 변수들의 인지된 상호 작용 등이다. 이들 각각의 전략을 좀 더 상세히 알아보자.

각 장을 통해 제시된 이론적 관점들을 상호 관련시키는 한 가지 방법은 가정에 의거하는 것이다. 몇몇 관점의 개발 과정에서, 각 필자들은 그 관점에서 선정된 변수들과 어떤 외교정책 행동들 사이에 가정된 관계들을 위해 필요한 조건으로 동일한 가정들을 소개했다. 예를 들어 정치적 레짐에 관한 두 번째 가정과 국가 속성 관점의 첫 번째 가정을 비교해보자. 양자 모두 외교정책이 정부에 가용한 자원의 본질에 민감하게 영향을 받는 것으로 해석한다. 마찬가지로 상황적 관점에 관한 장에서 세 번째 가정은 권위적 의사결정자의 '지각과 행동'에 대해 언급하며, 개인적 특성 관점에 관한 장의 세 번째 가정은 '정치 지도자의 세계관'을 언급하고 있다. 세계관이 부분적으로 개인의 지각에 의해 결정된다고 가정하면, 외교정책 행동에 미치는 영향에 관한 이러한 주장들 속에는 중요한 공통적인 요소들이 있을 수 있다.

개별 이론적 관점들을 통합하는 수단으로서 공통적이거나 유사한 가정들이 있다는 사실과 함께, 우리는 다른 관점에서 언급된 것과는 상반되어 보이는 필요 조건을 어떤 관점 안에서 발견할 수 있다. 하나의 예로, 상황과 개인적 특성에 관한 장들에서 동기, 신념, 지각, 이미지, 경험이 사용되고 있는 것과는 대조적으로, 정치적 레짐과 국가 속성에 대한 가정에서는 한 가지 형태의 합리적인 계산이 뚜렷하게 도입되고 있음을 주목하자. 그간의 정보로만 보면 합리성을 전제하는 가정들이 개인적 행동을 지배하는 행동의 기원이나 규칙에 직접적으로 모순되는지는 분명치 않다. 그러나 만약 그렇다면 관점이 도입하는 가정들 간에 모순이 있음을 깨닫는 것은 각기 다른 환경에서 두 주장을 조정할 수 있는 포괄 가정(overarching assumption) 또는 '전환' 가정('switching' assumption)을 찾아내기 위한 근거를 마련해준다. 전에는 전제하지 않았던 가정을 어떤 관점에 대체 가정(alternate assumption)으로 바꾸어넣을 경우 달라지는 결과를 측정하는 연구에 착수할 수 있다는 것이다. 이런 식으로 이론적 관점들이 공통적으로 가지고 있는 가정들과 함께, 관점들 간에 모순되어 보이는 가정들이 통합 전략에 사용될 수 있다.

이 책을 통해 나타난 관점들을 통합하기 위한 두 번째 전략은 가정에 초점을 맞추는 경우보다 더 직접적이다. 이것은 다른 관점의 변수를 매개 변수나 상황 변수(contextual variables)로 사용하는 것이다. 이러한 전략은 한 연구자가 자신이 개발 중인 관점과 외교정책 행동의 관계에 다른 관점의 변수들이 영향을 미친다는 것을 발견했을 때 등장한다. 우리가 말하는 매개 변수란, 검토되고 있는 관점과 외교정책 행동 사이에 개재되어 그 관점의 변수와 외교정책 행동의 관계에 영향을 미치는 것이다. 예를 들어 상황적 관점을 다룬 장에서 필자는 결정의 구조와 과정의 변수가 정부의 상황 정의와 외교정책 행동 간에 놓여 있다고 지적했다. 상황이 어떻게 정의되느냐가 사용될 결정단위의 유형에 영향을 미치고, 결정단위는 다시 그 정부의 외교정책 행동에 영향을 미친다.

상황 변수는 고려 중인 관점과 외교정책 행동의 관계를 위한 '무대를 설정하는' 변수를 말한다. 요컨대 상황 변수는 가정된 관계가 발생할 수 있는 조건을 설정한다. 개인적 특성 관점은 상황 변수의 한 가지 예를 담고 있다. 그 필자는 정치 지도자의 개인적 특성과 외교정책 행동의 관계는 특정 상황에서 더 강해진다고 주장한다. 이러한 상황 중의 하나는 지도자의 행동 범위다. 만약 지도자가 비구속적 레짐에서처럼 폭넓은 행동 범위를 갖는 정부에서 활동한다면, 그 지도자의 개인적 특성은 외교정책 입안에서 더욱 특출해질 것이다. 여기서는 레짐 변수가 그 환경의 일부를 설정하거나 지도자의 개인적 특성과 외교정책 행동의 관계를 위한 한 가지 조건을 결정한다.

매개적 효과와 상황적 효과 간의 구별은 어떤 관점이 외교정책 행동을 설명하기 위해 사용되고 있느냐에 어느 정도 달려 있다. 앞의 예를 생각해보자. 개인적 특성 관점에서 볼 때는 정치적 레짐 관점의 변수가 지도자가 외교정책 행동에 의거해 활동하는 '상황'을 결정한다. 만약 레짐 관점에서 동일한 지도력을 바라보는 경우라면 지도자의 유형은 레짐 구속이 외교정책에 대해 갖는 효과를 '매개한다'. 그러나 관점을 통합하는 이러한 방법들과 관련해 기억해야 할 중요한 사실은 다른 관점의 변수들이 개발 중인 관점의 변수들과 외교정책 행동의 관계를 변화시킨다는 점이다.

관점들을 서로 관련시키는 세 번째 방법은 상호 작용 효과(interaction effects)다. 두 가지 관점이 동시에 상호 작용함으로써 각기 독자적으로 작용할 때 갖게 될 외교정책 행동에 대한 효과를 변화시킬 수 있다. 다시 말해 주어진 설명적 변수는 독자적으로 작용할 경우 외교정책에 한 가지 유형의 효과를 미치는 것으로 관찰되지만, 다른 변수들과 동시에 작용할 경우 그 결과는 매우 달라질 수 있다. 다수의 변수들이 결합될 경우에는 그것이 개별적으로 작용했을 경우의 기대를 훨씬 능가해 기하급수적으로 효과를 증대시킬 수 있다. 어떻게 보면 최종 결과는 개별적인 결과와 반대가 될 수도 있다. 각기 다른 관점의 변수들이 상호 작용하는 한 예가 국가 속성의 장에서 발견된다. 필자는 그 관점이 외교정책 행동에 미치는 영향의 변화는 정책 입안자의 목적이 정부의 행위능력과 결합되었을 때 발생한다고 지적했다. 별도로 고려했을 때, 정부의 행위능력 증대는 대외 문제에 대한 참여의 확대로 이해된다. 지도자의 세계관을 형성하는 신념체계와, 동기와 같이 개인적인 특성에 종속되는 변수인 정치 지도자의 목적 구조를 함께 고려한다고 가정해보자. 정부의 행위능력의 증대와 함께 대외적 행동을 통해 실현되는 목적에 높은 우선순위를 부여하는 세계관을 가진 지도자가 있다면 대외 문제에 대한 참여는 증대될 것이다. 이 경우 예상되는 결과는 이원 변량 관계(the bivariate relationship)의 기대와 같다. 그러나 만약 그 지도자의 목적 구조가 변경되거나 다른 목적 구조를 가진 지도자가 등장하면 상이한 상호 작용 효과가 발생한다. 지도자가 국내적 목적을 강조하는 세계관을 가졌다면, 행위능력이 증대되더라도 대외 문제에 대한 참여를 늘리지는 않을 것이다. 만약 협력이 이루어져 그 새로운 능력이 이전에는 어려웠던 국내적 목표의 달성을 가능하게 한다면, 결국 행위능력의 증대는 심지어 대외 문제에 대한 참여의 축소를 가져올 수도 있다.

이론적 관점들을 외교정책 행동의 다중 인과적 설명에 관련시키기 위한 몇 가지 함축이 앞 장들에서 도출된 예시에서 등장한다. 첫째, 이 관점들은 특정 관점과 외교정책 행동의 관계뿐만 아니라 서로에게도 영향을 미치는 것으로 보인다. 가장 결정적인 몇몇 관계는 실제로 단일

이론적 관점의 설명적 변수와 행동 사이에 직접 존재하기보다는 각기 다른 관점의 변수들 사이에서 존재하는 것으로 드러날 수도 있다. 따라서 각기 다른 관점의 변수들 간 관계의 본질을 해명하는 것이 중요하다. 둘째, 우리의 외교정책 설명 능력을 증대시키기 위해 다양한 관점의 변수들을 단순 부가적인 방법으로 결합시키는 일은 하지 않을 것이다. 매개적·상황적·상호 작용적 효과가 존재한다는 것은 단순 부가적인 모델보다는 이론적 관점의 변수들 간의 복잡한 상호 작용을 암시하고 있다. 셋째, 관점들의 통합을 위한 암묵적인 제1차 개략 모델들(first-approximation models)이 관점에 대한 설명 속에 이미 들어 있다. 앞 장들에서 살펴본 이러한 암묵적인 통합적 진술에 의거해, 우리는 외교정책 행동에 대한 두 가지 다중 인과적 모델을 제시할 것이다. 이러한 두 가지 모델은 상당히 단순하고 일반적인 수준에 불과하지만 우리가 다중 인과적 설명이라고 말하는 것에 대한 어떤 개념을 제공해 줄 것이다. 그 모델에 관심을 돌리기 전에, 우리가 설명하려고 하는 외교정책 행동이 무엇인지 분명히 할 필요가 있다.

설명의 편의를 위한 외교정책 행동의 구분

2장에서 우리는 외교정책과 외교정책 행동을 구분하고, 개별적이고 관찰 가능한 측정 단위로서 후자를 더 선호한다는 점을 밝혔다. 우리는 외교정책 행동이 어떤 외부적 실체들을 대상으로 하는 목적행동으로서 정부의 권위적 의사결정자나 정부의 대표에 의해 주도된다고 정의했다. 2장에 예시된 22개 유형의 행동 특성과 후속 장의 명제들에서 소개된 다양한 측면들은 가능한 행동의 분류와 척도가 다양하다는 것을 말해준다. 외교정책 행동과 분류 도식이 이렇듯 폭넓게 다양하다면, 한 가지 유형의 행동에 대한 설명이 다른 유형의 행동을 설명하는 데에도 적절할지는 분명하지 않다. 모든 통합 노력에서 필요한 과제는 설명될 행동의 유형을 결정하는 일이다.

이러한 통합 작업을 위해 우리는 2장에 소개된 것과 같은 각기 다른 유형(차원)의 외교정책 행동을 포함하는 구별 방법을 사용하지는 않을 것이다. 대신 우리는 외교정책 행동을 고찰하는 대안적 방법 두 가지를 도입할 것이다. 하나의 대안은 정형화 행동(pattern behavior)이며, 나머지 대안은 개별 행동(discrete behavior)이다. 이들 두 대안 간의 기본적인 구별은 어떤 실제 기간(예를 들어 수년)을 통해 수집된 행동을 설명하기 원하는가, 특정 사건 속에서 특정 행동의 가능성을 설명하고자 하는가에 달려 있다. 기상학의 비유가 그 차이를 보여줄 수 있다. 기상학적 질문 중 한 가지 유형은 이런 것이다. '왜 특정 지역의 평균 기온이 지난 20년 동안 큰 폭으로 상승했는가?' 또 다른 유형의 질문은 이런 것이다. '내일 특정 지역에서 기온이 더 상승할 (또는 비가 올) 확률은 얼마인가?'

외교정책에서 정형화 행동은 기상학의 예에서 20년에 걸친 평균 기온 변화에 해당한다. 우리가 말하는 정형화 행동은 장기적이고 표준화된 시간 단위(1년 또는 그 이상)를 통한 외교정책 행동의 집적을 의미한다. 연간 경제 거래의 수는 정형화 행동의 한 예가 된다. 정형화 행동은 예를 들어 평균, 비율, 분산, 지니 계수(gini indices)와 같이 다양한 기술적 통계(descriptive statistics)로 표현될 수 있다. 정형화 행동은 그 의미나 측정 조건상 그 행동 각각의 발생에 독립적인 가치를 부여하기 위해 분리될 수 없는 집적에 의존한다. 이전 장들의 명제에서 언급된 변수에 기초한 정형화 행동 외에 또 다른 예로는 연간 외교정책 활동의 양, 연간 특정 실체와의 상호성 빈도, 정부 외교정책 조치 수용자들의 연간 지리적 분포 등이 있다.

개별 행동은 단일 외교정책 행동의 성격을 묘사한다. 여기에는 시간에 따른 집적이 없다. 또한 개별 행동은 각각의 행동의 발생에 독특한 의미를 부여해 외교정책 행동을 개념화하는 수단이다. 각각의 개별 행동은 측정상 독립적으로 유도된 척도 값(scale value)을 가지거나 명목상의 범주(nominal category) 속에 독립적으로 위치가 정해져야 한다. 유일무이한 역사적 설명이 아닌 경우, 개별 행동에 대한 설명은 대개 주어진 행동의 가능성에 영향을 미치는 조건을 포함한다. 이런 의미에서 개별 행동에 대한 설명은, 비가 내릴 확률을 예보하기 위해 특정한 날 어떤 지역에서 지배적일 것으로 기대되는 기상 상태에 관한 지식을 이용하는 기상학에 비교된다. 이전의 장들에서 제시된 명제들 속에서 개입, 행동의 독립성, 특이성, 목적 진술은 개별 행동으로 취급될 수 있다.

각기 다른 이론적 관점과 설명 기제가 정형화 행동과 개별 행동을 설명하는 데 포함될 수 있을 것으로 보인다. 정형화 행동은 일정 기간에 걸친 어떤 국가의 대외적 활동의 집적을 의미하기 때문에, 비교적 안정적이거나 완만하게 변하는 가치를 지닌 변수를 구체화하는 관점이 가장 적절할 것이나. 반면 개별 행동에 대한 설명은 아마도 각기 다른 개별 행동에 각기 다른 가치를 취하는 관점의 변수를 요구할 것이다.

그러므로 우리는 이전의 장들에서 도출한 통합 언명 위에서 구축한 두 모델을 자세하게 설명할 것이다. 한 가지 모델은 정형화 행동을 설명하려는 것이고, 다른 하나는 개별 행동을 설명하려는 것이다.

정형화 행동에 대한 설명의 모색

정형화 행동을 설명하는 한 가지 가능한 다중 인과적 모델이 <그림 10-1>에 그려져 있다. 이 모델은 정형화 행동을 설명하기 위해 시간의 경과에도 비교적 안정적인 변수를 갖는 관점들을 통합할 수 있는 방법에 대한 폭넓은 개요로 제시된 것이다. 앞서 말했듯이 이 모델을 직접 검증할 수는 없다. 검증이 가능하려면 언급된 가치들이 획득되도록 조작된 변수들(operationalized variables)이 구체화될 수 있어야 한다. 우리는 일반적인 모델을 논의한 후, 그 모델이 개별 변수의 차원에서 어떻게 작용할 수 있는지 예시하기 위해 그 관점에 대해 특별히 정형화 행동과 변수를 선정할 것이다.

<그림 10-1>의 일반적 모델(모델 1로 지정됨) 안에서 관계들의 이면에 존재하는 이론적 근거에 대해 살펴보자. 정형화 행동을 검토하는 동안 우리의 관심사는 일정한 기간의 외교정책 행동을 설명하는 것이다. 모델 1에서 흥미로운 문제는 어떤 변수가 외교정책에서 나타나는 정형화 행동을 이해하는 데 중요한가이다. 모델 1은 국제체제, 국가 속성, 레짐, 정치 지도자의 개인적 특성 관점의 변수가 정형화 행동에 영향을 미친다는 것을 암시하고 있다.

이 모델의 화살표 1은 국제체제의 특성이 국가 속성에 영향을 미친다

〈그림 10-1〉
행동 유형을 설명하기 위해 CREON 관점들을 통합하는 한 가지 방법으로 제시된 다중 인과적 모델(모델 1)

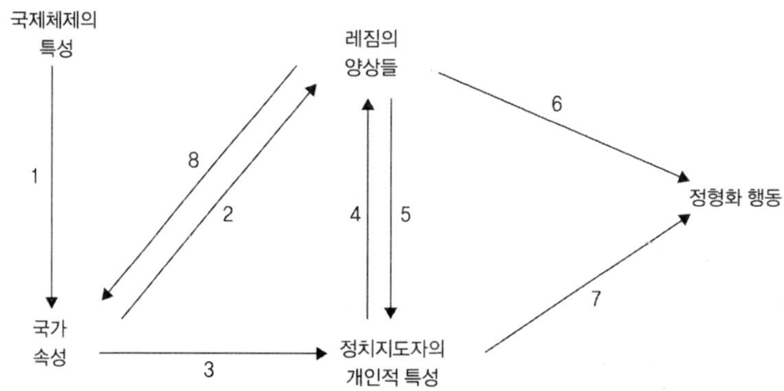

는 것을 보여준다. 국제체제 관점을 구성하는 변수는 이 책에서 검토한 모든 관점들 중에서 단기간을 놓고 볼 때 가장 적은 변화를 보인다. 국제체제 내의 변화는 느리게 진행될 가능성이 높다. 결국 체제 변수는 정부가 활동하는 무대나 상황을 설정해준다. 이러한 변수는 정부가 활동하는 세계의 본질과 그 세계에서의 정부의 입장 또는 지위를 규정한다. 요컨대 체제 변수는 국가 속성을 균형 있게 평가하는 데 도움을 준다. 그래서 국가의 상대적인 크기, 중심적인가 주변적인가와 같이 범세계적인 상호 작용 속에서 차지하는 위치, 개발 여부에 대한 지식은 체제 내의 행위자 수, 갈등 구조, 자원 분포와 같은 체제적인 변수를 알아야 얻을 수 있다.

모델 1에서 화살표 2는 국가 속성이 집권 레짐 또는 정부의 성격에 영향을 줄 수 있음을 시사한다. 예를 들어 근대화 속성은 레짐의 설명 의무에 관련되는 듯 보인다(Dahl, 1971 참조). 가설적으로 사회 불안정(이를테면 스트레스)이라는 고질적인 문제에 시달리거나 높은 수준의 경제 개발(말하자면 근대화)을 달성하지 못한 국가들에서는 고도로 설명적이거나 민주적인 정부가 존재할 가능성이 적다. 여기서 국가 속성은 레짐 관점을 위한 상황 설정의 변수로 작용한다. 또한 이 화살표는 레짐 관점의 변수가 국가 속성과 외교정책 행동의 관계를 매개한다는 사실을 보여주는 것으로 해석될 수도 있다. 하나의 예로서 레짐 변수인 '구속'은 어느 정도의 국가 자원이 외교정책에 사용될 수 있는지 함축하고 있다. 다시 말해 구속은 국가의 행위능력에 영향을 미친다. 높은 구속 레짐은 외교정책을 위해 자원을 사용하는 능력이 적을 것으로 보인다. 요컨대 화살표 2는 국가 속성 관점의 변수와 레짐 관점의 변수 사이의 상호 의존성을 암시하고 있다. 국가 속성은 레짐의 활동에 한계를 설정하고, 다시 그 레짐은 국가 속성이 외교정책 수립에 개입되는 방법에 영향을 미친다.

또한 국가 속성은 모델 1의 화살표 3이 표시하듯이 정치 지도자의 개인적 특성에 영향을 미친다. 국가 속성은 집권하게 될 지도자의 유형에도 영향을 미친다. 그래서 예를 들어 개발도상국은 민족주의적이고, 독립적인 정치 지도자를 배출하는 것으로 가정될 수 있다. 정치 지도자의 개인적인 특성은 다시 국가 속성이 어떻게 규정되고 외교정책을 형성하는 데 어떻게 이용되는가에 영향을 줄 수 있다. 예를 들어 외교정책에 별로 관심이 없는 정치 지도자는 대외 문제에 자신의 국가가 가진 자원을 사용하는 방법을 인식하는 데 실패하거나 무관심할 수 있다는 명제를 생각해보라.

레짐 변수, 정치 지도자의 개인적 특성, 정형화 행동의 관계가 화살표

4, 5, 6, 7에 의해 표시되어 있는데 지금까지 설명된 관계들보다 더 복잡하다. 레짐 관점과 개인적 특성 관점의 변수는 서로 영향을 미칠 뿐만 아니라 상대 관점이 외교정책 행동에 미치는 영향을 매개한다. 이와 관련해 몇몇 예시들이 정리되어 있다. 정치 지도자의 개인적 성향이 레짐의 지도력 양식에 영향을 미칠 수 있다. 마찬가지로 특정 유형의 레짐은 특정 유형의 지도자를 배출할 것이다. 예를 들어 독립적인 지도자들은 덜 구속된 레짐에서 등장할 가능성이 높다. 매개 효과에 대한 하나의 예시가 정치 지도자의 개인적 특성에 관한 3장에서 나타난다. 그 장은 레짐에 대한 구속이 적을수록 정치 지도자의 개인적 특성이 정부의 외교정책 행동에 미치는 영향은 더 커진다는 가설을 담고 있다. 대외 문제에서 특정 레짐의 전략이 얼마나 '합리적'인가는 정치 지도자들의 개인적 특성에 달려 있다.

화살표 4, 5, 8은 모델 1의 또 다른 양상을 보여준다. 모델 1은 역동적일 가능성, 즉 시간의 경과에 따른 변화를 설명할 가능성을 지니고 있다. 이들 화살표에 의해 표시된 피드백 연결 고리를 통해 정부의 외교정책 행동은 이들 구성 변수들 간의 관계 속에서 일어나는 내부적 변화의 결과로 달라질 수 있다. 예를 들어 레짐은 그 국가의 경제개발 수준을 성공적으로 높일 수 있고(화살표 8), 이것은 다시 선택되는 지도자의 유형에 영향을 미친다. 그런데 이 지도자는 더 신속한 경제개발의 필요에 대한 레짐의 정향을 조정할 수 있다. 이러한 유형의 변화는 지난 20년 동안 소련에서 발생했던 것으로 보이며, 그 나라의 외교정책 행동에 일반적인 변화들을 가져왔다.

모델 1의 일반적인 관계를 설명했으므로, 이 모델이 얼마나 유효한지

〈그림 10-2〉 모델1의 도해 설명

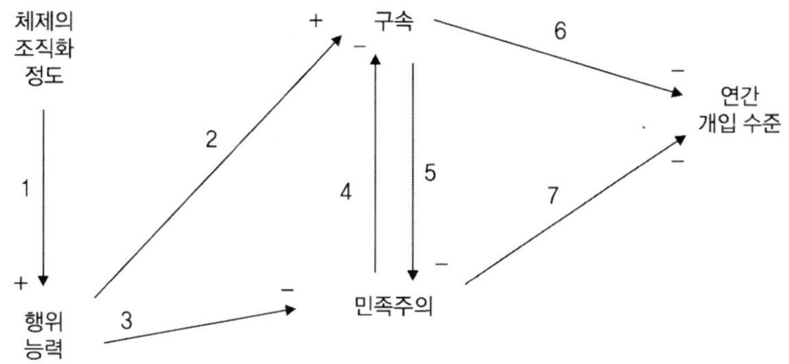

주: +와 − 부호는 관계의 경향(direction)을 나타낸다.

좀 더 구체적으로 보여주기 위해 특정 유형의 외교정책 정형화 행동과 각 관점의 개별 변수들을 확인해보자. 우리가 검토할 정형화 행동은 다른 국가들에 대한 정부 자원의 연간 개입 수준이다. 개입은 그 자원의 사용에 대해 언급하는(예를 들어 무역이나 원조의 제의) 것에서부터 돌이킬 수 없는 자원의 사용(예를 들어 실제적인 무역이나 원조)에까지 이른다. 우리가 이론적 관점에서 개입시킬 변수들은 국제체제 내의 조직화 정도(국제체제 관점), 행위능력(국가 속성 관점), 레짐 구속(레짐 관점), 정치 지도자의 민족주의(개인적 특성 관점) 등이다. 이들 변수들 간의 관계가 <그림 10-2>에 그려져 있다.

화살표 1은 체제 내의 조직화의 정도가 크면 클수록 대외 문제에서 국가의 행위능력이 그만큼 더 커진다는 가설을 보여준다. 국제체제 조직화의 증대는 체제 내의 모든 개별 국가에 접근이 허용된 범세계적 제도, 확립된 절차, 커뮤니케이션 조직망과 같은 기제들이 증대되는 것을 의미한다. 그리하여 그러한 조직적인 설비들은 각 국가의 자원을 증대시키며, 정부를 포함하는 각 사회 구성원들이 대외적 활동에서 더 훌륭하게 행동할 수 있게 해준다.

화살표 2는 구속된 레짐들이 저개발(underdeveloped)과는 대조되는 경제적으로 개발된 국가에서 존재할 가능성이 높다는 명제를 반영하고 있다. 우리가 말하는 구속의 의미는 체제 내의 응집성 또는 통일성의 정도, 국내 정치과정에서 레짐의 설명 의무의 본질과 범위, 레짐이 더 폭넓은 사회를 대표하는 정도 등이다(5장 참조). 더 나아가 구속은 행위능력과 개입의 연간 수준의 관계를 위한 매개 변수로 작용한다. 우리는 높은 구속 레짐일수록 외교정책을 위해 자원을 사용할 수 있는 능력이 적고, 그래서 그들의 자원을 되돌릴 수 없는 방식으로 다른 국가들에 개입시킬 수 있는 능력도 적을 것이라고 추측한다.

화살표 3에 표시되어 있는 바와 같이, 민족주의적인 지도자는 행위능력이 큰 나라보다는 적은 나라에서 통치할 가능성이 더 높은 것으로 가정된다. 여기서 민족주의는 자신의 국가에 대한 강한 애착과 동일시, 그 나라를 분리된 실체로 유지할 필요에 대한 신념을 말한다(3장 참조). 민족주의는 행위능력과 개입의 관계를 매개한다. 우리의 가설은 지도자가 덜 민족주의적일수록 행위능력이 개입에 영향을 미칠 가능성이 더 높다는 것이다. 민족주의적인 지도자가 자국의 독립을 제한하는 행동을 할 가능성은 거의 없다.

화살표 4와 5는 높은 구속 레짐이 민족주의적인 지도자를 배출할 가능성이 적으며, 민족주의적인 지도자는 자신이 속한 레짐에 대한 구속을 줄이려고 노력한다는 명제에서 유래한다. 민족주의자는 통상적으로 가지는 두 가지 특질(높은 권력 요구와 타인에 대한 불신) 때문에 높은 구속 레짐의 정치 과정에서 유권자들의 지지를 받을 가능성이 없다. 더구나 그러한 특성은 민족주의적인 지도자가 재임하는 동안 규칙 변화와 자원 변화에 대해 과격주의 정향과 팽창주의 정향을 적용하도록 만든다(이러한 지도자 유형의 두 가지 차원에 대한 좀 더 상세한 내용은 5장을 참조).

구속과 민족주의는 개입에 대한 상호 관계(화살표 6과 7)를 매개한다. 구속은 지도자의 민족주의 성향이 낮을 때 개입에 더 많은 영향을 미치는 것으로 가정된다. 민족주의 성향이 아주 적은 지도자에 의해 규칙이 주어졌을 때, 높은 구속 레짐은 덜 구속된 레짐에 비해 다른 국가에 대한 국가 자원의 연간 개입 수준이 낮을 것이다. 우리의 가설에 따르면 민족주의적인 지도자들은—화살표 4에 의해 표시된 것처럼—높은 구속과 낮은 수준의 구속의 차이를 정확하게 인식할 가능성이 적다. 그들은 아마도 구속이 별로 없는 것처럼 행동할 것이다. 민족주의적인 성향이 적은 지도자의 경우에 그 차이는 뚜렷하다. 그러나 민족주의는 구속의 수준이 낮을 경우 개입에 관련될 가능성이 높다. 덜 구속된 레짐에서는 지도자가 더 민족적일수록 다른 국가들에 대한 정부의 개입 수준이 더 낮다. 정치 지도자의 개인적 특성(민족주의의 정도와 같이)은 그가 외교정책 형성에 더 많은 통제력을 갖는 경우 외교정책에 더 많은 영향을 미칠 수 있다. 덜 구속된 레짐은 그러한 통제력을 가능케 한다.

결국 모델 1에 따르면, 정형화 행동은 네 가지 관점(국제체제의 특성, 국가 속성, 레짐의 양상, 정치 지도자의 개인적 특성)에서 유래하는 변수들 간의 복잡한 상호 작용의 결과다. 체제 변수는 국제체제에서 국가의 입장을 그 국가 속성에 기초해 정의함으로써 정부가 행동하게 될 환경을 제공한다. 국가 속성은 다시 그 국가의 레짐과 지도자의 유형에 영향을 미친다. 레짐과 지도자는 정형화 행동을 규정하는 데 그들의 국가 속성과 서로의 특성들을 활용한다.

개별 행동에 대한 설명의 모색

이 장에서 우리가 관심을 갖는 두 번째 유형의 외교정책 행동은 개별 행동이다. 여기서 관심을 끄는 것은 다음과 같은 물음에 대한 답이다. '정부가 구체적인 유형의 결정 계기에 특정한 방법으로 반응할 가능성은 얼마나 되는가? 예를 들어 소련이 중국에 의해 군사적인 위협을 받았을 경우 전쟁을 개시할 가능성은 얼마나 되는가?' 이런 형태의 연구는 특정 유형의 사건에 관계된 정책 입안자에게는 매우 흥미로운 것이다. 개별 행동은 식별 가능하고 정기적으로 반복되는 특성과 관계의 어떤 함수인 경우에는 예측에 유용하다. 그러나 이러한 유형의 설명은 정형화 행동(모델 1에서 유래하는 것과 같은)에 대한 정확한 정보와 함께 외교정책 과제에 따라 변할 수 있는 수많은 변수들에 관한 지식이 요구되기 때문에 구성하기가 매우 어렵다. 이 책에서 설명된 이론적 관점 중 두 가지는 사건 수준(the event level)에서 측정될 수 있는 변수—각각의 개별 행동에 따라 변하는 변수—에 초점을 맞추고 있다. 이러한 두 관점들, 상황의 관점과 결정의 구조 및 과정의 관점은 모델 2의 핵심을 제공해주는데, <그림 10-3>에 그려져 있다. 모델

〈그림 10-3〉 개별 외교행동을 설명하기 위한 다중 인과적 모델(모델 2)

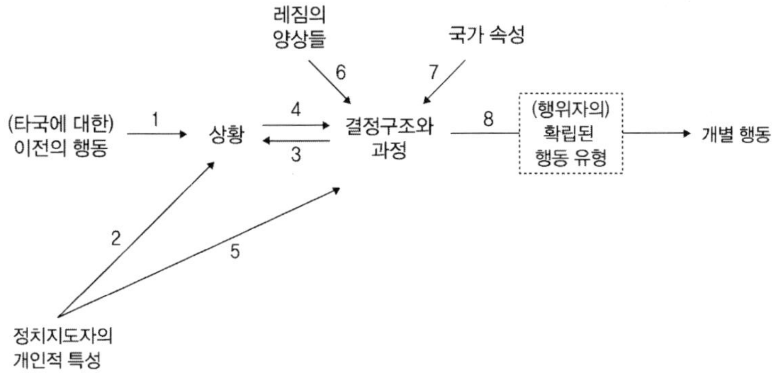

1에서처럼 먼저 이 모델을 일반적으로 논할 것이다. 그런 다음 이 모델이 개별 변수의 차원에서 어떻게 작용할 것인지를 예시하기 위해 각각의 관점에서 특정한 유형의 개별 행동과 특정 변수들을 선정할 것이다.

정책 입안자가 정부에 대해 문제를 제기하는 것으로 지각한 자극들은 모델 2를 가동시키는 유인이 된다. 이러한 정의는 <그림 10-3>의 화살표 1, 2, 3에 표시된 것과 같은 몇 가지 유형의 변수들에 의해 영향을 받을 수 있다. 정책 입안자의 정부와 자극의 명백한 유발자가 이전에 가졌던 관계는 그 상황이 어떻게 정의되는가에 영향을 미칠 수 있다. 미국 해안 12마일 내에 있는 영국의 구축함이 아마도 소련의 트롤 어선보다 덜 걱정스럽게 보일 것이다. 지도자의 개인적인 특성 또한 상황이 어떻게 정의되는가에 영향을 미칠 수 있다. 상황 정의를 책임지는 지도자는 사건에 따라서 달라질 수 있다(어떤 사건에서는 국무장관이나 국무차관이, 다른 사건에서는 대사가, 제3의 사건에서는 정보 장교가). 결국 각기 다른 개인적인 특성들이 상황에 따라 개입될 것이다. 더 나아가 개입된 지도자는 그들의 환경에 다소 민감할 수 있다. 만약 그 자극이 생소하고 모호한 것이라면 지도자의 세계관이 그 해석에 영향을 미칠 수 있다. 이전의 행동 관점과 개인적 특성 관점의 변수와 함께, 결정의 구조와 과정 관점의 변수가 상황이 어떻게 정의되는가에 영향을 미칠 수 있다. 다양한 정부 관료 부서의 대표는 국가 원수나 개인적 참모와는 전혀 다르게 상황을 볼 수 있다. 어떤 유형의 결정구조가 상황 정의를 구체화하는 데 주도적인 역할을 하는지가 중요하다.

상황 관점의 변수와 결정의 구조와 과정 관점의 변수는 상호 영향을 미친다(화살표 3과 4 참조). 우리는 결정의 구조와 과정이 어떻게 상황 정의에 영향을 미칠 수 있는지 설명했다. 상황이 어떻게 정의되는가는 그 결과로 나타날 결정의 구조와 과정에도 영향을 미칠 수 있다. 예를 들어 위기로 정의된 상황은 아마도 일상적이고 비위협적으로 정의된 상황과는 다른 종류의 결정구조를 낳을 것이다.

세 가지 다른 관점의 변수들 또한 결정의 구조와 과정에 영향을 미친다. 화살표 5, 6, 7은 이러한 관계를 나타낸다. 지도자의 개인적 특성, 레짐 특성, 국가 속성은 결정구조와 과정에 영향을 미친다. 이들 관점의 변수들은 어떤 종류의 구조와 과정이 정부에 의해 선호될 것인지 암시한다. 그래서 높은 권력 욕구를 가진 지도자는 결정과정에서 권위적 역할을 담당하고 대외정책 입안에 더 많이 참여하게 될 것이다. 레짐이 구속될수록 결정과정이 폭넓은 협상에 개입할 가능성도 그만큼 더 커진다. 국가의 행위능력 수준이 낮을수록 외교정책 관료의 수는 더 적어진다. 이러한 세 가지 명제들은 이들 관점의 변수들과 결정의 구조와 과정 간의 본질을 예시해준다.

모델 2의 화살표 8은 결정의 구조 및 과정과 개별 행동의 관계를 보여준다. 이러한 관계는 정부가 스스로 확립한 행동 유형에 의해 매개된다. 다시 말하면 모종의 행동을 구사하는 일반적 경향(propensity) 또는 심적 준비(predisposition)는 당면 상황에서 나타나는 어떤 행동에 대한 정부의 처리 방침(disposition)과 조화되어야 한다. 일반적인 경향과 직접적인 심적 준비는 서로를 강화할 수 있는데, 이 경우에 정부는 특정 사례에 통상적이거나 전형적인 방법으로 반응한다. 다른 한편 현 상황의 요구가 전형적인 반응과 충돌할 수도 있다. 그러한 조건에서 결과적으로 나타나는 개별 행동은 상황이 정부에 갖는 중요성, 역점을 두어 다루고 있는 특정 문제, 자극 유발자에 대한 정부의 이전의 정형화 행동 등과 같은 변수들에 좌우될 수 있다. 이것들이 현재 상황에서의 행동 경향과 이전에 확립된 행동 유형과 모순되는 경우에 활성화되는 유형의 변수들이다.

모델 2에서 그려지지 않은 것은 이 모델에서 모델 1의 정형화 행동으로의 피드백이다. 물론 일개 개별 행동이 그 나라의 축적된 정형화 행동을 변경시킬 가능성은 없다. 그러나 만약 수많은 개별 행동들이 이전의 유형에서 일탈해 발생한다면, 집적된 행동 유형은 콜로라도 강의 각각의 퇴적물들이 그랜드 캐년의 지형을 변화시키듯 그렇게 분명하게 변화하기 시작할 것이다.

이제 차별화되지 않은 이론적 관점보다는 특정한 변수를 사용해 모델 2를 검토해보자. 모델 1과 모델 2의 병렬성(the parallelism)을 보여주기 위해, 우리는 예시적 유형의 개별 행동인 정부 반응에서의 개입

〈그림 10-4〉 모델 2의 도해 설명

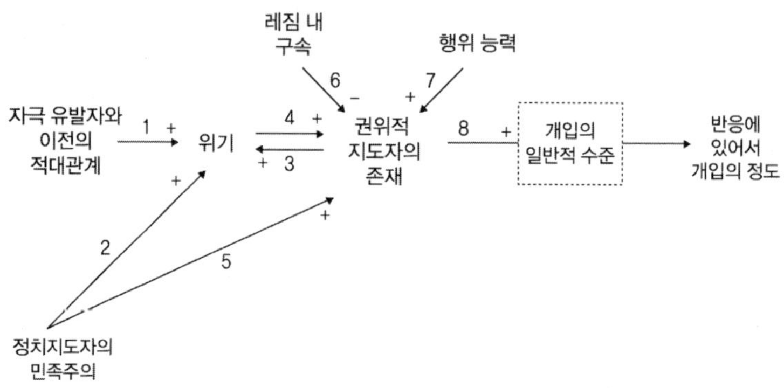

주: +와 − 부호는 관계의 경향(direction)을 나타낸다.

수준을 이용할 것이다. 여기서 우리가 관심을 갖는 것은 단일 행동을 통해 정부가 국가 자원을 개입시키는 정도다. 이론적 관점에서 원용해야 하는 특별한 변수들과 함께 그러한 변수들 간의 상호관계들과 그러한 상호관계들이 개입에 미치는 영향이 <그림 10-4>에 그려져 있다. 대부분의 이들 변수들은 모델 1에 대한 우리들의 논의에서 이미 규정된 바 있다.

모델 2의 예를 가동시키는 자극은 정부에 반응할 시간을 거의 주지 않는 다른 나라의 위협 행동으로, 이것은 달리 표현하면 정부에 위기를 초래할 가능성이 있는 자극이다(C. F. Hermann, 1969a; Brady, 1974a). 그 자극이 위기로 지각되는 정도는 명백한 자극 유발자와 정부의 이전 관계에서 경험한 일반적인 적대감에 의거할 것으로 가정된다. 이전의 관계에서 적대감이 클수록 자극이 위기로 지각될 가능성은 그만큼 더 커진다. 말하자면 정책 입안자는 더 많은 위협과 더 적은 대처 시간을 지각하게 될 것이다(화살표 1). 정책 입안자는 적대적인 관계를 가졌던 국가에게서 위기를 예상할 가능성이 높다. 또한 상황 정의에 영향을 미치는 것으로는 정치 지도자의 민족주의가 있다. 민족주의를 규정하는 성격 중의 하나는 자국을 최상으로 여기고 타국은 의구심을 가지고 보는 경향이다. 그래서 가설은 아마도 지도자가 민족주의적일수록 상황을 위기와 같은 것으로 지각하게 된다는 것이다(화살표 2). 마찬가지로 권위적인 정책 입안자가 그 의사결정 단위에 참여하고 있는가의 여부가 상황이 어떻게 정의될 것인가에 영향을 미칠 수 있다. 만약 지도자가 국가 원수이며 외교정책 입안에 완전한 권한을 보유하고 있다고 가정하면, 우리는 그러한 지도자가 없는 경우보다는 상황이 위기와 같은 것으로 지각될 가능성이 더 높다고 생각한다(화살표 3). 참모들(단기 결정상의 협의를 위해 가장 접근하기 쉬운 사람들)은 권위적 결정자와 상반되는 의견을 내세울 가능성이 거의 없다. 특히 그들 역시 그 자극을 고도로 위협적인 것으로 인식했을 경우 더더욱 그렇다. 더구나 그들은 만약 지도자가 이에 대해 결심했다고 믿는 경우 그 상황에 대해 상이한 정보를 제시할 가능성이 거의 없다.

위기상황은 국가 원수를 포함해 고위 정책 입안자를 개입시키는 경향이 있다(C. F. Hermann, 1969a). 따라서 상황을 위기로 인식할수록 권위적 지도자가 존재하게 될 가능성은 그만큼 더 커진다(화살표 4). 지도자가 얼마나 권위적으로 행동하게 될 것인가는 일부 그의 개인적인 특성들에 의해 규정된다. 지도자가 민족주의적일수록 더 권위적일 가능성이 높다(화살표 5). 우리가 모델 1을 예시하면서 지적했듯이, 민족주의적인 지도자는 권력과 권한을 증대시키기 위해 노력한다. 지도자의 공식적인 권한이 얼마나 제한되어 있는가는 구속과 같은 레짐 특성과, 행위능력과 같은 국가 속성에서 알 수 있다. 레짐이 더욱 구속되어 있거나 행위능력이 적을수록(적은 자원 능력과 사회 조직화), 그 지도자의 공식적인 권한은 더욱 제한될 것으로 가정된다(화살표 6과 7). 권위적 지도자가 아무리 권력이 증대되기를 원한다 해도 레짐이 구속적이거나 레짐의 자원이 적다면 그의 권력은 제한된다.

만약 구속되지 않은 권위적인 지도자가 참여한다면, 개별 행동은 아마도 그 지도자가 없을 때보다 더 높은 수준의 개입을 수반하게 될 것이다. 이것이 화살표 8에 의해 제시된 가설이다. 권위적 의사결정자의 부재 여부는 — 4장에서 지적되었듯이 — 국가 자원을 사용하거나 미래에 사용하기로 의도하는 것(예를 들어 고도의 개입 행동)이 권위적인 의사결정자의 승인을 요하기 때문에 중요해진다. 그러나 권위적인 지도자와 개입 행동의 관계는 명백한 위기 유발자에 대한 정부 개입 행동의 일반적인 유형에 의해, 아마도 구체적으로는 이전의 위기상황 동안 명백한 유발자에 대해 실행되었던 개입 행동의 일반적인 유형에 의해 매개된다. 만약 일반적인 유형이 강력한 개입이었다면, 권위적 의사결정자의 참여로 그러한 경향은 당면 경우 속에서 기대되었던 결과를 강화시킬 것이다. 그 결과 높은 개입 행동의 가능성이 증대된다. 한편 만약 일반적인 유형이 약하거나 적은 개입에 그쳤었다면, 이러한 특정 상황에서 높은 개입 행동 가능성은 감소된다.

결론

이 장을 통해 우리는 앞 장에서 설명한 이론적 관점들이 외교정책 행동을 설명하기 위해 어떻게 통합될 수 있는지 보여주려 했다. 앞 장들에서 단일 관점을 검토하는 데 관심을 기울였다면, 여기서는 그 관점들이 어떻게 외교정책 행동의 개념화와 측정에 대한 두 가지 접근법(정형화 행동과 개별 행동)을 설명하기 위해 상호 관련될 수 있는가를 보여주는 데 관심을 두었다. 어떤 의미에서 이번 장은 여기에 제시되어 있는 것과 같은 모델의 개발처럼 다양한 종류의 정형화 행동과 개별 행동의 설명이라는 우리가 안고 있는 과제에 대한 소개에 불과하다. 다른 방법들을 통해 개념화된 외교정책 행동을 설명하기 위해서는 다른 모델들이 구성되어야 한다. 이러한 모델들에 대한 연구가 진행됨에 따라 이론적인 관점들 간의 경계는 사라지고 외교정책에 대한 진정한 다중 인과적 설명이 등장할지도 모른다. 이 책의 필자들은 이러한 작업의 수행에 가담해왔다. 만약 독자들이 이러한 사업을 이해하고 평가하는 데 도움을 주었다면 이 책은 그 목적을 달성한 것이다. 우리는 누군가가 외교정책의 더 나은 설명을 위해 이러한 전략 또는 다른 대안적 전략을 구사하는 계기가 될 수 있기를 바란다.

:: 참고문헌

ABLE, E. 1966. *The Missile Crisis*. New York: Bantam.

ALLISON, G. T. 1971. *Essence of Decision: Explaining the Cuban Missile Crisis*. Boston: Little, Brown.

_____. 1969. "Conceptual models and the Cuban missile crisis." *American Political Science Review*, 63(September), pp. 689~718.

ALLISON, G. T. and M. H. HALPERIN. 1972. "Bureaucratic politics: A paradigm and some policy implications." in R. Tanter and R. H. Ullman(eds.). *Theory and Policy in International Relations*. Princeton, N. J.: Princeton University Press.

ANDRIOLE, S. J., J. WILKENFELD and G. W. HOPPLE. 1975. "A framework for the comparative analysis of foreign policy behavior." *International Studies Quarterly*, 19, pp. 160~198.

ARON, R. 1966. *Peace and War: A Theory of International Relations*. Garden City, N. Y.: Doubleday.

ART, R. J. 1973. "The policy sciences and foreign policy." *Policy Science*, 4, pp. 467~490.

ASHBY, N. 1969. "Schumacher and Brandt: The divergent 'operational codes' of two German socialist leaders." Mimeo. Stanford University.

ASHBY, W. R. 1952. *Introduction to Cybernetics*. New York: Barnes & Noble.

ASPATURIAN, V. V. 1972. "Soviet foreign policy." in R. C. Macridis(ed.). *Foreign Policy in World Politics*. Englewood Cliffs, N. J.: Prentice-Hall.

AZAR, E. A. 1973. *Probe for Peace: Small State Hostilities*. Minneapolis, Minn.: Burgess.

_____. 1970. "Profiling and predicting patterns of international interactions: A signal accounting model." Paper presented at the annual meeting of the American Political Science Association, Los Angeles.

AZAR, E. A. and J. D. BEN-DAK(eds.). 1975. *Theory and Practice of Events Research*. London: Gordon and Breach.

AZAR, E. A., R. A. BRODY and C. A. McCLELLAND. 1972. "International events interaction analysis: Some research considerations." *Sage Professional Papers in International Studies*, 1, 02-001. Beverly Hills, Calif.: Sage.

BARBER, J. D. 1972. *The Presidential Character*. Englewood Cliffs, N. J.: Prentice-Hall.

_____. 1966. *Power in Committees*. Chicago: Rand McNally.

BENDIX, R. 1963. "Concepts and generalizations in comparative sociological studies." *American Ssociological Review*, 28.

BENNIS, W. 1973. "The doppelganger effect." *Newsweek*, 17(September), p. 13.

BERRY, B. J. L. 1960. "An inductive approach to the regionalism of economic development." in N. Ginsburg(ed.). *Essays on Geography and Economic Development*. Chicago: University of Chicago Press.

BERTON, P. 1969. "International subsystems: A submacro approach to studies." *International Studies Quarterly*, 13, pp. 329~334.

BINDER, L. 1958. "The Middle East as a subordinate international system." *World Politics*, 10, pp. 408~429.

BLAKE, D. H. 1969. "The identification of foreign policy output: A neglected but necessary task." Paper presented at the annual meeting of the Midwest Political Science Association, Ann Arbor, April, pp. 24~26.

BLALOCK, H. M., Jr. 1961. *Causal Inferences in Nonexperimental Research*. Chapel Hill: Univ. of North Carolina Press.

BLAU, P. M. 1974. *On the Nature of Organizations*. New York: John Wiley.

BLOOMFIELD, L. P. 1968. "The political scientist and foreign policy." in A. Ranney(ed.). *Political Science and Public Policy*. Chicago: Markham.

BONHAM, G. M. 1975. "Cognitive process models and the study of foreign policy decision making." Paper presented at the annual meeting of the International Studies Association, Washington, D. C.

BOULDING, K. E. 1969. "National images and international systems." in J. N. Rosenau(ed.). *International Politics and Foreign Policy*. New York: Free Press.

_____. 1962. *Conflict and Defense*. New York: Harper & Row.

_____. 1956. *The Image*. Ann Arbor: Univ. of Michigan Press.

BOZEMAN, A. 1960. *Politics and Culture in International History*. Princeton, N. J.: Princeton Univ. Press.

BRADY, L. P. 1976. "Bureaucratic politics and situational constraints in foreign policy." *Sage International Yearbook of Foreign Policy Studies*, Vol. 4. Beverly Hills, Calif.: Sage.

_____. 1975. "Explaining foreign policy using transitory qualities of situations." Paper prepared for the annual meeting of the American Political Science Association, San Francisco, September 2~5.

_____. 1974a. "Threat, decision time, and awareness: The impact of situational variables on foreign policy behavior." Ph. D. dissertation. Ohio State University.

_____. 1974b. "Goal properties of foreign policy: Professed orientation to change and goal subject." Paper prepared for the annual meeting of the Southern Political Science Association, New Orleans, November, pp. 7~9.

_____. 1971. "The international events data movement: A new approach to the identification of foreign policy output." Mimeo. Ohio State University.

BRAYBROOKE, D. and C. LINDBLOM. 1963. *Strategy of Decision*. New

York: Free Press.

BRECHER, M. M., B. STEINBERG and J. STEIN. 1969. "A framework for research on foreign policy behavior." *Journal of Conflict Resolution*, 13(March), pp. 75~101.

BREWER, T. L. 1972. "Foreign policy situations: American elite responses to variations in threat, lime, and surprise." *Sage Professional Paper in International Studies* 1, 02-006. Beverly Hills, Calif.: Sage.

BRONFENBRENNER, U. 1960. "Personality and participation: The case or the vanishing variables." *Journal of Social Issues*, 16, pp. 54~63.

BRZEZINSKI, Z. and S. P. HUNTINGTON. 1964. *Political Power USA/USSR*. New York: Viking.

BURGESS, P. M. and R. W. LAWTON. 1972. "Indicators of international behavior: An assessment of events data research." *Sage Professional Paper in International Studies* 1, 02-010. Beverly Hills. Calif.: Sage.

BURNS, A. L. 1957. "From balance to deterrence: A theoretical analysis." *World Politics*, 9, pp. 494~529.

BURROWES, R. and B. SPECTOR. 1973. "The strength and direction of relationships between domestic and external conflict and cooperation: Syria, 1961~67." in J. Wilkenfeld(ed.). *Conflict Behavior and Linkage Politics*. New York: David McKay.

BURTON, J. 1969. *Systems, States, Diplomacy, and Rules*. Cambridge, Mass.: Cambridge Univ. Press.

______. 1968. *Conflict and Communication*. New York: Free Press.

BUTLER, F. S. and S. TAYLOR. 1975. "Toward an explanation of consistency and adaptability in foreign policy behavior: The role of political accountability." Paper presented at the annual meeting of the Midwest Political Science Association, Chicago, April.

CALLAHAN, P. and D. SWANSON. 1974. "Autonomous action properties of foreign policy: Specificity, degree of activity, and commitment." Paper presented at the annual meeting of the

Southern Political Science Association, New Orleans, November, pp. 7~9.

CANTORI, L. J. and S. L. SPIEGEL(eds.). 1970. *The International Politics of Regions: A Comparative Approach*. Englewood Cliffs, N. J.: Prentice-Hall.

CATTELL, R. B. and R. L. GORSUCH. 1965. "The definition and measurement of national morale and morality." *Journal of Social Psychology*, 67, pp. 77~96.

CHAYES, A. 1972. "An inquiry into the workings of arms control agreements." *Harvard Law Review*, 85, pp. 905~969.

CHERRY, C. 1957. *On Human Communication: An Inquiry into the Foundations of Nationality*. Cambridge, Mass.: MIT Press.

CHOUCRI, N. and R. C. NORTH. 1975. *Nations in Conflict*. San Francisco: W. H. Freeman.

CHRISTIE, R. and F. L. GEIS. 1970. *Studies in Machiavellianism*. New York: Academic Press.

COATE, R. A. 1974. "Contextual properties of foreign policy: Substantive problem-areas and over/under response." Paper presented at the annual meeting of the Southern Political Science Association, New Orleans, November 7~9.

COHEN, B. C. 1968. "Foreign policy," pp. 530~535. in D. C. Sills(ed.). *International Encyclopedia of the Social Sciences*, Vol. 5. New York: MacMillan.

COHEN, B. C. and S. A. HARRIS. 1975. "Foreign policy," pp. 301~488. in F. I. Greenstein and N. W. Polsby(eds.). *Handbook of Political Science*, Vol. 6. Reading, Mass.: Addison-Wesley.

COLEMAN, J. S. 1973. *The Mathematics of Collective Action*. Chicago: Aldine.

COLLINS, B. E. and H. GUETZKOW. 1964. *A Social Psychology of Group Processes for Decision-making*. New York: John Wiley.

COLLINS, B. E. and B. H. RAVEN. 1969. "Group structure: Attraction, coalitions, communication, and power," pp. 102~204. in G. Lindzey and E. Aronson(eds.). *The Handbook of Social Psychology*, Vol. 4. Reading, Mass.: Addison-Wesley.

COPLIN, W. D. 1974. *Introduction to International Politics: A Theoretical Over-view*. Chicago: Rand McNally.

COPLIN, W. D., P. J. McGOWAN and M. K. O'LEARY. 1974. *American Foreign Policy: An Introduction to Analysis and Evaluation*. North Seituate, Mass.: Duxbury Press.

CRABB, C. V., Jr. 1972. *American Foreign Policy in the Nuclear Age*. New York: Harper & Row.

CURTIS, M. 1965. *Western European Integration*. New York: Harper & Row.

CYERT, R. M. and J. G. MARCH. 1963. *A Behavioral Theory of the Firm*. Englewood Cliffs, N. J.: Prentice-Hall.

DAHL, R. A. 1971. *Polyarchy*. New Haven, Conn.: Yale Univ. Press.

_____. 1963. *Who Governs: Democracy and Power in an American City*. New Haven, Conn.: Yale Univ. Press.

DAVIS, D. H. 1972. *How the Bureaucracy Makes Foreign Policy*. Lexington, Mass.: Heath.

DAVIS, J. H. 1969. *Group Performance*. Reading, Mass.: Addison-Wesley.

DeRIVERA, J. H. 1968. *The Psychological Dimension of Foreign Policy*. Columbus, Ohio: Merrill.

DESTLER, I. M. 1972. *Presidents and Bureaucrats: Organizing the Government for Foreign Policy*. Princeton, N. J.: Princeton Univ. Press.

De TOCQUEVILLE, A. 1945. *Democracy in America*, Vol. 1. New York: Knopf.

DEUTSCH, K. W. 1968. *The Analysis of International Relations*. Englewood Cliffs, N. J.: Prentice-Hall.

_____. 1961. "Social mobilization and political development." *American Political Science Review* 55: 493~514.

DEUTSCH, K. W. and J. D. SINGER. 1964. "Multipolar power systems and international stability." *World Politics*, 16, pp. 390~406.

DEUTSCH, M. 1953. *Nationalism and Social Communications: An Inquiry into the Foundations of Nationality*. Cambridge, Mass.: MIT Press.

DOWNS, A. 1966. *Inside Bureaucracy*. Boston: Little, Brown.

_____. 1957. *Economic Theory of Democracy*. New York: Harper & Row.

DRIVER, M. J. 1976. "Individual differences in ideological content and conceptual structure as determinants of aggression in the Inter-Nation Simulation." in M. G. Hermann(ed.). *A Psychological Examination of Political Leaders*. New York: Free Press.

DRUCKMAN, D. 1976. "The person, role, and situation in international negotiations." in M. G. Hermann(ed.). *A Psychological Examination of Political Leaders*. New York: Free Press.

EAST, M. A. 1975. "Explaining foreign policy behavior using national attributes." Paper presented at the annual meeting of the American Political Science Association, September 2~5.

_____. 1973a. "Size and foreign policy behavior: A test of two models." *World Politics*, 25, pp. 556~576.

_____. 1973b. "Foreign policy-making in small states: Some theoretic observations based on a study of the Uganda Ministry of Foreign Affairs." *Policy Sciences*, 4, pp. 491~508.

_____. 1972. "Status discrepancy and violence in the international system: An empirical analysis." in J. N. Rosenau, V. Davis and M. A. East(eds.). *The Analysis of International Politics*. New York: Free Press.

EAST, M. A. and P. M. GREGG. 1967. "Factors influencing cooperation and conflict in the international system." *International Studies Quarterly*, 11, pp. 244~269.

EAST, M. A. and M. G. HERMANN. 1974. "Outcome properties of foreign policy: External consequentiality, situation generation, and acceptance ratio." Paper presented at the annual meeting of the

Southern Political Science Association, New Orleans, November 7~9.

EPSTEIN, L. 1964. *British Politics in the Suez Crisis*. Urbana: Univ. of Illinois Press.

ERIKSON, E. H. 1969. *Gandhi's Truth*. New York: Norton.

_____. 1962. *Young Man Luther*. New York: Norton.

_____. 1950. *Childhood and Society*. New York: Norton.

FIEDLER, F. E. 1967. *A Theory of Leadership Effectiveness*. New York: McGraw-Hill.

FLIESS, P. J. 1966. *Thucydides and the Politics of Bipolarity*. Baton Rouge: Louisiana State Univ. Press.

FRANK, J. D. 1968. *Sanity and Survival*. New York: Random House.

FRANKEL, J. 1963. *The Making of Foreign Policy*. New York: Oxford Univ. Press.

FROMAN, L. A., Jr. 1968. "The categorization of policy contents." in A. Ranney(ed.). *Political Science and Public Policy*. Chicago: Markham.

GAMSON, W. A. and A. MODIGLIANI. 1971. *Untangling the Cold War*. Boston: Little, Brown.

GEORGE, A. L. 1974. "Adaptation to stress in political decision making: The individual, small group, and organizational contexts," pp. 167~245. in G. V. Coelho, D. A. Hamburg and J. E. Adams(eds.). *Coping and Adaptation*. New York: Basic Books.

_____. 1972. "The case for multiple advocacy in making foreign policy." *American Political Science Review*, 66(3), pp. 751~785.

_____. 1969. "The 'operational code': A neglected approach to the study of political leaders and decision-making." *International Studies Quarterly*, 13, pp. 190~222.

_____. 1959. *Propaganda Analysis*. Evanston, III.: Row Peterson.

GEORGE, A. L. and J. L GEORGE. 1964. *Woodrow Wilson and Colonel House*. New York: Dover.

GIBB, C. A. 1969. "Leadership," pp. 205~282. in G. Lindzey and E. Aronson(eds.). *The Handbook of Social Psychology*, Vol. 4. Reading, Mass.: Addison-Wesley.

GLEDITSCH, J. 1970. "Rank theory, field theory, and attribute theory: Three approaches to interaction in the international system." *DON Research Report* 47. University of Hawaii.

GOLEMBIEWSKI, R. T. 1965. "Small groups and large organizations." in J. G. March(ed.). *Handbook of Organizations*. Chicago: Rand McNally.

GREENSTEIN, F. I. 1969. *Personality and Politics*. Chicago: Markham.

GULICK, E. V. 1955. *Europe's Classical Balance of Power*. Ithaca, N. Y.: Cornell Univ. Press.

GUTERMAN, S. S. 1970. *The Machiavellians*. Lincoln: Univ. of Nebraska Press.

GUTIERREZ, G. G. 1973. "The 'operational code' of Dean Rusk." Paper presented at the annual meeting of the American Political Science Association, New Orleans, September 6~9.

HACKMAN, J. R. and C. G. MORRIS. 1975. "Group tasks, group interaction process, and group performance effectiveness: A review and proposed integration." *Advances in Experimental Social Psychology*, 8, pp. 45~99.

HALL, A. and R. FAGAN. 1968. "Definition of a system." *General Systems*, 1, pp. 18~28.

HALPERIN, M. H. 1974. *Bureaucratic Politics and Foreign Policy*. Washington, D. C.: Brookings.

_____. 1972. "The decision to deploy the ABM." *World Polities*, 25, pp. 62~95.

HALPERIN, M. H. and A. KANTER. 1973 "The bureaucratic perspective: A preliminary frame-work." in M. H. Halperin and A. Kanter(eds.). *Readings in American Foreign Policy*. Boston: tittle,

Brown.

HAMMOND, P. Y. 1965. "Foreign policy making and administrative politics." *World Politics*, 17, pp. 657~671.

HARF, J. E., D. G. HOOVLER and T. E. JAMES, Jr. 1974. "Systemic and external attributes in foreign policy analysis." in J. N. Rosenau(ed.). *Comparing Foreign Policies: Theories, Findings, and Methods*. Beverly Hills, Calif.: Sage.

HERMANN, C. F. 1974. "Decision-making properties of foreign policy: Instrumentalities and procedural issue areas." Paper presented at the annual meeting of the Southern Political Science Association, New Orleans, November 7~9.

_____. 1972a. "Policy classification: A key to the comparative study of foreign policy." in J. N. Rosenau, V. Davis and M. A. East(eds.). *The Analysis of International Politics*. New York: Free Press.

_____. 1972b. "Threat, time and surprise: A simulation of international crisis." in C. F. Hermann(ed.). *International Crises: Insights from Behavioral Research*. New York: Free Press.

_____. 1971. "What is a foreign policy event?" in W. F. Hanrieder(ed.). *Comparative Foreign Policy*. New York: David McKay.

_____. 1969a. *Crises in Foreign Policy: A Simulation Analysis*. New York: Bobbs-Merrill.

_____. 1969b. "International crisis as a situational variable." in J. N. Rosenau(ed.). *International Politics and Foreign Policy*. New York: Free Press.

_____. 1967. "Validation problems in games and simulations with special reference to models of international politics." *Behavioral Science*, 12, pp. 216~231.

HERMANN, C. F. and L. P. Brady. 1972. "Alternative models of international crisis," pp. 281~303 in C. F. Hermann(ed.). *International Crises: Insights from Behavioral Research*. New York: Free

Press.

HERMANN, C. F. and M. G. HERMANN. 1967. "An attempt to simulate the outbreak of World War I." *American Political Science Review*, 61, pp. 400~416.

HERMANN, C. F. and S. A. SALMORE. 1971. "The recipients of foreign policy events." Paper presented at the annual meeting of the Peace Research Society, Ann Arbor, November 15~16.

HERMANN, C. F, M. A. EAST, M. G. HERMANN, B. G. SALMORE, and S. A. SALMORE. 1973. "CREON: A foreign events data set." *Sage Professional Papers in International Studies* 2, 02-024. Beverly Hills, Calif.: Sage.

HERMANN, M. G. 1976a. "Some personal characteristics of congressmen related to foreign aid voting." in M. G. Hermann(ed.). *A Psychological Examination of Political Leaders*. New York: Free Press.

_____. 1976b. "Circumstances under which leader personality will affect foreign policy: Some propositions." in J. N. Rosenau(ed.). *In Search of Global Patterns*. New York: Free Press.

_____. 1975. "Explaining foreign policy behavior using personal characteristics of political leaders." Paper presented at the annual meeting of the American Political Science Association, San Francisco, September 2~5.

_____. 1974. "Leader personality and foreign policy behavior," pp. 201~234. in J. N. Rosenau(ed.). *Comparing Foreign Policies: Theories, Findings and Methods*. New York: Sage-Halsted.

HILSMAN, R. 1967. *To Move a Nation*. New York: Doubleday.

HOFFMAN, S. 1968. *Gulliver's Troubles*. New York: McGraw-Hill.

HOLLANDER, E. P. and J. W. JULIAN. 1970. "Studies in leader legitimacy, influence, and innovation." *Advances in Experimental Social Psychology*, 5, pp. 33~69.

HOLSTI, K. J. 1972. *International Politics: A Framework for Analysis*.

Englewood. Cliffs, N. J.: Prentice-Hall.

HOLSTI, O. R. 1976. "Foreign policy decision-makers viewed psychologically: Cognitive process approaches." in G. Bonham and M. Shapiro(eds.). *Thought and Action in Foreign Policy*.

_____. 1973. "Foreign policy decision-makers viewed psychologically: A sketchy survey of 'cognitive process' approaches." *Paper presented at the Conference on the Successes and Failures of Scientific International Relations Research*, Ojai, Calif., June 25~28.

_____. 1972. *Crisis Escalation War*. Montreal: McGill-Queen's Univ. Press.

_____. 1970. "The 'operational code' approach to the study of political leaders: John Foster Dulles' philosophical and instrumental beliefs." *Canadian Journal of Political Science*, 3, pp. 123~157.

_____. 1967. "Cognitive dynamics and images of the enemy." *Journal of International Affairs*, 21, pp. 16~39.

_____. 1965. "The 1914 case." *American Political Science Review*, 59, pp. 365~378.

_____. 1962. "The belief system and national images: A case study." *Journal of Conflict Resolution*, 6, pp. 244~252.

HOLSTI, O. R. and A. L. GEORGE. 1975. "The effects of stress on the performance of foreign policy-makers." in C. P. Cotter(ed.). *Political Science Annual: Individual Decision-Making*. Indianapolis: Bobbs-Merrill.

HOLSTI, O. R. and R. C. NORTH. 1966. "Comparative data from Content analysis: Perceptions of hostility and economic variables in the 1914 crisis." in R. L. Merritt and S. Rokkan(eds.). *Comparing Nations*. New Haven, Conn.: Yale Univ. Press.

HOLSTI, O. R., A. BRODY, and R. C. NORTH. 1969. "The management of international crises: Affect and action in American-Soviet relations." in D. G. Pruitt and R. C. Snyder(eds.). *Theory and Research on the Causes of War*. Englewood Cliffs, N. J.; Prentice-Hall.

HOLSTI, O. R., R. C. NORTH and R. A. BRODY· 1968. "Perception and

Action in the 1914 Crisis." in J. D. Singer(ed.). *Quantitative International Politics: Insights and Evidence*. New York: Free Press.

HOLT, R. T. and J. E. TURNER(eds.). 1970. *The Methodology of Comparative Research*. New York: Free Press.

HOOK, S. 1943. *The Hero in History*. New York: John Day.

HUNTINGTON, S. P. 1968. *Political Order in Changing Societies*. New Haven, Conn.: Yale Univ. Press.

_____. 1960. "Strategic planning and the Political process." *Foreign Affairs*, 38.

HUTCHINS, G. L. 1974. "Relational action properties of foreign policy: Affect, scope of action and independence of action." Paper presented at the annual meeting of the Southern Political Science Association, New Orleans, November 7~9.

IRISH, M. and E. FRANK. 1975. *U. S. Foreign Policy: Context, Conduct, Content*. New York: Harcourt, Brace, Jovanovich.

JANIS, I. L. 1972. *Victims of Group think*. Boston: Houghton Mifflin.

JERVIS, R. 1976. *Perception and Misperception in International Politics*. Princeton, N. J.: Princeton Univ. Press.

_____. 1970. *The Logic of Images in International Relations*. Princeton, N. J.: Princeton Univ. Press.

_____. 1969. "Hypotheses on Misperception." in J. N. Rosenau(ed.). *International Politics and Foreign Policy*. New York: Free Press.

JONES, S. and J. D. SINGER. 1972. *Beyond Conjecture in International Politics: Abstracts of Data-Based Research*. Itasca, III.: F. E. Peacock.

KANTER, A. 1972. "Congress and the defense budget 1960~1970." *American Political Science Review*, 66, pp. 129~143.

KAPLAN, A. 1964. *The Conduct of Inquiry*. San Francisco: Chandler.

KAPLAN, M. A. 1957. *System and Process in International Politics*. New York: John Wiley.

KEAN, J. and P. J. McGOWAN. 1973. "National attributes and foreign policy: A path analysis." in P. J. McGowan(ed.). *Sage International Yearbook of Foreign Policy Studies*, Vol. 1. Beverly Hills, Calif.: Sage.

KEGLEY, C. W., Jr. 1973. "A general empirical typology of foreign policy behavior". *Sage Professional Papers in International Studies* 2, 02-014.

KEGLEY, C. W., Jr., G. A. RAYMOND, R. M. ROOD and R. A. SKINNER(eds.). 1975. *International Events and the Comparative Analysis of foreign Policy*. Columbia. South Carolina; University of South Carolina Press.

KEGLEY, C. W., Jr., S. A. SALMORE and D. J. ROSEN. 1974. "Convergences in the measurement of interstate behavior," pp. 309~339. in P. J. McGowan(ed.). *Sage International Yearbook of Foreign Policy Studies*, Vol. II. Beverly Hills: Sage Publications.

KELLEY, H. H. and J. W. THIBAUT. 1969. "Group problem solving," pp. 1~101. in G. Lindzey and E. Aronson(eds.). *The Handbook of Social Psychology*, Vol. 4. Reading, Mass: Addison-Wesley.

_____. 1954. "Experimental studies of group problem solving and process," pp. 735~785. in G. Lindzey(ed.). *The Handbook of Social Psychology*. Reading, Mass.: Addison-Wesley.

KELMAN, H. C. 1955. "Societal, attitudinal and structural factors in international relations." *Journal of Social Issues*, 21, pp. 42~56.

KENNEDY, R. F. 1969. *Thirteen Days*. New York: Norton.

KIRK, E. 1974. "Organization, group and crisis decision making in United States foreign policy formulation." Unpublished doctoral dissertation, Purdue University.

KISSINGER, H. A. 1966. "Domestic Structure and foreign Policy." *Daedalus*, 95.

KLEIN, D. W. 1962. "Peking's evolving ministry or foreign affairs." in D. E. Pentong(ed.). *China: The Emerging Red Giant*. San Francisco: Chandler.

KNORR. K. 1956. *The War Potential of Nations*. Princeton, N. J.: Princeton

Univ. Press.

KOGAN, N. and M. A. WALLACH. 1964. *Risk Taking: A Study in Cognition and Personality*. New York: Holt, Rinchart & Winston.

KOLKO. J. and G. KOLKO 1972. *The Limits of Power: The World and United States Foreign Policy, 1945~1954*. New York: Harper & Row.

KRASNER, S. D. 1972. "Are bureaucracies important?" *Foreign Policy*, 7(Summer), pp. 159~179.

LASSWELL. H. D. 1963. *The Future of Political Science*. New York: Atherton.

_____. 1948. *Power and Personality*. New York: Norton.

_____. 1930. *Psychopathology and Politics*. Chicago: Univ. of Chicago Press.

LEITES, N. 1953. *A Study of Bolshevism*. Glencoe, Ⅲ.: Free Press.

_____. 1951. *The Operational Code of the Politburo*. New York: McGraw-Hill.

LENG, R. 1972. "Behavioral indicators of war proneness in bilateral conflict." Paper presented at the annual meeting of the American Political Science Association, Washington. D. C., September 5~9.

LENTNER. H. 1974. *Foreign Policy Analysis: A Comparative and Conceptual Approach*. Columbus. Ohio: Merrill.

_____. 1972. "The concept of crisis as viewed by the United States Department of State." in C. F. Hermann(ed.). *International Crises: Insights from Behavioral Research*. New York: Free Press.

LEONTIEF, W. 1963. "When should history be written backwards?" *The Economic History Review*, 16, pp. 1~8.

LIPPMANN, W. 1965. *Public Opinion*. New York: Free Press.

LOVELL. J. P. 1970. *Foreign Policy in Perspective*. New York: Holt, Rinehart & Winston.

LOWI. T. 1967. "Making democracy safe for the world: National politics and foreign policy." in J. N. Rosenau(ed.). *Domestic Sources of Foreign Policy*. New York: Free Press.

MACHIAVELLI. N. 1940. *The Prince*. Translated from original (c. 1640) by E. Dacres. London: R. Bishop.

MacINTYRE. A. 1973. "Is a science of comparative politics possible?" pp. 171~188. in A. Ryan(ed.). *The Philosophy of Social Explanation*. London: Oxford Univ. Press.

MACRIDIS, R.(ed.). 1976. *Foreign Policy in World Politics*. Englewood Cliffs, N. J.: Prentice-Hall.

_____. 1972. "French Foreign Policy," pp. 76~118. in R. C. Macridis(ed.). *Foreign Policy in World Politics*. Englewood Cliffs, N. J.: Prentice-Hall.

MACRIDIS, R.(ed.). 1962. *Foreign Policy in World Politics*. Englewood Cliffs, N. J.: Prentice-Hall.

MARCH, J. G.(ed.). 1965. *Handbook of Organizations*. Chicago: Rand McNally.

MARCH, J. G. and H. A. SIMON. 1958. *Organizations*. New York: John Wiley.

McCLELLAND, C. A. 1972. "the beginning, duration, and abatement of international crises: Comparisons in two conflict arenas." in C. F. Hermann(ed.). *International Crises: Insights from Behavioral Research*. New York: Free Press.

_____. 1969. "Action structures and communication in two international crises: Quemoy and Berlin." in J. N. Rosenau(ed.). *International Politics and Foreign Policy*. New York: Free Press.

_____. 1968. "Access to Berlin: The quantity and variety of events." in J. D. Singer(ed.). *Quantitative International Politics: Insights and Evidence*. New York: Free Press.

_____. 1967. "International communications." in *International Encyclopedia of the Social Sciences*. New York: Macmillan.

_____. 1966. *Theory and the International System*. New York: Macmillan.

_____. 1961. "The acute international crisis." *World Politics*, 14, pp.

182~204.

McCLELLAND, C. A. and G. HOGGARD. 1969. "Conflict patterns in the interactions among nations." in J. N. Rosenau(ed.). *International Politics and Foreign Policy*. New York: Free Press.

McGOWAN, P. J. 1975. "Meaningful comparisons in the study of foreign policy," pp. 52~87. in C. W. Kegley, Jr., G. A. Raymond, R. M. Rood and R. A. Skinner(eds.). *International Events and the Comparative Analysis of Foreign Policy*. Columbia: Univ. of South Carolina Press.

McCLELLAND, C. A. and H. B. SHAPIRO. 1973. *The Comparative Study of Foreign Policy*. Beverly Hills, Calif.: Sage.

McLELLAN, D. 1971. "The 'operational code' approach to the study of political leaders: Dean Acheson's philosophical and instrumental beliefs." *Canadian Journal of Political Science*, 4, pp. 52~75.

MEEHAN, E. J. 1971. "The concept 'Foreign Policy'." in W. F. Hanrieder(ed.). *Comparative Foreign Policy*. New York: David McKay.

MERRITT, R. L. and S. ROKKAN(eds.). 1966. *Comparing Nations: The Use of Quantitative Data in Cross-National Research*. New Haven, Conn.: Yale Univ. Press.

MERTON, R. 1940. "Bureaucratic structure and personality." *Social Forces*, 18, pp. 560~568.

MILBURN, T. W. 1972. "The management of crises." in C. F. Hermann(ed.). *International Crises: Insights from Behavioral Research*. New York: Free Press.

MODELSKI, G. 1974. *Word Power Concentrations: Typology, Data and Explanatory Framework*. Morristown, N. J.: General Learning Press.

_____. 1961. "Agraria and industria: Two models of the international system." in K. Knorr and S. Verba(eds.). *The International System*. Princeton, N. J.: Princeton Univ. Press.

MOORE, D. 1970. "Governmental and societal influences on Foreign Policy: A partial examination of Rosenau's adaptation model." Ph. D. Dissertation. Ohio State University.

MORGENTHAU, H. J. 1967. *Politics Among Nations*. New York: Knopf.

NAGEL, E. 1961. *The Structure of Science*. New York: Harcourt, Brace & World.

NAROLL R. and R. COHEN(eds.). 1970. *A Handbook of Method in Cultural Anthropology*. Garden City, N. Y.: Natural History Press.

NEUSTADT, R. E. 1970. *Alliance Politics*. New York: Columbia Univ. Press.

NYE, J. S., Jr. and R. O. KEOHANE. 1971. "Transnational relations and world politics: An introduction." *International Organization*, 25, pp. 329~350.

ORGANSKI, K. and A. F. K. ORGANSKI. 1961. *Population and World Power*. New York: Knopf.

ORVIK, N. 1972. *Departmental Decision-Making*. Oslo, Norway: Univ. of Oslo Press.

OSGOOD, C. E. 1962. *An Alternative to War or Surrender*. Urbana: Univ. of Illinois Press.

PAIGE, G. D. 1972a. "Comparative case analysis of crisis decisions: Korea and Cuba." in C. F. Hermann(ed.). *International Crises: Insights from Behavioral Research*. New York: Free Press.

PAIGE, G. D.(ed.). 1972b. *Political Leadership*. New York: Free Press.

_____. 1968. *The Korean Decision*. New York: Free Press.

PALUMBO, D. J. 1969. "Power and role specificity in organization theory." *Public Administration Review*, 29, pp. 237~248.

PARETO, V. 1916. *Trattato di Sociologia Generale(The Mind and Society)*. Firenze: G. Barbera.

PARK, R. L. 1972. "India's Foreign Policy," pp. 367~388. in R. C. Macridis(ed.). *Foreign Policy in World Politics*. Englewood Cliffs, N.

J.: Prentice-Hall.

PHILLIPS, W. R. 1973. "The conflict environment of nations: A study of conflict inputs to nations in 1963." in J. Wilkenfeld(ed.). *Conflict Behavior and Linkage, Politics*. New York: David McKay.

PHILLIPS, W. R. and P. CALLAHAN. 1973. "Dynamic Foreign Policy interactions; Some implications for a non-dyadic world." Paper presented at the annual meeting of the Midwest Political Science Association, Chicago, May 3~5.

PHILLIPS, W. R. and M. HAINLINE. 1973. "Major power conflict exchanges in the Sixties: A triadic analysis of the Soviet, U. S. and Chinese subsystem." Mimeo. Behavioral Sciences Laboratory, Ohio State University.

PLATO. 1957. *Statesman*. Written as *Politikos* (c. 363 B.C.). Translated by J. B. Skemp. New York: Liberal Arts Press.

PRZEWORSKI, A. and H. TEUNE. 1970. *The Logic of Comparative Social Inquiry*. New York: John Wiley.

PRUITT, D. G. 1969. "Stability and sudden change in interpersonal and international affairs." in J. N. Rosenau(ed.). *International Politics and Foreign Policy*. New York: Free Press.

_____. 1965. "Definition of the situation as a determinant of international action." in H. C. Kelman(ed.). *International Behavior*. New York: Holt, Rinehart & Winston.

_____. 1964~1965. *Problem Solving in the Department of State*. Monograph Series in World Affairs, Social Science Foundation and Department of International Relations. No. 2. University of. Denver.

PUCHALA, D. J. 1971. *International Politics Today*. New York: Dodd Mead.

RANNEY, A.(eds.). 1968. *Political Science and Public Policy*. Chicago: Markham.

RAYMOND, G. A. 1975. "Introduction: Comparative analyses and nomological explanation," pp. 41~51. in C. W. Kegley, Jr., G. A.

Raymond, R. M. Rood and R. A. Skinner(eds.). *International Events and the Comparative Analysis of Foreign Policy*. Columbia: Univ. of South Carolina Press.

RICHARDSON, L. F. 1960. *Arms and Insecurity*. Pittsburgh: Boxwood Press.

ROBINSON, J. A. and R. C. SNYDER. 1965. "Decision-making in international politics." in H. C. Kelman(ed.). *International Behavior*. New York: Holt, Rinehart & Winston.

ROBINSON, T. W. 1972. "Lin Piao as an elite type," pp. 149~195. in R. A. Scalapino(ed.). *Elites in the People's Republic of China*. Seattle: Univ. of Washington Press.

ROGOW, A. 1963. *James Forrestal: A Study of Personality, Politics, and Policy*. New York: Macmillan.

ROSE, R. 1971. *Governing without Consensus: An Irish Perspective*. Boston: Beacon.

_____. 1969. "Dynamic tendencies in the authority of regimes." *World Politics*, 21, pp. 602~628.

ROSECRANCE, R. N. 1966. "Bipolarity, multipolarity and the future." *Journal of Conflict Resolution*, 10, pp. 314~327.

ROSENAU, J. N. 1975. "Comparative foreign policy," pp. 3~38. in C. W. Kegley, Jr., G. A. Raymond, R. M. Rood, R. A. Skinner(eds.). *International Events and the Comparative Analysis of Foreign Policy*. Columbia: Univ. of South Carolina Press.

_____. 1972. "Review of Dag Hammarskjold's United Nations and the new nations in the United Nations, 1960~1967." *American Historical Review*, 77, p. 1916.

_____. 1971. *The Scientific Study of Foreign Policy*. New York: Free Press.

_____. 1970. *The Adaptation of national Societies*. New York: McCaleb-Seiler.

_____. 1968. "Private preferences and Political responsibilities: The relative potency of individual and role variables in the behavior of U. S.

Senators." in J. D. Singer(ed.). *Quantitative International Politics*. New York: Free Press.

_____. 1967. *Domestic Sources of Foreign Policy*. New York: Free Press.

_____. 1966. "Pre-theories and theories of foreign policy." in R. B. Farrell(ed.). *Approaches to Comparative and International Politics*. Evanston, Ⅲ.: North-western Univ. Press.

_____. 1964. *Public Opinion and Foreign Policy*. New York: Random House.

ROSENAU, J. N.(ed.). 1961. *International Politics and Foreign Policy*. New York: Free Press.

ROSENAU, J. N. and G. HOGGARD. 1974. "Foreign Policy behavior in dyadic relationships: Testing a pre-theoretical extension." in J. N. Rosenau(ed.). *Comparing Foreign Policies: Theories, Findings, and Methods*. Beverly Hills, Calif.: Sage.

ROSENBLATT, P. C. 1964. "Origins and effects of group ethnocentrism and nationalism." *Journal of Conflict Resolution*, 8, pp. 131~146.

RUMMEL, R. J. 1972. *The Dimensions of Nations*. Beverly Hills, Calif.: Sage.

RUMMEL, R. I 1969. "Indicators of cross-national and International patterns." *American Political Science Review*, 63, pp. 127~147.

_____. 1968. "The relationship between national attributes and foreign conflict behavior." in J. D. Singer(ed.). *Quantitative International Politics*. New York: Free Press.

_____. 1966. "Some dimensions in the foreign behavior of nations." *Journal of Peace Research*, 3, pp. 201~223.

_____. 1965. "A social field theory of foreign conflict." *Peace Research Society Papers*, 4, pp. 131~150.

_____. 1963. "Dimensions of conflict behavior within and between nations." *General Systems Yearbook*, 8, pp. 1~50.

RUSSETT, B. M. 1970. "International behavior research: Case studies and cumulation." in M. Haas and H. S. Kariel(eds.). *Approaches to the Study of Political Science*. Scranton, Penn.: Chandler.

_____. 1968. "Delineating International regions." in J. D. Singer(ed.). *Quantitative International Politics*. New York: Free Press.

_____. 1967. *International Regions and the International System*. Chicago: Rand McNally.

_____. 1963. *Community and Contention: Britain and America in the Twentieth Century*. Cambridge, Mass.: MIT Press.

RUSSETT, B. M. and R. J. MONSEN. 1975. "Bureaucracy and polyarchy as predictors of performance: A cross-national examination." *Comparative Political Studies*, 8(April), pp. 5~31.

RUTHERFORD, B. M. 1966. "Psychopathology, decision-making, and political involvement." *Journal of Conflict Resolution*, 10, pp. 387~407.

SALMORE, B. G. and S. A. SALMORE. 1975. "Regime constraints and foreign policy behavior." Paper presented at the annual meeting of The American Political Science Association, San Francisco, September 2~5.

_____. 1972. "Structure and change in regimes: Their effect on Foreign Policy." Paper presented at the annual meeting of the American Political Science Association, Washington, D. C., September 5~9.

_____. 1970. "Political accountability and foreign policy." Paper presented at annual meeting of American Political Science Association, Los Angeles.

SALMORE, S. A. 1972. "Foreign Policy and national attributes: A multivariate analysis." Ph. D. dissertation. Princeton University.

SAWYER, J. 1967. "Dimensions of nations; Size, wealth, and politics." *American Journal of Sociology*, 73, pp. 145~172.

SCALAPINO, R. A. 1967. *The Japanese Communist Movement, 1920~1966*. Berkeley: Univ. of California Press.

_____. 1963. "The foreign policy of the People's Republic of China," pp. 549~588. in J. E. Black and K. W. Thompson(eds.). *Foreign*

Policies in a World of Change. New York: Harper & Row.

SCHACHTER, S. 1951. "Deviation, rejection, and communication." *Journal of Abnormal and Social Psychology*, 46, pp. 190~207.

SCHWARTZ, D. 1972. "Decision-making in historical and simulated crises." in C. F. Hermann(ed.). *International Crises*. New York: Free Press.

SEARING, D. D. 1972. "Models and images of man and society in leadership theory," pp. 19~44. in G. D. Paige(ed.). *Political Leadership*. New York: Free Press.

SHANNON, C. E. and W. WEAVER. 1949. *The Mathematical theory of Communication*. Urbana: Univ. of Illinois Press.

SHAPIRO, M. J. arid G. M. BONHAM. 1973. "Cognitive processes and foreign decision-making." *International Studies Quarterly*, 17, pp. 147~174.

SHILS, E. A. 1954. "Authoritarianism: 'Right' and 'left'." in R. Christie and M. Jahoda(eds.). *Studies in the Scope and Method of "The Authoritation Personality"*. Glencoe, Ⅲ: Free Press.

SIGLER, J. H., J. O. FIELD,. and M. L. ADELMAN. 1972. "Applications of events data analysis: Cases, issues, and programs in international interaction." *Sage Professional Papers in International Studies* 1, 02-002. Beverly Hills, Calif.: Sage Publications.

SIMON, H. 1969. *the Science of the Artificial*. Cambridge: MIT Press.

______. 1957. *Administrative Behavior*, 2nd ed. New York: MacMillan.

SINGER, J. D. 1961. "The level-of-analysis problem in international relations." *World Politics*, 13, pp. 77~92.

SINGER, J. D. and M. SMALL. 1968. "Alliance aggregation and the onset of war: 1815~1945." in J. D. Singer(ed.). *Quantitative International Politics*. New York: Free Press.

SNYDER, R. C. 1958. "A decision-making approach to the study of political phenomena." in R. Young(ed.). *Approaches to the Study of*

Politics. Evanston, Ⅲ.: Northwestern Univ. Press.

_____. (eds.). 1954. *Decision-making as an Approach to the Study or International Politics*. Princeton, N. J.: Foreign Policy Analysis Project.

_____. (eds.). 1962. *Foreign Policy Decision-making*. New York: Free Press.

SNYDER, R. C. and J. A. ROBINSON. 1961. *National and International Decision-making*. New York: the Institute for International Order.

SNYDER, R. C., H. W. BRUCK. and B. SAPIN. 1969. "The Decision-making approach to the study of international conflict." in J. N. Rosenau(ed.). *International Politics and Foreign Policy*. New York: Free Press.

SONDERMANN, F. A. 1961. "The linkage between Foreign Policy and International politics." in J. N. Rosenau(ed.). *International Politics and Foreign Policy*. New York: Free Press.

SPANIER, J. and E. M. USLANER. 1974. *How American Foreign Policy is Made*. New York: Praeger.

SPIRO, H. J. 1966. "Foreign Policy and political style," pp. 139~148. in The Annuls of The American Academy of Political and Social Science CCLXVI.

SPROUT, H. and M. SPROUT. 1971. *Toward a Politics of the Planet Earth*. New York: Van Nostrand-Reinhold.

_____. 1965. *The Ecological Perspective on Human Affairs*. Princeton, N. J.: Princeton Univ. Press.

_____. 1962. *Foundations of International Politics*. New York: Van Nostrand-Reinhold.

STASSEN, G. H. 1972. "Individual preference versus role-constraint in policy-making: Senatorial response to Secretaries Acheson and Dulles." *World Politics*, 25, pp. 96~119.

STEINBRUNER, J. D. 1974. *The Cybernetic Theory of Decision*. Princeton, N. J.: Princeton Univ. Press.

STERN, G. 1968. "The Foreign Policy of the Soviet Union." in F. S. Nortledge(ed.). *The Foreign Policies of the Powers*. New York: Praeger.

STOGDILL. R. M. 1974. *Handbook of Leadership Research*. New York: Free Press.

SULLIVAN, D. G. 1963. "Toward an inventory of major propositions contained in contemporary textbooks in international relations." Ph. D. dissertation. Northwestern University(Univ. Microfilms No. 64-986).

TANTER, R. 1972. "International system and Foreign Policy approaches: Implications for conflict modeling and management." *World Politics*, 24, pp. 7~39.

_____. 1966. "Dimensions of conflict behavior with in and between nations, 1958~60." *Journal of Conflict Resolution*, 10, pp. 41~64.

TERHUNE, K. W. 1968. "Motives, situation, and interpersonal conflict within prisoner's dilemma." *Journal or Personality and Social Psychology Monograph Supplement* 8, No. 3, Part 2, pp. 1~23.

TERHUNE, K. W. and J. M. FIRESTONE. 1967. "Psychological studies in social interaction and motives (SlAM), phase 2: Group motives in an international relations game." *CAL Report*, VX-2018-6-2. Cornell Aeronautical Laboratory.

THOMAS, E. J. and C. F. FINK. 1963. "Effects of group size." *Psychological Bulletin*, 60, pp. 371~385.

THOMPSON, J. D. 1967. *Organizations in Action*. New York: McGraw-Hill.

THOMPSON, K. W. and R. C. MACRIDIS. 1962. "The comparative study of Foreign Policy." in R. C. Macridis(ed.). *Foreign Policy in World Politics*. Englewood Cliffs, N. J.: Prentice-Hall.

THORDARSON, B. 1972. *Trudeau and Foreign Policy: A Study in Decision Milking*. Toronto, Canada: Oxford Univ. Press.

TUCKER, R. C. 1965. "The dictator and totalitarianism." *World Politics,*

17, pp. 55~83.

ULMER, S. S. 1960. "The analysis of behavior patterns in the United States supreme court." *Journal of Politics*, November, pp. 629~653.

VACCHIANO, R. B., P. S. STRAUSS and D. C. SCHIFFMAN. 1968. "Personality correlates of dogmatism." *Journal of Consulting and Clinical Psychology*, 32, pp. 83~85.

VERBA, S. 1969. "Assumptions of rationality and non-rationality in models of the international system," pp. 217~231. in J. N. Rosenau(ed.). *International Politics and Foreign Policy*. New York: Free Press.

_____. 1961. *Small Groups and Political Behavior: A Study of Leadership*. Princeton, N. J.: Princeton Univ. Press.

VINCENT, J. 1974. "Some problem areas in dyadic research as developed in social field theory." Paper presented at annual meeting of the Southern Political Science Association, New Orleans, November 7~9.

VITAL, D. 1968. *Making of British Foreign Policy*. New York: Praeger.

WALLACE, M. 1971. "Power, status and international war." *Journal of Peace Research*, 8, pp. 23~36.

WALLACE, W. 1971. *Foreign Policy and the Political Process*. London: Macmillan.

WALTZ, K. N. 1975. "Theory of International Relations," pp. 1~85. in F. I. Greenstein and N. W. Polsby(eds.). *The Handbook of Political Science*, Vol. 8. Reading, Mass.: Addison-Wesley.

_____. 1967. *Foreign Policy and Democratic Politics*. Boston: Little, Brown.

_____. 1964. "The stability of a bipolar world." *Daedalus*, 93, pp. 881~909.

WEEDE, E. 1970. "Conflict behavior of nation-states." *Journal of Peace Research*, 7, pp. 229~235.

WELLING, J. F. 1969. "Role and norm deviation." Master's thesis. University of Minnesota.

WESTERFIELD, H. B. 1963. *The Instruments of America's Foreign Policy*. N. Y.: Thomas Crowell.

WHITE, G. 1969. "A comparison of the 'operational codes' of Mao Tse-Tung and Liu Shao-Chi." Mimeo. Stanford University.

WHITING, A. 1969. "How we almost went to war with China." *Look Magazine*, 29(April), pp. 76~77.

WHITING, J. W. M. 1969. "Methods and problems in cross-cultural research." in G. Lindzey and E. Aronson(eds.). *The Handbook of Social Psychology*, Vol. 2. Reading, Mass.: Addison-Wesley.

WILKENFELD, J. 1969. "Some further findings regarding the domestic and foreign conflict behavior of nations." *Journal of Peace Research*, 2, pp. 147~56.

_____. 1968. "Domestic and foreign conflict behavior of nations." *Journal of Peace Research*, 1, pp. 56~69.

WILKINSON, D. O. 1969. *Comparative Foreign Relations: Framework and Methods*. Belmont, Calif.: Dickenson.

WINTER, D. G. 1973. *the Power Motive*. New York: Free Press.

WOLFENSTEIN. E. V. 1969. *Personality and Politics*. Belmont, Calif.: Dickenson.

_____. 1967. *The Revolutionary Personality*. Princeton, N. J.: Princeton Univ. Press.

RIGHT, Q. 1955. *the Study of International Relations*. New York: Appleton-Century-Crofts.

YARMOLINSKY, A. 1970~1971. "The military establishment (or how political problems become military problems)." *Foreign Policy*, No.1 (Winter), pp. 78~97.

YOUNG, O. R. 1968a. *Systems of Political Science*. Englewood Cliffs, N. J.: Prentice-Hall.

_____. 1968b. *A Systemic Approach to International Politics*. Research Monograph No. 33. Princeton, N. J.: Center of International

Studies.

ZIMMERMAN, W. 1973. "Issue area and Foreign Policy process: A research note in search of a general theory." *American Political Science Review*, 67, pp. 1204~1212.

ZINNES, D. A. 1976. *Contemporary Research in International Relations*. New York: Free Press.

_____. 1975. "Research frontiers in the study of international politics," pp. 87~198. in F. I. Greenstein and N. W. Polsby(eds.). *The Handbook of Political Science*, Vol. 8. Reading, Mass.: Addison-Wesley.

_____. 1968. "The expression and perception of hostility in prewar crisis: 1914." in J. D. Singer(ed.). *Quantitative: International Politics: Insights and Evidence*. New York: Free Press.

ZINNES, D. A., J. L. ZINNES and D. McCLURE. 1972. "Hostility in diplomatic Communication: A study of the 1914 crisis." in C. F. Hermann(ed.). *International Crises: Insights from Behavioral Research*. New York: Free Press.

:: 지은이

모리스 A. 이스트(Maurice A. East)

조지워싱턴 대학교 정치학 교수로 재직 중이다. 켄터키 대학교 부설 외교국제통상학교의 부이사를 역임했다. CREON 프로젝트의 주요 연구원이었으며 CREON의 공동 저자였다. *A Foreign Event Data*(1973)를 출간했고, *The Analysis of International Politics*(1972)의 공동 편집인을 지냈다.

스티븐 A. 샐모어(Stephen A. Salmore)

럿거스 대학교 정치학 교수로 재직 중이다. 프린스턴 대학교에서 박사학위를 받았다. *The Policy Studies Journal*, *Paper of the Peace Research Society* 등의 학술지에 기고했으며, 외교정책에 관한 다수의 논문을 발표했다. CREON 프로젝트의 주요 연구원으로 참여했다.

찰스 F. 허만(Charles F. Hermann)

텍사스 A&M 대학교 교수로 재직 중이다. 머션 센터 부이사를 역임했고 오하이오 주립대학교 정치학 교수로 재직했다. CREON 프로젝트에 참여해 *A Foreign Events Data Set*을 저술했고, 외교정책 행동에 관한 책에 기고해 CREON의 저자가 되었다. *Crises in Foreign Policy*, *International Crises*와 그 밖의 다수의 논문을 출간했다. 노스웨스턴 대학교에서 박사학위를 받았다.

마거릿 G. 허만(Margaret G. Hermann)

현재 시러큐스 대학교 정치학 교수로 재직 중이다. 오하이오 주립대학교 머션 센터의 원로 책임연구원을 지냈다. 노스웨스턴 대학교에서 심리학 박사학위를 받았다. 그녀의 연구는 정치 지도자의 개인적 특성이 정치행위에 미치는 영향에 초점이 맞추어져 있다.

바버라 G. 샐모어(Barbara G. Salmore)

드루 대학교 정치학 교수로 재직 중이다. 럿거스 대학교에서 박사학위를 받았고 머션 센터의 겸임 연구원을 지냈다. *The Policy Studies Journal*, *Paper of the Peace Research Society* 등의 학술지에 기고했으며, CREON 데이터에 관련된 연구에 계속 참여해왔다.

워렌 R. 필립스(Warren R. Phillips)
메릴랜드 대학교 정치학 교수로 재직 중이다. CACI의 정책과학 분과의 이사로서 정보와 기획 공동체 내의 문제에 계량적 방법을 적용했던 경력이 있다. 몇몇 ARPA 연구 계약을 지휘했으며, 2년 동안 ARPA의 위기관리 프로그램 고문을 역임했다.

린다 P. 브래디(Linda P. Brady)
노스캐롤라이나 주립대학교 정치학 교수로 재직 중이다. 가우처 칼리지 정치학 교수를 역임했고 국제관계 프로그램의 의장을 지냈다. 더글라스 칼리지에서 문학사(1969)를, 럿거스 대학교에서 문학석사(1970)를 취득했고, 1974년 오하이오 주립대학교에서 박사학위를 받았다. *Planning for Foreign Policy: A Framework for Analysis*, *Event Data and Situational Variables: The Validity Problem* 등을 출간했다.

:: 옮긴이

최성권
전북대학교 정치학 박사
미국 훔볼트 주립대학교 객원교수
현재 전북대학교 정치학과 교수
주요 논문: 「걸프戰 이후의 새로운 중동국제질서」, 「국제관계 연구에 있어서의 인지심리적 관점에 관한 소고」, 「정치적 행동에 대한 합리적 설명과 심리적 설명의 비교」, 「중동국제정치의 설명적 대안의 모색」, 「새로운 중동 국제질서를 위한 시론」, 「反테러 전쟁에 따른 중동국가들의 정책 현황」 외 다수

한울아카데미 1000

비교외교정책론

지은이 | 모리스 A. 이스트 외
옮긴이 | 최성권
펴낸이 | 김종수
펴낸곳 | 도서출판 한울

편집책임 | 이수동
편 집 | 양은주

초판 1쇄 인쇄 | 2007년 12월 31일
초판 1쇄 발행 | 2008년 1월 21일

주소 | 413-832 파주시 교하읍 문발리 507-2(본사)
121-801 서울시 마포구 공덕동 105-90 서울빌딩 3층(서울 사무소)
전화 | 영업 02-326-0095, 편집 02-336-6183
팩스 | 02-333-7543
홈페이지 | www.hanulbooks.co.kr
등록 | 1980년 3월 13일, 제406-2003-051호

ISBN 978-89-460-5000-6 93340(양장)
ISBN 978-89-460-3856-1 93340(학생판)

* 가격은 겉표지에 있습니다.
* 이 도서는 강의를 위한 학생판 교재를 따로 준비하였습니다. 강의 교재로 사용하실 때에는 본사로 연락해 주십시오.